国家社会科学基金重点项目

以人为本与法理学的创新

Yirenweiben Yu Falixue
De Chuangxin

李龙　程关松　占红沣　著

中国社会科学出版社

图书在版编目（CIP）数据

以人为本与法理学的创新 ／ 李龙等著 . —北京：中国
社会科学出版社，2010.8

ISBN 978 - 7 - 5004 - 8859 - 0

Ⅰ.①以… Ⅱ.①李… Ⅲ.①社会主义法制 - 研究 -
中国 Ⅳ.①D920.0

中国版本图书馆 CIP 数据核字（2010）第 119436 号

责任编辑 官京蕾
特邀编辑 励 隽
责任校对 王雪梅
技术编辑 李 建

出版发行 中国社会科学出版社
社 址 北京鼓楼西大街甲 158 号 邮 编 100720
电 话 010 - 84029450（邮购）
网 址 http：//www.csspw.cn
经 销 新华书店
印 刷 北京奥隆印刷厂 装 订 广增装订厂
版 次 2010 年 8 月第 1 版 印 次 2010 年 8 月第 1 次印刷
开 本 880×1230 1/32
印 张 8.25 插 页 2
字 数 220 千字
定 价 26.00 元

目　录

目　　录

第一章　新中国成立以来法学基础理论创新的历史回顾

　　"法学基础理论"这一学科的称谓，不仅表明它在整个法学体系中的核心地位，而且展现了它是法学殿堂的理论基石，更昭示着它直接关系到治国理政学问的兴衰，甚至直接影响到国家政权的巩固与强大。对于这个道理，我国古代早就有"国无法而不治，民无法而不立"的格言。近代西方，也有类似的说法，庞德就明确指出："在所有有关人类制度的研究中，法哲学一直占据主导的地位。"①

　　毫无疑问，我们在探索和研究"以人为本与马克思主义法学基础理论创新"这一课题时，回顾新中国成立以来我国法学基础理论在创新中走过的历程，总结其发展的内在规律，探索这一学科今后的走向，对于建设中国特色、中国风格和中国气魄的法学基础理论，显然具有重大的现实意义和深远的历史价值。

第一节　改革开放前我国法学基础理论的创新

一、新中国成立前后我国法学基础理论的创新

　　早在 1938 年，毛泽东同志就提出了"马克思主义中国化"这一著名论断，并亲自领导全国人民用抗日战争和解放战争的伟大胜利使之成为光辉的现实。马克思主义法学中国化是马克思主义中国化的重要组成部分，尤其在新的人民政权建立以后，更显示了它的重要性。因此，马克思主义法学中国化便是法学基础理论创新的指

---

　　①　［美］庞德：《法哲学导论》，《法学译丛》1991 年第 3 期。

导方针和生命力所在。

新中国成立前夕，中国共产党人就意识到法学基础理论的重要性，并于1949年2月颁布了《中共中央关于废除国民党"六法全书"和确定解放区司法原则的指示》。这是极为重要的马克思主义中国化的历史文献，也是法学基础理论破旧立新的经典之作。这在当时，不仅是必要的，也是及时的；尽管在某些方面有值得讨论的地方，但它的精神实质、基本内容无疑是正确的，全文共分六个部分。基本内容是：第一，指出了当时司法界（主要是指旧司法人员）对"六法全书"存在的错误认识。第二，揭露了"六法全书"的阶级本质，从法的阶级性的高度，指出"六法全书"体现的是剥削阶级的意志和利益。第三，明确告诉人们"六法全书"根本不符合人民利益。第四，公开宣布废除"六法全书"的法律效力，在司法界必须以人民的法律为依据。第五，规定了解放区的司法原则。该文件明确规定，在解放区当时法律还不完备的情况下，司法机关的办事原则是：有纲领、法律、命令、条例、决议之规定者，从纲领、法律、命令、条例、决议之规定；无纲领、法律、命令、条例、决议之规定时，从新民主主义政策。这些规定，在当时无疑是正确的，甚至在整个新中国成立初期都是必要的。该文件还用较大篇幅，论述了马克思主义法学基础理论的一些基本原理，为当代中国法学理论起了奠基的作用，这在当时无疑是一个重大的创新。当然，在回顾这段历史时，我们自然会联想到法的阶级性与法的继承性的关系，自然会联想到如何贯彻"古为今用"、"洋为中用"这样一些原则在法学领域中的运用问题。

正在这个关键时刻，1949年6月30日，毛泽东同志发表了《论人民民主专政》这一具有划时代意义的专著。首先，他回顾了自1840年以来，追求光明和进步的中国人寻求救国救民的真理，经过艰难曲折的道路，最后得出了一个科学的结论，那就是走俄国十月革命的道路。正如毛泽东同志所指出："总结我们的经验，集中到一点，就是工人阶级（经过共产党）领导的以工农联盟为基础的人民民主专政。"① 这就是中国革命的公式，就是中国革命的主要纲领。在这个基础上，毛泽东同志论述了人民民主专政的主要内容，揭示了人民民主的方法和对敌人专政的必要性与方法，指出了各革命阶级在政权中的地位，强调了工人阶级作为领导阶级和工农联盟的必要性与必然性，阐明了对于反动阶级和反动派的人们实行"给出路"政策，强迫他们在劳动中改造自己成为新人……从而，结合中国实际，创造性地发展马克思主义的国家学说，为新中国的成立奠定了深厚的理论基础。其实，人民民主专政的理论与实践，是马克思主义中国化、特别是马克思主义法学中国化光辉的里程碑，实现了马克思主义法学第一次大飞跃。如果说《中共中央关于废除国民党"六法全书"和确定解放区司法原则的指示》开启了当代中国法学基础理论的大门，破除了旧法的理论基础的话，那么《论人民民主专政》则从中国实际出发，是当代中国法学基础理论的开山之作。正是按照这一理论，建立中华人民共和国。写到这里，人们自然会想到：在全国政协第一次全体会议上关于国名的一场争论及其科学解决的一段佳话：当时，对新中国的名称问题，有四种不同意见，一是主张称"中华民主国"，二是建议用"中华共和国"，三是最好叫"中华民主共和国"，四是称之为"中华人民共和国"。正在各方争执不下的时候，董必武同志运用人民民主专政的理论，在《中央人民政府组织法的报告》中对这国名问题作了科学的回答："我们采用最后这个名称（指'中华人民共和国'——引者注），因为共和国说明了我们的国体，'人民'二字在今天新民主主义中国是指工、农、小资产阶级和民族资产阶级及爱国人士，它有确定的解释，已经把人民民主专政的意思表达出来，不必再把'民主'二字重复一次了。"② 这就表明，人民民主专政的理论与实践业已成为中国人民共同智慧的结晶，其意义业已

---

① 《毛泽东选集》第11卷，人民出版社1991年版，第1480页。

② 《董必武法学文选》，法律出版社2001年版，第18—19页。

超出了法学基础理论的范围而成为中国共产党人的基本原理，成为了马克思主义中国化的科学宝库中的基石。正是在这一伟大理论的引导下，新中国在成立初期取得了辉煌的成就，其中包括法制建设的成就，制定了好几部重要的法律，如《婚姻法》、《工会法》、《土地改革法》和《惩治反革命条例》、《惩治贪污条例》；尤其是1954年宪法的制定，标志着中国社会主义法律体系开始构建。

1954年宪法是毛泽东同志亲自主持制定的，这部作为治国安邦的总章程，是中国历史上的伟大创新，第一次明确地确认了我们的国体——人民民主专政；表明了我们的政体——人民代表大会制度；第一次用根本法的确认："一切权力属于人民"，并使之成为我国国家制度的根本原则；第一次规定了公民的基本权利与义务，并把公民的权利与义务有机结合起来；特别是规定了"中华人民共和国公民在法律上一律平等"的原则……尤其是该宪法贯彻的两大原则：人民民主原则和社会主义原则，不仅划清了新中国宪法同旧中国以及一切剥削阶级宪法的根本区别，而且表明了社会主义制度的光明前途。很显然，这是马克思主义法学中国化又一伟大胜利，也是法学基础理论的新发展，为新中国的法制建设奠定了良好的基础。紧接着，我国开始新一轮的立法活动，并取得了显著成就。当然，由于种种客观因素，特别是由于生产力发展水平和其他种种因素的制约，我国法制建设的速度、尤其在执法方面还有些不尽如人意之处。中国共产党和国家对此给予重视，并正在采取措施予以解决。1955年，毛泽东同志作了《论十大关系》的重要讲话，企图从宏观上、理论上对我国经济社会各方面的问题，其中包括法制建设存在的不足作了全面的说明，提出和论证了当时我国正确认识和处理十大关系的重要性，并从理论与实践相结合上回答了现实中提出的或遇到的重大问题。

回顾这段历史，无论是在整个经济社会建设与发展上，还是在法制建设尤其在法学基础理论的构建上，都是令人鼓舞的。略感不足的就是尚未明确提到法学基础理论的建构问题，而是按照苏联模式，把法学与政治学合在一起，一般是从政治建设的角度来对待法制建设问题。不久，在中共八大会议上，董必武同志对此作了科学回答。

二、十年建设时期法学基础理论的创新

从 1956 年起，我国开始进入十年社会主义建设时期。在中国当代史中，1956 年确实是难忘的年代。一方面，中共八大会议的召开和取得的成就，使全中国人民欢欣鼓舞。在法学基础理论方面的创新，更使法学界惊喜。另一方面，国际共产主义运动受到严重挑战，又引起了政治上的动荡和人民的不安。鉴于本书的主题是研究创新问题，这里只介绍马克思主义基础理论创新方面的成就。

1956 年 9 月，中国共产党召开了第八次全国代表大会。大会讨论的问题和会上的盛况，至今还使人们记忆犹新，至少有如下几件事铭刻在人民的心中：一是大会明确宣布：我国社会的主要矛盾已经不是阶级斗争，而是生产力的发展与人民群众日益增长的物质与文化需要的矛盾，明确提出了"向自然开战"的庄严口号；二是大会要求按毛泽东同志关于"论十大关系"的理论，正确认识与处理社会主义建设中的各种关系；三是董必武同志就法制建设作了重要发言，明确提出了"依法办事是加强社会主义法制的中心环节"。基于本书研究的重点，仅就法学基础理论创新方面说些看法。当然，除了八大文件还涉及其他方面。

毫无疑问，董必武同志作为中国共产党老一辈无产阶级革命家中唯一的法学家，他的理论特别是在八大会议的发言，当然是马克思主义法学基础理论的典型代表。他不仅提出了"依法办事是进一步加强法制的中心环节"这一科学命题，而且对它作了具体的论证。首先，董必武同志在发言中指出了依法办事的科学含义，他说："依法办事有两方面的含义：第一，必须是有法可依。"这是社会主义法制的前提。所谓有法可依，在当时就是要建立一个比较完备的法律体系。尽管由于种种原因，没有实现这个目标，但当时

提出这一观点，无疑是个重大创新。"第二，有法必依。凡属已有明文规定的，必须确切地执行，按规定办事，尤其是司法机关，更应该严格地遵守，不许有任何违反。"① 接着，他对有法必依作了具体论述。董必武同志这一思想，后来在实践中得到了进一步发展，邓小平同志作了重要补充，形成了"有法可依，有法必依，执法必严，违法必究"这一社会主义法制的基本原则。其次，董必武同志就加强中国共产党对法制工作的领导，强调中国共产党必须重视法制教育，要求党员应该成为守法的模范，要求各级党委必须把法制工作列入工作议程，党委要定期讨论和检查法制工作，党的监察委员会要对党员的遵纪守法情况进行监督等问题作了深刻论述。最后，董必武同志还对当时某些干部不重视法制的根源作了科学的分析。他认为具体根源有三：一是历史根源。董必武同志沿用了列宁的观点，指出在革命斗争夺取政权以前，革命者对旧法是蔑视和仇视的，要革命必须冲破旧的法制；但是在夺取政权之后，如果不及时对革命者进行革命法制建设，就可能使革命者把过去仇恨旧法的心理演变为对新法的轻视，个别人甚至认为新法制是对老百姓而言，与他们无关。这显然是错误的。二是社会根源。解放初期，多次进行了大规模的政治运动，收到了较好的效果；但同时也带来了一些副产品，因为群众运动是轻视法制的，董必武同志认为，这也是一个社会根源。三是阶级根源。新中国成立后，不少干部来自农村，而农民中不少人有生活散漫、轻视法制的习惯，董必武同志说这也是引起一些干部不重视法制的原因，并指出应及时对他们进行法制教育。董必武同志在中共八大会议上作的发言，不仅对当时，而且对现在都有直接意义。在此之前，董必武同志还在党的一次全国代表会议中作了一次发言，提出和论证了《司法必须为经济建设服务》这样一个重要课题。上述两次重要发言，是董必武同志对法学基础理论的杰出贡献，是马克思主义法学中国化的

---

① 董必武：《董必武选集》，人民出版社1985年版，第419页。

重要标志。

新中国成立后，在法学基础理论上还有一个重大的创新，这就是劳动改造罪犯的理论与实践。在无产阶级夺取政权以后，怎样对待被推翻的阶级和刑事犯罪分子，是首先也是必然碰到的具体问题之一。根据马克思主义关于人的解放的原理，本着无产阶级改造世界、解放人类的伟大胸怀，新生的人民政权对上面提到的这些阶级的成员实行了教育改造的方针。中国共产党和国家先后制定和实施了"给出路"、"改造第一、生产第二"、"惩办与宽大相结合"、"阶级斗争与革命人道主义相结合"的政策，设立了专门的劳动改造机关，让反动阶级和刑事犯罪分子在劳动中改造自己成为新人。实践证明，经过近十年的教育和改造的工作，使上述理论和政策产生了积极的效果，使上述成员确实成为了自食其力的公民。正如我国末代皇帝溥仪自己所撰写的回忆录那样"从皇帝到公民"，战犯黄耀武被记者所描述的那样"他驯服在人民面前"等，1959 年我国还专门举办了劳动改造罪犯成果的大型展览，参观人数超过百万，不仅受到全国人民的称赞，还博得了世界人民的好评。

然而，1956 年是难忘的一年，也是法学基础理论受到严重挑战的一年。正是在这一年，苏联共产党召开了第 20 次代表大会，以赫鲁晓夫为代表的领导集团在大会上对斯大林作了全盘否定，紧接着又发生了匈牙利事件和波兰的波兹南事件、国际共产主义运动及马克思主义法学基础理论面临一系列挑战。中国共产党起初表现得比较冷静，及时发表了《论无产阶级专政的历史经验》一文，分析了斯大林的对错，并作出了一个对斯大林"三七"开的正确结论，实际上是对斯大林宣扬个人迷信的错误作了分析；同时也对他在建设社会主义过程中坚持马克思主义作了肯定。但时隔不到一年，又发表了《再论无产阶级专政的历史经验》一文，来了一个大转变。就是说，在严峻的国际形势面前，由于中国共产党和国家思想准备不够，再加上对具体情况缺乏冷静的思考，于是在政治路线上出现了"左"的错误，导致了在治国方略上的重大失误，基本上放弃了实行法治的构想。也正是在这个时候，国内法学界对"人治"与"法治"问题展开了激烈的讨论。尽管当时有不少著名法学家如杨兆龙、王造时、钱端升等，提出有见地的"法治"观点，但在1957年进行的反右斗争中却被打成了右派，一批赞同法治观点的学者也无一幸免，他们为此而蒙冤20余年。尽管这场斗争在30年后已有了正确的结论，并在庄严的宪法上写上了"依法治国，建设社会主义法治国家"，但其代价是巨大的。

自1957年后，由于法律虚无主义作祟，使法学基础理论受到严重挫折，不仅使已经取得的创新几乎丧失，甚至开始倒退，法学教育也随之受到打击，已有的综合性大学的法律系有的被撤销，有的实行合并，法学基础理论处在窒息之中。代之而起的是，"千万不要忘记阶级斗争"成为全社会的主旋律，人治成为治国的唯一方略。

三、十年动乱前后法学基础理论的浩劫

从1965年下半年起，随着《评新编历史剧"海瑞罢官"》掀开"文化革命"的序幕，1965年便进入了高潮，且不说在那"无法无天"的年代，公、检、法成为重灾区，仅就法学基础理论而言，其遭受的浩劫也是"史无前例"的，主要表现有：一是公开宣称"法律面前，人人平等"这一人类法治文明的结晶与精华，被带上了"资产阶级口号"的帽子，并在1975年宪法中被公开删去了这一原则。二是在有关文件中，把公民公开分成几等，鼓吹"血统论"，胡说什么"老子英雄儿好汉，老子反动儿混蛋"。三是宣扬人治，大讲"天才"，公开把个人的话说成是"最高指示"，公开大树特树个人权威，并在有关文件中规定了一个"恶毒攻击罪"，使不少人因此而被判死刑。四是搞什么"大民主"，用"大鸣、大放、大字报"的手段，对公民进行人身攻击，并因此任意抓人，人权全无保障，等等。

鉴于本书的重点是回顾法学基础的创新，没有必要详细列举这些使全国人民痛心疾首的往事。这里提及此事的目的，无非是法学

基础理论的创新是离不开良好的社会环境的，同时也表明今天提出和进行创新是来之不易的。十年动乱期间的严重教训，从反面告诉我们，法学基础理论的创新事关国家的兴衰，是必须引起法学界、法律界和全国人民高度重视的大问题，是需要中国共产党和国家制定和贯彻正确路线和全国人民共同努力的大事，是中国特色社会主义伟大事业成败的关键。

第二节　改革开放以来法学基础理论的创新[①]

改革开放以来，中国法学尤其是中国法理学在马克思主义指导下，坚持解放思想、实事求是的思想路线，对法学领域的普遍性和根本性问题展开了深入的研究与广泛的交流，不断取得新的理论成果，各种法学知识体系与理论范式得以兴起与繁荣。20 世纪 80 年代初的"法治"与"人治"大讨论以及从"国家与法的理论"到"法学基础理论"的转变在当时具有划时代的意义，并为后来所有的法学理论的繁荣与发展奠定了基础。80 年代中期后，中国法理学界在法的本质属性、法律原则、治国的理论与方略、人权的原理与保障、法理学研究范式、法理学研究方法、法理学学科等方面取得了符合社会发展需求的重大理论创新，具有不容忽视的历史与时代意义，实现了马克思主义法学中国化的又一次飞跃。

一、在法的本质上：实现了从法的阶级性到法的社会性与阶级性并重的转变

法的本质属性问题，是法理学中最核心、最普遍、最基本的问题。诸如法律面前人人平等原则、法治与人治、人权问题、法理学研究范式等问题无不涉及法的本质属性。由此可见，法的本质属性

---

① 本小节的部分内容，曾作为本课题的阶段性成果发表于《政治与法律》2008年第 12 期上。陈佑武博士参与了本节的撰稿工作。

是法理学中的根本性问题,几乎囊括了法理学的方方面面,具有非常重要的理论价值。改革开放 30 年关于法的本质属性理论创新主要体现在从单纯坚持法的阶级性向坚持法的社会性与阶级性辩证统一的转变。

(一) 从法的阶级性向法的社会性与阶级性辩证统一的转变

从法的阶级性向法的社会性与阶级性辩证统一转变是改革开放 30 年来法的本质属性理论发展的一个客观历史进程。这一进程发展至今可分为法的阶级性与社会性磨合期、法的阶级性与社会性的结合期、法的阶级性与社会性融合期三个阶段。

1. 法的阶级性与社会性的磨合

1978 年中共十一届三中全会的召开,是我国历史的伟大转折,也迎来法学的春天。由于历史的原因,更由于思维的惯性,法理学界对法的阶级性与社会性的关系尽管有了一定认识,但对于法的本质属性的认识仍处于磨合状态。法的阶级性不仅是法的主要内涵,还是法的本质属性所在,法的社会性虽已经进入法的话语空间,但基本上没有纳入主流的法的本质属性视野。而且基于法的阶级性话语被无数次重复与强调,因而法的阶级性内涵被无限放大。这导致了法的阶级性的话语霸权地位的产生,阶级话语实质上成为了权威语言,充当了解说一切法律问题的分析工具。在此状态下,阶级斗争范式由此应运而生,并成了此阶段占主导地位的法理学说。但是,由于法的社会性在其本质属性中的缺位,注定了法理学对法律问题的解读能力与解决能力只能是残缺不全的,而且也只能以带有强烈阶级偏见的姿态出现。所以,许多学者为了争得法的社会性在法的本质中的应有地位与名分对法的阶级性的统摄地位提出了挑战与质疑,显示出强大的理论勇气与求实求真的学风。① 甚至有些学者还提出"阶级性不仅不是法的唯一本质属性,而且也不是法的

---

① 周凤举:《法单纯是阶级斗争工具吗? ——兼论法的社会性》,《法学研究》1980 年第 1 期。

本质属性"①。就此意义而言，此一阶段可谓法理学界力图破除法的阶级性霸权地位、解放法的社会性的"破冰时期"。

2. 法的阶级性与社会性的结合

20世纪80年代末以来，法的阶级性与社会性由对话与沟通转向结合，进入法的阶级性与社会性结合期。经过前一阶段的"破冰时期"，法的阶级性与社会性在沟通与对话的基础上，整体上趋于结合状态，这集中体现在"权利本位论"的产生与发展②。自此之后，权利话语逐步在法理学的各个领域取代阶级话语。当然，鉴于权利话语体系的经济基础是市场经济体制，因此随着市场经济的不断完善与发展，法的阶级性与社会性结合度日趋紧密，权利与义务之间的关系也不断调整，这都使得权利话语日趋完善。在这种趋势下，前一阶段的法的阶级性与社会性的争论已经完全被"权利—义务"话语体系所取代，法理学研究范式也作出了符合时代需求的更新。整体而言，法的阶级性与社会性的结合期是法的阶级性与社会性的发展与对话、理解与沟通、渗透与提升的一个关键时期，不仅结束了法的阶级性与社会性的磨合状态，而且为法的阶级性与社会性的全面融合奠定了基础。因此，就法的阶级性与社会性相互结合这一进程而言，这一阶段亦可称为"融冰时期"。其实，马克思主义经典作家对法的阶级性与社会性结合问题早就作过科学的说明。恩格斯在论证这二者的关系时，有过一段名言："政治统治到处都是以执行某种社会职能为基础，而且政治统治只有在它执行了它的这种社会职能时才能持续下去。"③ 当然，法学界能认识到法的阶级性与社会性的结合与统一的关系，尽管只是初步，但却是一个良好的开端，对沉浸多年的法学界确实是个转折。

---

① 张宗厚：《对法的三个基本概念的质疑》，《法学》1986年第1期。

② 张光博、张文显：《以权利和义务为基本范畴重构法学理论》，《求是》1989年第10期。

③ 《马克思恩格斯选集》第3卷，人民出版社1995年版，第523页。

3. 法的阶级性与社会性的融合

21 世纪以来，法的阶级性与社会性经过沟通与对话，在结合与提升基础之上，已经全面融合、互为一体。因此，这个阶段也就是法的阶级性与社会性的融合期。在立法层面的典型反映就是"国家尊重和保障人权"入宪，这表明以人权与国家义务为内容的话语体系已成为法律发展的重大主题。这一主题是对法的阶级性与社会性结合期所取得的成果的融合和升华，是一种新价值共识的达成，是法的阶级性与社会性发展的里程碑。"人权—国家义务"的出现同时也表明法的阶级性与社会性经由"权利—义务"话语转换后新的法理学研究范式的形成，即以人为本范式的产生。从改革开放以来法的本质属性发展历程来看，以人为本范式对权利本位范式的取代是法的阶级性与社会性全面融合与升华的结果，是法的阶级性与社会性的辩证统一的集中体现。所以，以人权入宪为界，我国法的发展进入了"明春时期"，并由此开启了法的发展的"暖春之旅"。

法的阶级性与社会性经过磨合、结合、融合的历程①，表明法的本质属性一直在不断进行创新与进行话语形式转换。这种对法的本质属性认识的深化，既表明了人们对法学领域的问题认识越来越深刻，又为我们分析与解决法学领域中业已存在的问题提供了坚实的理论支撑。

（二）从法的阶级性向法的社会性与阶级性辩证统一转变的哲学反思

从哲学上讲，法的阶级性与法的社会性实质上是指法的个性与

---

① 法的本质属性在磨合、结合、融合三阶段话语表现形式是不一样的。磨合阶段主要表现为阶级话语体系，结合阶段主要表现为权利话语体系，而融合阶段主要表现为以人为本话语体系。就此而言，在磨合阶段谈论阶级性是有意义的，而在结合阶段、融合阶段来单独强调阶级性则是不合时宜的，是一种守旧的观念。因为在结合阶段与融合阶段，阶级话语已经被权利话语与以人为本的话语所取代，阶级性与社会性结合与融合的精髓已经渗透到新的话语体系中，在此环境下强调阶级性必然导致话语不对称，实际意义不大，既不会影响主流理论的发展，也不会对正在进行的法治建设起到任何实质性的作用。

共性、特殊性与普遍性。学界并非不知悉这一道理，只是囿于历史局限性而一叶障目不见泰山。此"一叶"即由来已久的"左"的思想观念。众所周知，中共十一届三中全会之前，学界深受"左"的思想禁锢，在相当长的时期内基本上都是依照"以阶级斗争为纲"的思路来阐释各种理论问题。毋庸讳言，"阶级"的观念已经根深蒂固地扎根在人们的脑海之中、思维之中，似乎世上万事万物就只有一个根本特质，即阶级特质。这便造成人们在法的认识上只能持有其个性、特殊性观念，而置其共性、普遍性于不顾。中共十一届三中全会为人们解放思想、破旧立新创造了历史契机。学界持续不断地关于"法的阶级性与社会性"的争鸣与辩论便在此背景下展开，所表达的是在新的历史环境下法的共性与普遍性在当代中国问题意识下的回归与重启。这一转变过程持续了近30年，吸引了众多学者的参与，对我国法理学研究影响深远。我们认为，以以人为本为哲学基础的人本法律观的提出集中回答了法的阶级性与社会性问题，即法律本因人的需要而产生，但在阶级对立社会里，它异化为统治阶级意志而成为压迫人的工具，一旦人民成为国家主人，人的全面发展和人民的根本利益成为法律的出发点与落脚点时，法律又回归于人。就是说，法律作为统治阶级意志体现了法的阶级性这一论断本身是正确的，但那仅仅是阶级对立社会特有的现象，是法律异化的后果。一旦异化被消除之后，法律又回归于人，成为人民意志的体现，反映了社会发展的需求，尊重与保障人权也就成为了历史的必然，因此这时需要充分体现法的社会性。这表明，人本法律观通过沟通统治阶级意志与人民的意志之间的内在联系，实现了法的阶级性与社会性的辩证统一，从而深刻揭示了法的本质属性。

二、在法律原则上：确立了法律面前人人平等原则并使其内涵不断深化

法律原则是贯通法的精神与法的实践的桥梁，在30年来的民

主与法制实践之中，法律原则经历了巨大的变化，并发挥了重要的作用。我们认为，这30年里法律原则创新主要是确立了法律面前人人平等原则并使其内涵不断深化，即从不主张法律平等到公民在适用法律上一律平等与从公民在适用法律上一律平等到既强调公民在适用法律面前人人平等又强调立法平等。

（一）从不主张法律平等到公民在适用法律时一律平等

我国1954年宪法对法律面前人人平等原则曾有规定，但是，在后来的一个相当长的时间里，该原则却被一些人说成是错误的，是没有同资产阶级的"法律面前人人平等"划清界限，是"没有阶级观点"，是主张革命与反革命"一律平等"，因此在1975年宪法中取消了这一规定。1978年12月人民日报发表了《坚持公民在法律上一律平等》一文，指出了资产阶级所谓的"法律面前人人平等"的历史进步性与虚伪性，认为我国公民在法律上一律平等是必须做到的，也是能够做到的。坚持这一原则，不是什么人喜欢不喜欢的问题，而是历史进步的必然，是社会进步的客观要求。……我们讲公民在法律上一律平等，着重是从司法方面来说的，主要是指公民在适用法律上一律平等。① 该文引起了学界的热烈反响与广泛共鸣。经过深入讨论，学界认为法律面前人人平等的原则虽然首先由资产阶级提出并在资产阶级国家的法律制度中进行了规定，但这并非说明该原则就只能是资本主义法制的专利品。社会主义国家的法律原则里应该也有法律面前人人平等的内容，而且只有在社会主义社会才能真正实现法律面前人人平等。但是，一方面，鉴于立法权属于人民，所以在立法上必须对人民和阶级敌人予以区分，这是对无产阶级意志的贯彻，充分体现法律的阶级性。另一方面，为了保证宪法和法律严格执行，真正落实"有法可依、有法必依、执法必严、违法必究"的方针，所有公民在法律适用上必须一律平等，以维护法律的权威与尊严。有鉴于此，这次讨论

---

① 李步云：《走向法治》，湖南人民出版社1998年版，第194—197页。

的结果是公民在适用法律上的平等获得了普遍的认同，并促成了1982年宪法对法律平等和其后一系列组织法、审判程序法对适用法律平等的确认，基本上从制度层面实现了司法平等。

（二）从公民在适用法律时一律平等到法律面前人人平等

"法律面前人人平等"与"适用法律一律平等"的关键区别在于，是否要求公民在立法上平等。在公民适用法律上一律平等成为主流观念时，有一些学者提出了立法平等问题，提出法律的适用是以法律的制定（立法）为前提。没有在立法上确认公民的权利平等，哪里有法律适用上的人人平等？离开法律本身的平等原则，孤立地谈法律适用上人人平等，那么这个法律适用的平等也就变成了无源之水、无本之木，是不可能存在的，是不现实的。① 但由于经济基础的限制，且当时的话语体系受阶级性的制约，所以大多数学者对立法平等持否定态度，导致立法平等问题在很长一段时间内退出了人们的视线。在此问题上的观念转变始于市场经济体制的确立。在这一阶段，阶级话语的霸权地位随着市场经济的发展逐步消解，计划经济体制下的立法弊端已经充分体现。这主要表现在立法上某些领域对平等的拒斥：首先，对人的主体地位平等的拒斥，导致最重要的生产力——劳动者自由和独立民事地位缺乏法律规范；其次，商品生产者和交换者主体地位的不平等，导致公平竞争机制的丧失和不正当经济行为的泛滥；再次，拒斥平等使产权制度难以完善，从整体上影响市场经济的正常运转；再其次，拒斥平等导致合同制度的落后；最后，由于法律不注重平等保护当事人的利益，滋长了垄断和操纵市场的行为。因此，公民在适用法律上的平等已经不能满足市场经济的深入发展的需求，而对立法平等提出了呼唤。② 不仅要求建立市场主体一律平等的法律制度以及相关的合同

---

① 潘念之、齐乃宽：《关于"法律面前人人平等"的问题》，《社会科学》1980年第1期。

② 周永坤：《市场经济呼唤立法平等》，《中国法学》1993年第4期。

制度、物权制度与债权制度，也要求建立自由平等的市场规范，以促进社会主义市场经济健康良性发展。受益于市场经济自身的发展与要求，这种立法平等的观念获得了认同并渗透到了市场经济的立法实践之中，这在很大程度上既推动我国法律实践的发展又促进了政治文明的进步。

三、在治国的理论与方略创新上：实现了从人治到法治的转变

法学历来就是治国之学、强国之学，它不仅研究治国之"理"，也研究治国之"力"，还研究治国之"术"。法学对治国与强国的理论研究集中在法理学领域，而法理学对治国的理论主要在于对人治与法治问题的研究。从改革开放30年来我国民主与法制发展的历史进程来看，治国的理论与方略创新主要体现在从人治到法治的转变，大体可分为从人治到法制的阶段和从法制到法治的阶段。

（一）从人治到法制

改革开放伊始，在改革推动下，法制成为了社会发展的内在需求。改革，史称"变法"。这一科学的称谓，不仅充分表明了改革与法制的内在联系，也深刻揭示了法制在改革中的特殊功能。一方面，适应改革要求的法律、法规，尤其是宪法，是深入改革的法律依据和保障；另一方面，那些不适应改革要求的法律、法规，又是改革的对象，应该加以废止。更重要的是，根据两个转变的要求，需要制定大量新的法律、法规。因此，从法制建设的角度来看，法律的立、改、废的过程就是改革的过程，法制在社会主义现代化具有重要的地位与意义。除了改革需要法制，建设同样需要法制。随着经济、文化以及政治体制的发展，需要法制来保障这些业已取得的成就，以促进社会更好更快的发展。这种在改革与建设领域对于法制内涵与价值的强调，用邓小平同志话语所言就是："还是要靠

法制，搞法制靠得住些。"① "为了保障人民民主，必须加强法制。必须使民主法制化、法律化，使这种制度和法律不因领导人的改变而改变，不因领导人的看法和注意力的改变而改变。"② "做到有法可依，有法必依，执法必严，违法必究。"③ 相对于改革开放之前的法律虚无主义而言，法制的针对性与历史进步意义是显而易见的，它表明严冬之后法律开始回暖，法律在整个社会政治生活的地位与作用被突出。正是在这种社会主义法制理念的指导下，我国的法制建设在一片废墟与瓦砾的基础上得到了迅速的恢复与发展，为人治走向法治奠定了制度基础。

（二）从法制到法治

在"法制"成为高频率使用的词汇与强势话语的环境下，"法治"一词的内涵与精义在很大程度上被误解。这主要表现为两种状况：一种是认为"法治"这个概念本身就不科学，具有一定的片面性，不要"人治"的提法值得商榷。④ 另一种观点就是认为在西方国家中，"法治"一般是和"法制"、"法治国"等词通用，⑤ 因此实际上是将法制与法治等同，不作区分。这两种状况在20世纪80年代很多教科书中同样存在，对人们的思想观念产生了很深的影响。随着学界对改革开放前"人治"反思的深入与法制建设的发展，人们对法治内涵的认识越来越深刻，法治正逐渐改变与法制等同的身份，其治国方略的价值日益彰显。我们认为，二者本质区别在于，法制是指国家的法律制度，法治则是指治国的方略。二者是属于两个不同范畴的概念，法制属于制度范畴，法治属于治国方略范畴。法治与人治相对立，任何一个国家的任何一个时期都有它自己的法制，但不一定都是实行法治。法治与法制虽有一定的内

---

① 《邓小平文选》第3卷，人民出版社1993年版，第379页。
② 《邓小平文选》第2卷，人民出版社1993年版，第146页。
③ 同上书，第147页。
④ 《法治与人治问题讨论集》，群众出版社1980年版，第293—298页。
⑤ 同上书，第339页。

在联系，但本质上两者在理论体系中居于不同层次、在理论视野上表现为不同境界、在价值追求上具有不同的目的，因而其差异是巨大的。可以说，在"法制"与"法治"两个词汇上，虽只有一字之差，却有天壤之别，因此，从"法制"到"法治"一字之改，历经 20 年之久。①特别是 1997 年中共十五大提出"依法治国，建设社会主义法治国家"与 1999 年修宪，不仅表明"法治"成为国家政治生活的主流话语，也表明我国依法治国，建设社会主义法治国家的基本模式逐步形成。从人治到法治的发展趋势来看，法治发展的终极目的就是建立法治国家，即建构具体法治与抽象法治紧密结合的社会主义法治国家。社会主义法治理念的提出，则为社会主义法治国家的构建提供了根本的指导思想。

四、在人权的原理上：关于人权属性、主体、内容和实现上取得了重大突破

在过去较长时间内，人权一度被视为是资产阶级的口号，无产阶级不能使用。有些学者认为，在社会主义条件下提出"尊重人权"、"争人权"的口号，实际上是向中国共产党和政府"示威"，意味着要倒退到资本主义社会去。在人权问题上取得实质进展的标志是 1991 年 11 月 1 日《中国人权状况》白皮书的发表。白皮书明确指出，享有充分的人权，是长期以来人类追求的理想。特别是 2004 年"国家尊重和保障人权"入宪，表明我们在人权制度建设上取得重大进展。因此，从"人权是资产阶级的口号"到"国家尊重和保障人权"入宪，人们的人权意识发生了翻天覆地的变化。在这种宏观趋势下，人权属性、人权主体、人权内容、人权实现等问题上均取得了重大突破。

---

① 郭道晖等主编：《中国当代法学争鸣实录》，湖南人民出版社 1998 年版，第 565—575 页。

（一）人权属性上的突破

人权属性上的突破体现为从只强调人权的阶级性到既坚持人权的阶级性又认可人权的普遍性。在人权属性上，由于受经济、政治、文化等因素的影响与制约，学界以往只强调人权的特殊性特别是其阶级性，认为阶级性是彰显无产阶级人权观与资产阶级人权观的根本差异所在。强调人权的阶级性固然反映了不同国家或一个国家不同历史时期基于现实状况的原因而要求人权保障的安排上不能千篇一律，但同时折射出人们对人权本质属性的认知还存在一定的误区，这表明人们对人权普遍性仍不甚理解。为正确厘清普遍性与特殊性之间的内在关系，学界对二者作了广泛深入的研究，大多数学者认为二者辩证统一、不可分割。随着《中国人权状况》白皮书的发表特别是1993年《维也纳宣言和行动纲领》的通过，人权的普遍性越来越为人们所重视。我国在公开场合和有关文书中，正式对人权的普遍性表示认同。事实上，这种认同既是一种态度，也是一种客观必然，因为只有这种认同，才有人权对话、人权合作特别是参与国际人权保护的可能。

（二）人权主体上的突破

人权主体上的突破体现为从只强调集体人权到既强调集体人权又尊重个人人权。与古典人权理论的主体观念不同，我国长期所实行的以公有制为基础的计划经济体制使得人们往往认为社会主义人权始终强调民族、社会、国家等集体人权高于个人权利，主张只有强调集体人权才能保障集体利益和公共利益。但随着市场经济的深入发展，人们的人权意识已经逐步发生转变，个人人权越来越受到重视。这既是古典人权主体观念的回归，又是人权主体理论在人权发展史上的创新。现在人们在人权主体上已经达成普遍的价值共识：个人人权是集体人权的基础，集体人权是个人人权的保障。

（三）人权内容上的突破

人权内容上的突破体现为从强调保护公民的一般权利到既强调保护公民的一般权利又主张保护公民的私人财产权。在社会主义市场经济体制确立之前，我国法律赋予了国有财产、集体财产、私人财产权利所有人在民事法律活动中不同的权利能力和行为能力，这种物权上的等级差别使得私人财产权保护受到不平等待遇。经过2004年的宪法修订特别是2007年物权法的颁布，私人财产权享有了与其他权利同等保护的地位。这一转变，既展示了我们对常识性法理的尊重，又标志我们在基本人权的制度保护方面迈上了一级新的台阶。①

（四）人权实现上的突破

人权实现上的突破体现为从只强调人权斗争到既强调人权斗争又重视人权对话。在人权实现上强调人权斗争具有悠久的历史传统，自资产阶级启蒙思想家提出人权的口号和天赋人权学说以来，人权斗争在人权发展史上一直是一个永恒的主题。历史已经证明，当资产阶级受封建主的政治压迫，处于无权地位的时候，只是由于斗争才获得人权；当无产阶级受资产阶级的压迫和剥削，处于无权地位的时候，也只是由于斗争才获得人权。但当人类跨入21世纪之际，随着经济一体化、信息共享化、法律全球化的发展，不同文化之间能否和谐共享已成为当今时代的特质。这也对人权实现提出了新的历史要求，即从斗争转向对话，从对抗转向协作，这一理论转型既反映了时代的要求，又为现代社会的人权保障奠定了扎实的思想基础。

五、在研究范式上：实现了从阶级斗争范式向以人为本范式的转变

早在20世纪80年代中后期就已经开始有学者提出要思考法学理论内容更新的问题，但对法理学内容变革与更新从研究范式上作出整体思考主要是20世纪80年代末90年代初以来的事情。法理

---

① 　徐显明主编：《人权研究》第7卷，山东人民出版社2008年版，第4页。

学研究范式转换可大体分为两个阶段，即从阶级斗争范式到权利本位范式转换和从权利本位范式到以人为本范式转换。

（一）从阶级斗争范式到权利本位范式

阶级斗争范式的核心在于将阶级斗争的理论片面地贯彻到法理学领域，认为法是阶级矛盾不可调和的产物。换言之，阶级是法学的最高意识形态，阶级话语具有最终的话语霸权。显然在阶级斗争范式下，阶级话语的主导地位终结了法学的理性精神，法治、人权等被视为是与法学无涉异域观念，这在理论与实践中造成了很大的危害与影响。因此，改革开放以来，破除阶级斗争范式成为法理学发展的一个内在要求与历史命题。在此趋势下，权利本位范式逐步取代了阶级斗争范式，成为了新时期主流的法理学说。权利本位范式视图以权利作为法学的基石与基调构建起来的一个新的理论体系。权利本位范式认为，在权利和义务的关系中，权利是第一性的，是义务存在的前提和依据，法律设定义务的目的是为了保障权利的实现；权利须受法律的限制，而法律限制的目的是为了保障每个主体的权利都能得到实现；在法律无明文限制或强制的行为领域可以作出权利推定，即推定公民有权利和自由去作为或不作为；只有在承认权利是义务的依据这个前提下，才能真正实现权利和义务的一致性。[①] 比较该理论与阶级斗争范式可知，权利本位范式因受益以权利的设置为出发点的市场经济体制的强大支撑，而且与这30年创新之中的法律原则、法的本质属性精髓相同，源流一致，互为支撑，所以其一面世就显示出卓尔不凡的价值与意义。这在当时广大民众尚不知权利为何物的历史条件下，"权利本位"还是有突出的现实意义的。

（二）从权利本位范式到以人为本范式

尽管权利本位范式自其产生就非议不断，如"法理学怎么

---

① 张文显：《法哲学范畴研究》（修订版），中国政法大学出版社2001年版，第334—349页。

了"[1]，对权利义务话语的批判[2]，中国法学向何处去[3]等，但终究未出现取而代之的法理学范式。进入 21 世纪以来，在法制现代化与法律全球化的背景下，人们的思想观念更是空前活跃。这时期法理学内容也正在经历潜移默化的变革与更新，法理学的理论解说能力和参与实践能力已经有了较大的提升空间。与这个时代应运而生的是以人为本范式。这一范式的核心范畴是"人权与国家义务"，不仅重视权利与权力之间的张力，同时也强调二者之间的协作精神，它们辩证统一于社会主义法治国家的构建。权利本位范式的缺陷在于对人性认识不清。我们认为，人有"三性"，即理性、德性、灵性。权利本位忽视"德性"，即否认人对国家与社会的责任与义务；更忽视人的"灵性"，即否认人对客观世界的认识，忽视人的主观能动性；更何况权利与义务历来是相互联系的，尤其在社会主义和谐社会的建设中更要强调二者的有机统一。事实上，"没有无义务的权利，也没有无权利的义务"正因如此，作为权利本位话语最早发源地的西方国家现在基本上也不再采用此种范式。所以，为了与新的时代精神相适应，我们的研究范式应该有所转变，即从权利本位范式向以人为本范式转变。以人为本范式是从人的全面发展出发，以人自身的人权与国家的义务"人权—国家义务"中以人为本位。因此，以人为本范式是在新的历史时期对"权利—义务"与"权利—权力"在法律中的定位需要做出新的思考与探索，并应此基础上作出的理论提升。其中有一点应当肯定，就是为了正确理解"人权—国家义务"的内涵，需要揭示出权利与义务、权利与权力以及这两对关系之间的共生共荣、互信互爱以及和谐发展的基本内涵，以尊重和保障人权。

（三）法理学研究范式转换的内在动因

法理学研究范式转换的内在动因主要在于法理学目标价值创

---

① 葛洪义：《法理学导论》，法律出版社 1996 年版，第 1—20 页。

② 童之伟：《论法理学的更新》，《法学研究》1998 年第 5 期。

③ 邓正来：《中国法学向何处去》，商务印书馆 2005 年版。

新。随着政治、经济与文化的发展，法理学目标价值从改革开放以来的阶级标准向目前人的标准的转换。这一转换过程大体上经历了三个阶段，即阶级性标准阶段、权利标准阶段、人的标准阶段。实际上，与这三个标准相对应的法理学研究范式便是阶级斗争范式、权利本位范式和以人为本范式。很显然，这三种研究范式的重点是不一样的。阶级斗争范式重在强调义务；权利本位范式重在突出权利；以人为本范式重在强调人的全面发展，重在人权，重在人民根本利益，重在权利与义务的统一，正如马克思所说："没有无义务的权利，也没有无权利的义务。"①

六、在研究方法上：实现了从一元单一视角向一元多视角转变

法理学研究方法就是主体在认识作为客体的与法关联的客观世界的实践活动中所秉持的基本哲学观念②、原则、程序和技巧。科学的法理学研究方法是在法律现象的认识过程中贯穿主体与客体之间内在关系的纽带。也就是说，研究方法是分析与处理问题的利器，往往有什么样的研究方法就会得出什么样的结论。历史表明，研究方法不创新法理学就停滞不前，研究方法一创新法理学就会活跃并取得发展。因此就方法而言，改革开放30年法理学所取得的创新与方法创新关联密切，并且实现了从一元单一视角向一元多视角的转变。

（一）"一元"是贯穿法学方法论的总的指导思想

"一元"即指马克思主义的唯物辩证法。唯物辩证法是马克思继承并发展德国古典哲学所取得的成果，其重大贡献之一，是把机

---

① 《马克思恩格斯选集》第2卷，人民出版社1995年版，第610页。

② 不管愿不愿意，方法论会导向哲学。即使方法论本身没有意识到，每种方法论都有相应适切的法哲学。参见［德］卡尔·拉伦茨《法学方法论》，商务印书馆2003年版，第120页。

械的唯物论变成辩证唯物论,把唯心的辩证法变成唯物辩证法。马克思主义法学理论之所以能够在众多的流派中独树一帜并保持其明显的理论优势,就是依赖于唯物辩证法这一科学的研究方法的指导。唯物辩证法发展至今,其丰富内涵可归结为如下几个方面:(1)"实事求是"是唯物辩证法的"活的灵魂"。邓小平也正是依靠以"实事求是"为哲学基础的理论体系,才成就了开辟中国改革开放30年来的伟业。(2)社会存在决定社会意识。法的关系既不能从它们本身来理解,也不能从人类精神的一般发展来理解,历史上出现的一切法律制度与法律现象"只有理解了每一个与之相应的时代的物质生活条件,并且从这些物质条件中被引申出来的时候,才能理解"①。(3)社会现象(包含法律现象)普遍联系、相互作用。历史过程中的决定性因素归根到底是现实生活的生产与再生产,但不能简单地归结为经济决定论。正如恩格斯所言:"如果有人在这里加以歪曲,说经济因素是唯一决定性的因素,那么他就是把这个命题变成毫无内容的、抽象的、荒诞无稽的空话。"②(4)社会历史的发展观点。唯物辩证法是"关于自然、人类社会和思维的运动和发展的普遍规律的科学"③。这四个方面的有机联系与辩证统一便是改革开放30年来贯穿马克思主义法学方法论的总的指导思想。作为这种总的指导思想的唯物辩证法,在阶级社会条件下的具体运用就是阶级分析法,这也是马克思主义法学的基本方法。实践表明,马克思主义正是运用阶级分析方法,实现了法学领域的革命性变革,并揭示了马克思主义的法律观和法学原理。因此,坚持唯物辩证法为指导思想的阶级分析法在其产生时是主流的法学方法论,在很大程度上左右了法学领域问题的研究。

(二)从"一元单一视角"向"一元多视角"的转变

改革开放初期,唯物辩证法在法学方法论上的研究视角表现比

---

① 《马克思恩格斯选集》第2卷,人民出版社1995年版,第38页。
② 《马克思恩格斯选集》第4卷,人民出版社1995年版,第696页。
③ 《马克思恩格斯选集》第3卷,人民出版社1995年版,第18页。

较单一，主要体现就是上述的阶级分析方法，这一方法是与改革开放初期法理学阶级标准的目标价值以及法理学的阶级斗争范式相适应的。法学研究方法经过10年左右发展，到了20世纪90年代左右逐步发生转变，形成一种多视角的研究局面。这一转变的一个重要原因就是以唯物辩证法为指导，合理借鉴古代和西方的方法论，从中国实际出发来分析与研究中国的法律问题，这给以往相对较为沉闷的法学研究注入了新的活力。其中，具有典型代表性的三个理论观点表现如下：① （1）权利本位说。基于对过去用定义代替对活生生的法律现实致使法学思维出现严重的封闭性、武断性、保守性和教条性的深刻反思，权利本位论所采用的基本方法是语义分析法，同时采用了历史考察法、价值分析法、阶级分析法等方法。通过对"权利本位"的语义分析，表明"权利本位"是一个概括的、表征的、关系性的、系统性的和有价值定向的概念。当然，采用此种方法的研究者也已经指出，纯粹的语义分析法只是一种纯形式、纯语言的分析技术，而实际上语言也是一种思想和文化传统，是文化的组成部分、标志和象征。只有把语言放进特定的思想文化传统中，与构成文化总体的认知系统、评价系统、心态系统、行为模式系统结合起来，对之进行多维的、系统的分析，才能解决语言的内涵和意义，澄清语言混乱所引起的思想混乱。而且，语义分析法一般来说只能发现问题，找出这些问题所在，只能使问题的某一方面消失，而不能解决全部问题，这些局限性只能通过马克思主义的历史考察、价值分析、阶级分析等方法才能得以澄清和解决。（2）法律文化论。法律文化论不仅是对旧材料的重新安排和重新解释，还是一种"引入了新的立场、观点和方法，而且提出了新的主题"② 的研究对象和

----

① 本书所论及的"权利本位说"、"法律文化论"、"本土资源论"中的研究方法分别是以张文显、梁治平、朱苏力的文本解读为基础。

② 梁治平主编：《法律的文化解释》，生活·读书·新知三联书店1994年版，第2页。

领域——法律文化。在法律文化论者看来，"所谓法律文化，既是一种现象，又是一门学科，还是一种方法"①。方法层面的法律文化所代表的是一种法律研究的进路与取向，其基本特征是"用法律去阐释文化，用文化去阐明法律"②，所揭示的乃是法律与文化之间的深刻关联。因此，法律文化论主要是采用了社会学的研究方法，其中交织着历史考察法、比较分析法以及语义分析法等方法。研究者力图通过对法律文化中的个案研究，阐明古今中外法律变动的文化动因，从而从根本上解构纷繁复杂的现实问题。然而，研究者为了表明一以贯之的不曾为现实的缘故去"修正"历史的立场，在探究具体历史问题的时候，往往难免被问题本身所吸引，导致几乎是为了学问而学问。(3) 本土资源论。本土资源论者认为中国法学的研究方法"相当落后，从应然命题到应然命题，缺少对社会的其他学科的了解，缺乏对支撑法学研究发展的理论的研究和包容，缺乏对司法问题的综合性研究，而往往从某个部门法出发把活生生的案件简单地归纳为民事案件或刑事案件"③。基于此问题意识，本土资源论研究者注意利用其他社会科学和人文学科的知识；注意关注和分析人人都知道而传统法学往往视而不见的、现实的人和事；注意提炼和感悟人们的日常切身经验。

总之，在秉持"一元"的基本哲学观念下，这些多视角法理学研究方法采用和借鉴了哲学、社会学、历史学、经济学、语言学等学科领域的研究方法，极大地丰富了法理学的研究手段，并由此开拓了法理学许多新的研究领域。因此，应当承认这种方法创新产生了一定的社会效果，并给以往相对较为沉闷的法学研究注入了新的活力。当然，随着我国法治实践的不断深入，目前法理学研究方

---

① 梁治平：《中国法的过去、现在与未来：一个文化的检讨》，《比较法研究》1987年第2期。

② 梁治平：《法辨——中国法的过去、现在与未来》，中国政法大学出版社2002年版，第1页。

③ 苏力：《法治及其本土资源》，中国政法大学出版社1996年版，序言第 IX 页。

法还存在不少现实问题，如法理学学者由于部门法知识的欠缺，只能把自己的研究水平停留在抽象的层次上，解决实际问题话语功能不强。而且有些问题需要多学科的知识储备，不是仅具有单一法学知识的学者就能作出解答。这就对新的条件下法理学研究方法的持续创新和完善提出了新的要求。我们认为，为了更好地解决法理学领域这些仍然存在的问题，今后的法理学研究还需在抽象与具体、理论与实践的结合问题、跨学科研究问题以及社会科学交叉关联的共同研究方法上多下工夫，以推进法理学的发展。

七、在学科体系上：丰富和完善了法理学教材体系与法理学教育体系

法理学教材与法理学教育是法理学学科中两个息息相关的问题。科学合理的法理学教材必然有利于正确传播法的精神与观念，丰富和完善法理学的内容，从而促进法理学教育的发展与繁荣，反之则制约法理学教育的发展。而法理学教育的昌盛则有益于理论的养成与更新，从而促进法理学教材朝着更为科学化与理性化方向发展。整体而言，改革开放以来我国法理学教材与教育创新主要体现在法理学"五论"教材体系的确立与"五学"教育体系的完善。

（一）法理学教材体系的完善

法理学学科名称的变化与完善。新中国成立后，法理学按照苏联的学科模式称为"国家与法的理论"。至 1978 年，随着政治学学科地位的恢复，国家理论与法的理论分离，前者主要由政治学研究，后者则由法学研究。在这一趋势下，1981 年北京大学编著的《法学基础理论》教科书正式出版，① 自此"法学基础理论"的名称取代了"国家与法的理论"。到 20 世纪 80 年代中后期，有人开

---

① 陈守一、张宏生主编：《法学基础理论》，北京大学出版社 1981 年版。

始正式使用"法理学"名称取代"法学基础理论"。[①] 20 世纪 90 年代后，法理学的名称逐渐为法学界普遍接受，绝大部分法理学教材都使用这一名称。从"国家与法的理论"转变到"法学基础理论"，再从"法学基础理论"转变到"法理学"，是法理学内涵及教材体系的重大创新，表明法理学由政治哲学向法律科学转向。

随着法理学学科名称的变化及教材体系的发展，法理学的内容与体系日臻完善，且其科学性与独立性的特征日益显现。法理学教材体系"五论"的提出及其教材编纂的实践则标志法理学教材体系的正式转型。"五论"为：一、本体论，包括法的本质、本原与要素等方面；二、价值论，包括法律价值、正义与秩序、自由与平等、公平与效益等方面；三、范畴论，包括权利与义务、民主与法制、人治与法治、主权与人权、法律意识与法律行为等方面；四、运行论，包括立法、法律体系、法律适用、法律遵守、法律监督等方面；五、关联论，包括法律与国家、政治、政策、法律与道德、宗教、法律与科学技术等方面。事实上，"五论"的出现不仅改变了法理学教材编写的体例，也在很大程度上左右了日后法理学教材编写的框架与结构，成为了主流法理学教材编写的一个基本模板。当然，任何教材及其编排体例都是一定时代的产物，都必然要反映那个时代法的精神与观念。也就是说，随着经济社会文化的日渐发展，法理学教材必定会积极地体现这一正在发生的变化。

（二）法理学教育体系的完善

在法理学教材发生变化之时，法理学教育也获得了极大的改善，这主要表现在法理学教育有了自己的"五学"，即学科群、学术组织、学术机构、学术人员、学生。学科群主要表现为在整个学

① 例如，万斌编《法理学》，浙江大学出版社 1988 年版；吴世宦主编：《法理学教程》，中山大学出版社 1988 年版；沈宗灵主编：《法理学研究》，上海人民出版社 1990 年版；孔庆明主编：《马克思主义法理学》，山东大学出版社 1990 年版。

科领域分化与整合的趋势下，法理学的研究范围得以不断拓展，于是法理学领域逐步形成了以法理学为龙头，包括法哲学、法社会学、法经济学、法文化学、法解释学、比较法学、行为法学等一系列初具规模并在不断发展的交叉学科、边缘学科组成的学科群。学术组织是指1985年6月在庐山成立的中国法学会基础理论研究会，这一组织后来改称为中国法学会法理学研究会。1979年以后，全国各个法学院、系、所都先后配备了专业的法理学教学科研人员，他们也纷纷组建了各自的法学理论教研室或研究室，这就形成了法理学的学术机构与学术人员。学生方面随着研究生学位教育制度的恢复，一些法学院、系、所先后开始招收法学理论专业硕士研究生。从1986年起，北京大学、中国人民大学、中国社会科学院、吉林大学先后获得法学理论博士学位授予权，并开始招收和培养博士生。我国法理学研究队伍得到迅猛发展，法理学研究成果也日益丰富，法理学的实践功能日益增强，这使得法理学的学科地位与作用越来越受人们的重视。

第三节 对法学基础理论中的一些问题的反思

在法学基础理论的深化过程中，我国法学界不断取得重大的理论成果，涌现出一些比较大胆新颖的观点，但也曾一度出现这样或那样的不足。纵览这些观点，尽管其中的一些曾产生过一定的历史影响，但由于难以在方法论与价值论上有实质性的突破，其理论价值往往是有限的。对待一些有代表性的观点，现加以回顾与反思如下：

一、"权利本位论"

权利本位论在中国法理学过去一段时间内曾产生过较大的影响力。从某种意义上讲，当时年轻的法学学者绝大多数都参与了有关权利本位的讨论或论战。① 权利本位论作为启蒙人们权利观念和主体意识的法学思潮，是中国改革开放以来法学发展与法律话语体系建构过程中的核心论题。20 世纪 80 年代兴起的法律文化热，其内在逻辑是倡导者们借助法律文化这个"筐"，在不促动主流意识形态与话语体系的情况下，通过法律文化之间的比较，批驳僵化的、保守的"以权力为本位"的旧法律文化，倡导充满活力的、能动的"以权利为本位"的新法律文化。俗语"法律文化是个筐，什么都可以装"就很好地说明了这一点，法律文化热客观上为权利本位的兴起提供了舆论和知识准备。随着国家政治氛围的日渐宽松，权利与人权问题受到了举国上下越来越强烈的关注。尤其是两份中国人权白皮书《中国的人权状况》（1991）、《西藏的主权归属与人权状况》（1992）的发布②与邓小平南方谈话对社会主义市场经济地位的肯定，"权利本位论"在 20 世纪 90 年代初以来，得到了相当一部分中青年学者的支持与认可。

随着马克思主义法学中国化的不断深入和依法治国方略的确立，特别是科学发展观的提出与运用、社会主义和谐社会建设的开展，权利本位论的局限性和问题的严重性越来越明显地暴露出来。法学界对权利本位本质的认识也越来越清楚，并于世纪之交公开对其提出了异议。一些原来倡导和宣传权利本位的学者，也开始对它重新思考。有的甚至在全国性的研讨会上公开表示放弃过去的提

---

① 从 20 世纪 80 年代末至 90 年代中期，整整一代学者以权利本位与义务本位为主线，展开了详细的论述，相关论文达数千篇之巨，涉及此问题的专著也不下数百本，当年许多前沿性的观点已经成为学界的通说与法科学生人所共知的常识。比较有代表性的著作参见张文显《法哲学范畴研究》，中国政法大学出版社 2001 年版；张恒山：《义务先定论》，山东人民出版社 1999 年版。也可参见邓正来先生简单明了的资料索引，邓正来：《中国法学向何处去——重构"中国法律理想图景"时代的论纲》，商务印书馆 2006 年版，第 58—59 页。

② 尽管"权利本位论"在 20 世纪 80 年代末已经在学界具有一定的影响，但关于人权与权利的一系列专著的问题，主要还是集中在 90 年代初。这无疑和两份人权白皮书的问世所带来的社会风气的转变有关。

法，认为那不过是一句口号而已。

那么，问题究竟在哪里呢？当然要具体分析。总体来说，权利本位确实与马克思主义关于权利与义务关系的论述是背道而驰，对和谐社会的建设也是不利的。人们对权利本位至少存在如下三个方面的质疑：

第一，从历史上看，权利本位是自由资本时期资产阶级法的一面旗帜。尽管其在反对封建王权与专制政权中起过进步作用，但在阶级属性上，它本来就是资产阶级法在自由竞争时期的本位。它不仅是地地道道的资本主义口号与法律原则，而且是资本主义私有制在法律上与政治上的要求。因此，它体现的是以私有制为基础的权利，显然与社会主义社会是不相适应的。当然，我们要正确对待强调这一口号的中国学者，同时我们也真诚地希望他们及时放弃这一口号，正像他们之间有些同志已经做到的那样。

第二，从权利义务的关系上看，马克思早就有句名言，"世上没有无义务的权利，也没有无权利的义务"。马克思主义历来强调权利与义务的一致性，即权利与义务的平等性、对应性与相关性。当然，权利本位论者的本意并不是全盘地否定义务，而是强制在权利与义务的相互关系中权利是第一位的。这个观点也未必正确，如纳税、服兵役等宪法规定的公民义务，与权利而言，显然义务是主要的。尽管这是个特殊情况，但我们也不能只讲权利不讲义务。必须明确，权利义务的一致性是社会主义制度的基本特征。

第三，从人的本性来说，马克思早已有过科学的论述，认为人既有自然属性，更具有社会属性。人是社会中的人、现实中的人、是社会关系的总和。一般来讲，人有三性，即理性、德性与灵性。理性首先是对人类解放与自由的追求，其中也包括对权利的追求。虽然早期西方学者只看到后面一点，但在垄断资本主义时期，绝大部分西方学者都开始放弃了这一观点。我们为什么要把西方学者已经抛弃的观点搬过来呢？何况人性中还有德性这个重要内容，即每个人对国家和社会的责任与义务。这个问题在中国古代和西方社会法学派也有过类似的看法，尤其是在全球化的今天，在构建和谐社会的当代中国，这种对国家的责任与义务就更加明显。如果只追求个人的权利而放弃对国家的责任与义务，明显是与社会主义制度和道德背道而驰的。至于人的灵性，主要是对客观世界的改造，即人的主观能动性。如果人没有这种特殊的能力，人类社会就不可能前进。我们正是利用这种主观能动性，在正确的思想引导下来建设我们的国家。

二、"法律移植说"

自 1999 年宪法中确立依法治国的治国方略以来，全国人民代表大会极大地加强了制定与完善法律的进度，我国基本上实现了"有法可依"，这无疑是个巨大的进步。可是，就是在这个过程中，也出现了对立法指导思想的一些争论，其中较为明显的就是"法律移植说"。尽管法律移植说早在 20 世纪 80 年代中期已经有人提起，但在世纪之交却争论得更为激烈。

移植这个名称曾特指树木花草的移植和医学上的器官移植。个别学者却将这一特定的概念引进了法学领域。虽然文理学科相互交叉本是一件好事，甚至有利于学科的创新，但问题的本质在于，不能简单地套用，更不能不加分析地照搬。"法律移植说"认为，"'中国法律近代化'就其内容而言，就是通过移植，摒弃传统的法律理论与体系，而吸收西方的法律原则，进而建立一个与西方近代法律学说为内核，以近代西方法律制度为框架的法律体系。"①如果这不是糊涂认识，则同我们经常批判的全盘西化的观点有近似之处。毫无疑问这个观点应该加以否认。

首先，从方法上讲，这个观点确实将法律体系的构建这个复杂的问题过于简单化了。难道涉及 13 亿人口的大国的立法制度就能

---

① 张德美：《探索与抉择：晚清法律移植研究》，清华大学出版社 2003 年版，序言第 1 页。

够靠法律移植来解决吗？且不说世界上没有这个先例，更不用说基本制度完全不同的国家之间了。

其次，从理论上讲，法律移植说完全否定了一国的国情。我们认为国情是法治的基础，马克思主义者早就坚持一个原则：一切以时间、地点、条件为转移。社会主义国家同资产阶级国家无论在生产力发展水平、经济基础、上层建筑、文化基因、历史传统、历史状况尤其是在意识形态领域都有较大的区别，怎能原样照搬，更不能抛弃我们原有的法律理论与制度；就是植物的移植也要考虑到各种条件与配套因素。当然，合理地借鉴是可以的，但必须是有分析、有选择的借鉴。我们对西方的法律制度也要做具体的分析，这是最根本的一点。这就是说，我们的法学理论是以唯物史观为基础的，我们的法律制度是建基于中国特色社会主义制度之上的上层建筑的主要组成部分。法律移植说的要害，至少是忽视了国情的重要性。我们认为，国情是法律、法治的基础，离开了国情的法律是无用的，甚至是有害的。正如马克思在《德意志意识形态》一书中所讲的那样，就会在"硬邦邦的东西前面碰得头破血流"。其实关于法治与国情的相关联系，一些西方学者早就看到了。孟德斯鸠早就说过，"法律应该和政体所能容忍的自由程度有关系，和居民的宗教、性癖、财富、人口、贸易、风俗、习惯相适应"。① 孙中山先生在谈到如何对待西方法律制度时，也有一段精彩的论述，"中国几千年以来社会上的民情风土习惯，和欧美大不相同。中国的社会既然是和欧美不同，所以管理社会的政治也是和欧美不同"②。但一些法律移植论者似乎忽视了这些问题。

事实证明：法律移植的实际效果是不好的，即使是同样的社会制度，也因历史传统、民族习惯特别是生产力发展水平的差异，往往不可能有良好的效果，更何况在社会制度根本不同的情况下，其

---

① ［法］孟德斯鸠：《论法的精神》上，商务印书馆1961年版，第7页。
② 《孙中山全集》第9卷，中华书局1986年版，第320页。

结果必然是事与愿违。且不说全盘移植，就是个别条款的借鉴也要慎重分析。当然这并不是否定合理借鉴西方的法律制度、甚至西方的法律理论中某些有用的东西；恰恰相反，我们仍然要坚持"古为今用"、"洋为中用"的原则，合理借鉴人类法治文明的精华。我们强调的是合理借鉴与法律移植是两个性质不同的范畴，不能混淆、更不能等同。

三、"三权分立论"

在世纪之交的那段时间里，我国政治学、法学界曾一度有人对"三权分立"感兴趣，甚至有个别法院院长也在谈论此事。当然，这可能是他们对"三权分立"认识不清，也可能是一时的糊涂，因此很有必要对这个问题加以澄清。从本质上来讲，这是一个对我国政治体制的态度问题，也涉及对法学基础理论的方向问题。

大家知道，"三权分立"就其思想渊源而言，源于亚里士多德的"国家三种职能"的思想；但作为一种政治体制的根本原则、作为一种系统的理论体系，则是新兴的资产阶级提出来的；在中世纪后期，其目的在于"阶级分权"，这对于限制王权、反对专制具有一定的进步意义。但当资产阶级夺取政权后便演变为资产阶级内部的不同利益集团的分权，就是说他们企图用"三权分立"来协调他们内部的不同利益集团的冲突，并因此而成为其治国理政的根本原则，在西方资产阶级国家曾得到广泛的传播。但同时也必须看到，已有不少西方学者和不少西方国家并没有采用这个原则。如卢梭、狄骥、马里旦这样一些学术大师；又如英国采用的是议会制，其原则是"议会至上"；法国是"半议会制"、"半总统制"，行政权占主导。甚至连德国、日本、加拿大这样与美国极为密切的国家也没有采纳"三权分立"。总而言之，"三权分立"存在一些明显的弊端，至少表现为四个方面：一是在三权分立的原则下，政治成本过高，很难形成一个统一的意见，甚至会演变为利益集团之间的争斗。如1995年民主党人总统克林顿制定的财政预算在共和党把持的国会中得不到通过，克林顿政府甚至被迫宣布联邦政府关门、拒不办公，这显然不成体统。这是三权分立的危害之一。二是相互斗争、丑态百出。这在多数三权分立的国家都发生过，如韩国、意大利等，韩国的几位总统在下台之后受到起诉。特别是在政党轮政之机往往会出现令人难堪的局面，如美国的马伯里诉麦迪逊一案引发的美国违宪审查便是例证；又如民主党人总统亚当斯在离任前赶紧任命了联邦法院的几位法官，而新总统共和党人杰弗逊在上台后拒绝对这些法官发放授权书，由此引发此案，迫使该区几个月内没有法官。这就是"三权分立"所带来的难堪局面。三是"三权分立"在某种程度上使资产阶级利益集团的对立更加明显，容易造成制度性的腐败。在这种原则下，利益集团大量雇佣政治说客，据统计当时美国便有说客公司 2.5 万家，各种说客达 35 万人。又如美国波音、雷神等军火公司，为了得到庞大的军火合同，其公关费用竟达 5100 万美元之巨，而带来的各种利益达千万美元之上。这也是"三权分立"带来的特有社会现象。四是运作不畅，对突发事件既不能及时反应，更不能及时处理，尤其在战争期间往往会造成重大损失。据说日本偷袭珍珠港时，美国总统罗斯福业已得到信息，但因依据宪法规定，他无权及时宣战，更不能主动进攻，结果损失惨重。

可见，"三权分立"的缺陷是十分明显的。但我们认为任何一项制度与原则均有这样或那样的不足，都需要不断地加以完善，问题不在于采取什么制度，而在于要认清国情，有什么样的国情就需要什么样的制度。我国是社会主义国家，人民代表大会制度是我国的根本政治制度，全国人民代表大会是我国最高的权力机关，很显然在这种政治体制下，是绝对无法采取"三权分立"的，因为"三权分立"从根本上否认了一个最高权力，否认了人民有最高的决策权和最终的监督权，否定了中国共产党作为我国唯一执政党这一客观事实。一句话，三权分立与我国的政治体制是根本冲突的，是水火不相容的。所以从毛泽东到邓小平、到江泽民、到胡锦涛等中国共产党和国家领导人都一贯地反对"三权分立"。

四、"程序正义论"

"程序正义论"是 20 世纪 80 年代后期曾一度流行的观点，在司法改革的热潮中曾引起过人们的关注。在司法改革的热潮中受到进一步的重视，除法理学者以外，诉讼法、刑法、民法、宪法等许多部门法的学者都参与进来。"程序正义论"的进路不仅对当代司法改革的方向与步骤提出了种种有益的思考和建议，还就程序本身的价值、内涵等进行一系列法哲学与法社会学的思考；它们不仅强调立法、执法与司法中程序的重要性，还探讨公民、司法人员以及国家公务员在法律程序依法行政中的作用和角色；它们承认"程序正义论"与实质正义以及中国普通民众本能的正义感可能发生冲突，但坚持认为在当代中国倡导"程序正义论"是必要的和可行的法治实施方略。"程序正义论"主张法学不涉及实质性的价值判断，以形式性、程序性的价值取代实质性的价值，或者干脆放任市民社会多元价值协商与竞争来解决法律的价值取向问题。

"程序正义论"在当代中国的兴起是由多方面因素决定的，中国传统社会与"文化大革命"里不重视程序对严重破坏法治的负面教训是它得以兴起的最直接的契机；近十多年来国内法学界在借鉴西方法治经验过程中对程序在法治中重要地位的深入认识是"程序正义论"得以繁荣的观念基础；通过追求"程序正义论"实施渐进改革以逐步推进法治，也是广大人民群众与众多法律人的心声。可见，"程序正义论"在当代中国的兴起与繁荣是有其内在必然性的，并客观上发挥着积极作用。如果否认"程序正义论"在普及法治理念与促进政府依法行政上的巨大作用，实际上就是对当代中国法治建设的成就熟视无睹。"程序正义论"对程序的中立性与自足性的强调以及通过法律程序化解政治与利益纠纷、抑制司法腐败与不公的乐观，实际上是借助对司法技术与法律技艺的迷信，回避并消解对实质性法律价值判断的渴求。

一些学者还从现代社会存在多元价值冲突并缺少得到普遍认可的最高价值的事实出发，论述程序正义的正当性。① 但他们忘记了程序的正当性只有在法律实体正当性时才能得到社会的认可，正如马克思早就提出来的那样，程序法与实体法的关系就是血与肉的关系，离开了实体而单讲程序，事实上不可能有真正的正义可言，旧社会中的那种"衙门八字开、有理无钱莫进来"就是典型的例证。需要强调的是，公权力的运行实际上具有鲜明的价值取向，多元价值观念相互竞争实际上是与现实脱节的。我们必须认识到，在中国特色社会主义国家里，尽管程序正义是必要的，但实体正义绝不能忽视；没有实体正义谈何程序正义，一切法律合同都应该以人民群众利益为依归，以人的全面发展为出发点与落脚点。离开了实体正义的程序正义，实际上不过是没有灵魂的空壳。鉴于中国国情，我们必须坚持"党的领导、人民当家做主和依法治国的有机统一"的根本原则，必须坚持实体公正与程序公正相结合的理念，必须坚持"以事实为根据、以法律为准绳"的根本方针。

更重要的是，个别学者还把"程序正义"与"程序优先"等同起来，这就更令人不可理解。第一，"程序优先"是西方国家提出的口号与原则。它本身在理论上是不能成立的，在实践中也是有害的。第二，"程序优先"不可能与"程序正义"等同，更不能以损害"实证公正"为代价。这个道理连一些美国学者也不得不承认：这实质上是一种"诉讼游戏"。正是在这种游戏下，不少罪犯得以解脱，不少被害人的权益受到严重损害！轰动全球的辛普林案件就是明证。第三，"程序优先"更不符合中国国情。当代中国是人民当家做主的社会主义国家，所以强调是"两个公证"，即"实

① 例如，季卫东先生就授引哈贝马斯与罗尔斯的学说进行了这样的有益尝试。参见季卫东《法律程序的形式性与实质性——以对程序理论的批判和批判理论的程序化为线索》，《北京大学学报》2006 年第 1 期。

体公正"与"程序公正";而这两个公正都是建立在客观事实与法律事实统一的基础上,不能是讲一个公正,更不能搞什么"程序优先";我们强调的是客观公正性,而不是其他的所谓公正性。当然,程序公正也是重要的;但决不能忘记"实体公正"这个具有实质意义的原则。

五、"精英司法论"

在世纪之交的初期,"精英司法论"曾一度在法学界与法律界流行。过去司法机关特别是法官的专业化,公开宣称"精英司法",对转业军人进司法机关提出异议,甚至个别单位对已进入法院的转业军人也另眼相看。在法官的选拔与晋升中,过于强调学历,而忽视经验与经历。这显然不符合司法工作的一般规律,更不符合中国国情。当然,司法机关是一个职业化、专业化很强的部门,没有一定的学历和职业素质显然不行。正因为如此,我们国家才大力开办法学院系,最多达到 364 家(2006)。同时,法学也是一门实践性很强的学科,尤其是法官与检察官,不仅需要丰富的法学知识与处理案件的能力,而且也需要丰富的经验、阅历;甚至更需要高尚的品德和修养。就是说,当法官、检察官光靠学历是远远不够的。如果把"精英"单纯理解为学历或文凭,显然是极为片面的,也是不符合中国的实际情况的。中国地域辽阔,各地区差距,特别是法学知识的差距很大。在西部地区,个别县市基本上没有大学本科出身的法官;而这些法官中不少人处理问题、特别是审理案件经验丰富,并受到人民的赞扬。如果按照"精英司法"的观念,岂不是要这些人民的功臣辞去法官的职务?!当然不能这样。人民的司法机关的确需要精英,但这里讲的"精英"是那些忠于人民、忠于法律、忠于事实的法官;而不是只讲学历与文凭。话又说回来,法官、检察官的确是专业性很强的工作,都应该努力学习法学知识,不断提高法学思维能力,必要的进修与深造也是时代的要求。

　　除上述列举的观点和错误认识值得我们认真反思外，近年来，还有个别人提出过这样或那样的糊涂认识，有的甚至抓住个别案件，把个别问题扩大化、单一问题复杂化、一般问题政治化，从理论上企图丑化社会主义司法制度。这是值得深思的，需要我们法理学界予以批驳。

第二章　以人为本的法哲学解读

第一节　以人为本的科学内涵[①]

一、"以人为本"中"人"的含义

"以人为本"作为科学发展观的本质与核心，从马克思主义世界观、历史观和价值观的高度提示了"为谁发展"、"靠谁发展"和"怎样发展"这样的根本问题。就是说，"以人为本"不仅表现了"人是社会主义经济社会发展的目标"，同时也体现"人民是历史发展的主体和动力"这一基本原理。因此，我们在理解和阐释"以人为本"的科学内涵时，首先必须弄清一个关键问题就是"以人为本"中的"人"的含义。

"以人为本"中的"人"是什么？有学者认为是"人民"，即"人"中的特殊群体；也有学者则理解为"人人"，即全社会的全体成员。在笔者看来，两种观点都有一定道理，但都不全面。如果结合起来，则能相得益彰。事实上，现实的人是个复杂的系统概念，尤其结合中国的实际情况，并从法理学的角度诠释，我们认为，从外延来看，"以人为本"中的"人"，当然是"人人"，即全体社会成员。理由有三：一是我国宪法修正案明确规定："尊重与保障人权"，这里的"人权"是指社会全体成员的人权，不是某部分人的人权；二是人的全面发展是马克思主义者一贯追求的价值目标，这里讲的"人"当然是指每一个人，指"人人"；三是如果

---

① 本节的主要内容，曾作为本课题的阶段性成果，发表于《政治与法律》2007年第 5 期上。收入本成果时，做了适当修改。

不是指社会全体成员，为什么不直接提"以人民为本"。同时，我们看问题必须从中国实际出发，从"以人为本"的内涵来看，或者说作为"以人为本"的核心，无疑是"人民"。因为，一方面，人民的根本利益重于一切；另一方面，宪法规定："中华人民共和国一切权力属于人民。"综合起来，"以人为本"就是以人的全面发展和人民根本利益为本，其内容就是尊重人、关心人、发展人、保护人，发挥人的主体性、积极性和创造性，并把改革开放的成果惠及全体成员。

"以人为本"的"人"是指具体的人、现实的人。马克思在《德意志意识形态》这本划时代的著作里尖锐地批判了费尔巴哈"人本主义"中抽象的人，强调要从现实的人出发观察社会，分析问题。这从根本上划清马克思主义人本主义与西方人本主义的界限，无疑是正确的结论。可是，对此有些人产生了误解，以为抽象的人、共同的人或人的共性完全是虚幻的，从而否定了与人有关的一些抽象概念，如人性、人权、人道主义。尤其是 19 世纪下半叶到 20 世纪上半叶这一期间，整个世界处在革命与战争之中，当时马克思主义的理论焦点集中在"无产阶级"、"人民"、"革命"、"群众"这些重要概念上，于是使人们在认识上产生了偏差，完全否定了抽象的人，否定了人的"共性"即人性，否定共同的人权和人道主义。当历史推进到 20 世纪下半叶，特别是八九十年代时，和平与发展成为了时代的主题，全人类的问题、人的一般问题、人权问题日益凸显出来，并成为各国共同关注的焦点。具有与时俱进的品格的当代马克思主义，从实际出发，认可了有关人类共同利益的一般问题，于是人权、人性、人学、以人为本逐渐成为理论的热点。中共中央提出的"以人为本"正是从原来的"为人民服务"即"以人民为本"、从特殊的人（人民）发展到一般的人（人人）的肯定。

"以人为本"中的"人"是社会的人。本来，人有自然属性，也有社会属性。但社会是由人组成的；人是社会中的人，社会是人的社会，因此，马克思主义认为人是社会关系的总和，"人就是人的世界，就是国家，社会"①。西方法学家强调人的自然属性，片面地得出了"性本恶"的结论，休谟公开把人看成是"无赖"，来说明法律的必要，单纯地把法律看成社会控制的手段。马克思主义者认为，人的本性主要是由社会性决定的，不存在"性本恶"与"性本善"的问题，而是由具体物质的生活条件和具体人的主观因素决定的，因此，这里也有个假设，任何人都有违法犯罪的可能，因此需要法律引导与教育，促使人们遵守法律；同时也对那些违法犯罪者给予应有的惩处，以维护多数人的利益。

"以人为本"中的"人"是平等的人。"法律面前人人平等"，这是现代法律最基本的原则，更是社会主义法律的本质要求。既然要"以人为本"，无疑就要求这里"人"必然是平等的。在法律地位不平等的国家与社会中，不可能有实际上的"以人为本"的原则；即使有"以人为本"的思想，其目的也是十分明显，那就是维护享有特权的人的利益。这实质上已经不是"以人为本"，而是"以统治阶级为本"、"以权力为本"。

"以人为本"中的"人"是主体、是目的，而不能是客体、手段。唯物史观的"史"是人类历史，而这个历史是人自己创造的。在人类社会的"历史剧"中，"人"自己是"剧中人物"，又是"剧作者"。如果一个历史观否定"以人为本"，它就是神学史观。在解决是人还是神（或非人的绝对精神之类）创造历史之后，还有一个如何创造的问题，正如马克思所讲的：人们自己创造自己的历史，但他们也不是随心所欲的，就是说，历史有其规律性，这就是马克思主义经常所讲的目的性与规律性的统一。

"本"是一个相对的概念，在不同的语境中有不同的含义。我国古代有"贵以贱为本"之说，这里的本就是"根本"、"本原"的意思。儒家强调"仁"为人的处世之本，道家主张"无为"为

---

① 《马克思恩格斯选集》第 1 卷，人民出版社 1995 年版，第 1 页。

本，法家先驱管仲提到的"以人为本"则是治国之本，故有"本固邦宁"的格言。中共中央提出的"以人为本"中的"本"，首先是个价值论的观念，属于价值观的范畴，强调一切工作必须坚持以人的全面发展和人民的根本利益为出发点与落脚点，坚持以满足人们日益增长的需要作为基本要求，坚持以保证人民共享社会成果作为社会发展的现实目标。

同时，马克思主义者强调世界观、历史观和价值观的统一，只有将"以人为本"置于历史唯物主义基础上，从三者统一的高度去理解和把握，才能揭示"以人为本"中"本"的科学内涵！在世界观上，物是基础，人是主导，人的全部实践只有在严格遵循客观规律的前提下，才能发挥人的主导作用和确立人的主体地位，争取实现人与人、人与社会、人与自然的和谐。在历史观上，承认社会发展的客观规律的同时，承认人民群众是历史和社会财富的创造者。在价值观上，则以人的全面发展为根本目的，以人民根本利益为准则，最大限度地满足人们日益增长的物质与文化需要。

为了进一步理解"以人为本"中的"本"，我们不忘回顾历史和重温马克思的教导。马克思把人类社会的发展总体上分为三大历史形态："人的依赖关系（起初完全是自然产生的），是最初的社会形态，在这种形态下，人的生产能力只是在狭窄的范围内和独立的地点上发展着。以物的依赖性为基础的人的独立性，是第二大形态，在这种形态下，才形成普遍的社会物质交换、全面的关系，多方面的需求以及全面的能力的体系。建立在个人全面发展和他们共同的社会生产能力成为他们的社会财富这一基础上的自由个性，是第三个阶段，第二个阶段为第三个阶段创造条件。"[1] 从马克思这一科学论断中，我们可以看出：在第一个阶段或第一大历史形态中，个人只依附于群体才能存在，即所谓"人的依赖关系"，因此，没有、也不可能存在、更无人提出人的全面发展问题；在第二

---

[1]《马克思恩格斯全集》第46卷（上），人民出版社1980年版，第104页。

个阶段，亦即"对物的依赖关系"中，拜物教支配一切，只有"资本"（物）才是独立性与个性，个人实际上没有真实的独立性与个性。因此，"以人为本"即"每个人的自由发展"，是共产主义运动的历史任务，而"每个人的自由发展是一切人的自由发展的条件"①便成为人类的远大理想和目标。因此，"以人为本"中的"本"绝不只是一个价值观问题，它同时也是马克思主义的世界观和历史观。

"以人为本"中的"人"，实际上是哲学、社会科学的逻辑起点，也是法学研究的重心，从古希腊神话"斯芬克斯之谜"到当代的人权理论，从中国古代传说中的盘古开天辟地到当今人的全面发展，始终都是以人为主线展开研究的。在漫长的历史长河中，人类经历了"宗教人"、"存在人"、"自然人"、"理性人"、"文化人"、"心理人"、"生物人"等种种说教，也接受了"经济人"、"法律人"的实例，但人类对人自身的认识并没有完全到位，还有待进一步深化。但有一点是可以肯定的，一切哲学、社会科学都是研究人，从历史上看，任何一种社会现象都与人有关，都是人活动的产物与表现。哲学、社会科学之所以产生与发展，都是对人的研究和深化的结果。据说，世界上最早的意大利波伦亚大学最初只有三个学院，即医学院、法学院、神学院（后改为哲学院），该校以人文主义为指导，医学院主要解决人的健康问题，法学院主义针对人的行为问题，神学院主要引导人的思维方式问题。当然，后来又增加了文学院以及研究自然科学的各种学院，但人始终是人文、哲学、社会科学的研究重心；特别是马克思主义不但把以人为本看成自己的价值观，而且使之与历史观、世界观统一起来，作为观察一切社会现象的理论武器，并号召和动员全人类共同努力，实现这样一个联合体，即每个人的自由发展是一切人自由发展的条件。

---

① 《马克思恩格斯选集》第1卷，人民出版社1995年版，第294页。

二、以人为本与法学的产生与发展密切相关

且不论"以人为本"这一理念是中国古代法学先驱管仲最早提出来的，也不说人是哲学社会科学的逻辑起点这一原理，仅就法学的独立与发展的整个历史过程，就足以揭示"以人为本"与法学的内在联系。

大家知道法学既是一门古老的学科，同时又是一门年轻的学科。之所以说古老，是因为早在公元前几百年就有了较为丰富的法学思想，如中国春秋战国时期就有倡导"以法治国"的法家，西方也有柏拉图、亚里士多德、西塞罗这样一些富有法学思维的大师，但当时的法学还是依附于政治学、伦理学以及中世纪的神学，而不是一门独立的学科。

法学作为一门独立的学科源于文艺复兴时期。文艺复兴是人类历史上第一次伟大的思想解放运动，人文主义是它的主要思潮。在人文主义思想的影响下，产生了人文主义法学派。当然，在此以前，欧洲有过注释法学派与评论法学派，它们在"罗马法复兴"运动中起过一定作用；但由于本身的局限，无法回答当时新出现的重大法律问题，也不可能使法学发展成为独立的学科。而人文主义法学派产生后，情况就大不一样了，它突破了法学依附于神学的桎梏，为人类的个性解放、意志自由发挥了巨大作用，凸显法学的特殊功能，使法学成为一门独立的学科，其主要贡献有：

第一，他们以人文主义为思想武器，"用人性否定神性，以人权反对神权，用享乐主义反对禁欲主义，用理性反对蒙昧，用个性自由思想批判封建制主义，用平等观念反对封建等级制度"①。这就意味着，人文主义法学派提出了法学的基本理念和价值取向，为法学开辟了广阔的发展空间和道路，从而从根本上突破了以往法学派仅对法律文本作出解释的局限，走出了法学的误区，使法学解除

---

① 何勤华：《西方法学史》，中国政治大学出版社 1996 年版，第 108 页。

对神学的依附成为必然。

第二，人文主义法学派立足于研究法的一般理论，诸如法的起源、法的本质、法的作用等，并将它与当时的实践结合起来，不断总结经验，使之升华为理论，更不断探索新的理论，在实践中，推动法学的前进。正如斯金纳所说，当时"一切法律制度不仅是理性的产物，也是实践的产物"①。

第三，人文主义法学派在研究法学的方法论上有重大突破，它克服了解释法学派的局限，不仅使用历史考察、比较分析的方法，而且还采用法律推理、案例分析的方法。在方法论上的重大突破，必然导致法学的独立。

第四，人文主义法学派造就一大批法学家。当时，这个学派的基地设在意大利波伦那大学法学院，而这个法学则是这所历史上最早的大学首先设立的两个院系之一。正是这个法学院不仅为法学的独立和发展作出了巨大贡献，而且为法学教育开了先河，并成为近代高等教育的哨兵。

总之，人文主义法学派的产生标志法学的独立。著名学者斯金纳对此有过很高的评价，他写道：人文主义法学派"用来研究罗马法和封建法的方法也可应用到已知的其他法律制度，从而可以在具有普遍性的比较法学的基础上最终建立起一种政治方面的科学理论。这成为让·布丹写《国家论》六卷集的指导思想，正如前面所提到的，这一成果可以说是16世纪最有开创性、最有影响的政治哲学作品"。② 由此可见，法学的独立与人文主义（"以人为本"）有着直接的联系。其实，人本来就是法律之本，离开了人，法律自己没有存在的必要，也没有存在的可能。因为法律本身就是调整人们相互关系的行为准则。

在法学的发展过程中，它与"以人为本"有千丝万缕的联系。

---

① ［英］斯金纳：《现代政治思想的基础》，求实出版社1980年版，第215页。
② 同上书，第216页。

以西方法学为例，在自由主义时期，其法律以权利为本位；在垄断资本主义时期，法律以社会为本位。权利本位强调个人利益，社会本位突出人与人组成的社会利益，都是离不开人的。这就表明，法律必须依靠人，服务人；只要坚持了以人为本，法学就发展、兴旺，这是一条规律。当然，对于"以人为本"的具体要求和基本性质，在不同时代是有所差别的。剥削阶级也讲"以人为本"，其目的是为了维护它们的统治，只是把它当作统治手段。社会主义国家也讲"以人为本"，是作为根本原则与奋斗目标讲的，是作为一切工作的出发点与落脚点，其远大理想就是"个人的自由发展为一切人的自由发展创造条件"。

第二节 以人为本的理论基础

一、马克思在大学期间的人本主义思想

马克思出身于法学世家，他的父亲、祖父均系犹太法律专家，父亲还担任过莱茵市市长的法律顾问和该市律师协会会长。马克思本人也曾攻读法学专业，由于他对法学的酷爱和学习刻苦，成绩一直优秀；除了阅读大量法学著作和其他著作外，还翻译了《罗马法》；尤其是在柏林大学法律系读二年级的时候，便力图创立一个新的法学体系，这部尚未出版的处女作长达 300 个印张。可是，通过反复的审查，马克思发现自己的体系并没有超出康德体系的范围，甚至在某些方面还有些雷同。对此，他认真地进行了反思，得出的结论是：哲学功底不够。所以马克思说"没有哲学我就不能前进"。[①] 当然，当时马克思决心学好哲学的目的是为了学好法学，按他的话说，"我应该研究法学"。[②]

马克思之所以得出上述结论，首先就在于他认识到，法学与哲

---

① 《马克思恩格斯全集》第 40 卷，人民出版社 1982 年版，第 13 页。
② 同上书，第 10 页。

学有着紧密的联系，特别是与哲学中的人本主义更是密不可分。马克思通过大量的法制史研究，对法的历史和现状极为不满，认为历史上绝大多数法律过于强硬、过于机械、过于繁琐，缺乏人文主义基础，从而使法律不可能从根本上发挥治理社会的功能。马克思曾经把这一想法在信中同他父亲谈过。身为律师的马克思的父亲亨利希对此大吃一惊，并回信告诫他：法律不是诗，是客观的；并劝马克思放弃自己的观点。但马克思还是坚持自己的看法，坚持把法律与人本主义结合起来研究，并"试图使某种法哲学体系贯穿整个法学领域。"① 具体来说，马克思在大学期间，就有了民主主义的人本主义思想，他认为法律离开人本主义这个基础，就必然过于强硬。他发现西方文明之所以能够有序的发展，主要因素不在于强硬的法律本身，而在于一种文化传统，在于法的精神。

在此期间，马克思还提出过这样一个论断：法律的基本依据是人的本身，人本主义精神应表现在立法形式的普遍性、立法内容的教化性、执法尺度的可塑性上，同时，他更强调法律的客观性。因此，马克思认为任何法律都应该体现主客观的统一性。他的结论是：任何缺乏人本主义的法律，都没有规范社会的资格，所以他说："君主制的原则总的说来就是轻视人、蔑视人，使人不成其为人"②，而在民主制国家，不是人为法律而存在，而是法律为人而存在。

在早期，马克思特别注意人的行为与法律的紧密联系，他反复强调："对于法律来说，除了我的行为以外，我是根本不存在的……我的行为就是法律在处置我时所应依据的唯一的东西，因为行为就是我为之要求生存权利、要求现实权利的唯一东西。"③ 这就是说，法律是专管人的行为的，而人的行为却是实现人的权利的

---

① 《马克思恩格斯全集》第 40 卷，人民出版社 1982 年版，第 10 页。
② 《马克思恩格斯全集》第 1 卷，人民出版社 1982 年版，第 411 页。
③ 同上书，第 121 页。

唯一手段。在人的行为与法律打交道时，要求法律要尊重人格，因此，"我们必须绝对承认人格原则。"① 鉴于对人性的科学分析，马克思十分赞同孟子提出的"仁政"主张，认为不合理的法律会导致社会的无序与混乱。因此，他欣赏孟德斯鸠的观点："有两种现象，一种是人民不遵守法律；另一种是法律本身使人民变坏。后一种祸害是无可救药的，因为药物本身就包含着这种祸害。"② 在这里，马克思提出了一个基本原则：法律应该适应社会，而不是社会去适应法律。就是说，社会是法律的基础，而社会是由人组成的，人的物质生活条件（在阶级对立社会表现为统治阶级的物质生活条件），实际上决定法的内容与发展。于是，马克思在《黑格尔法哲学批判》中强调，法的精神如同国家一样，不应从法的本身中去寻找，而应该从人的物质生活条件中去寻找；不是国家与法创造了人，而是人创造了国家、社会与法；所以必须把黑格尔关于人与国家、人与法律的关系颠倒过来，在国家与法律中，要突出人性，把人的世界还给人。关于这个问题，马克思明确写道："法的关系正像国家的形式一样，既不能从它们本身来理解，也不能从所谓人类精神的一般发展来理解，相反，它们根源于物质的生活关系。"③

马克思在这一时期的重大贡献之一是阐明了民主制和人民主权这两个直接与人相关的重要问题，他提出："民主制是作为类概念的国家制度"，"是一切国家制度的本质"。④ 在此基础上，马克思实际上批判了黑格尔吹捧的君主制，并将两者作了鲜明的对照。第一，在民主国家里"不是国家制度创造人民，而是人民创造国家制度"；"在君主制中是国家制度的人民，在民主制中则是人民的国家制度"。第二，在民主制中，"人的存在就是法律"；而在君主

① 《马克思恩格斯全集》第1卷，人民出版社1965年版，第19页。
② 转引自《马克思恩格斯全集》第1卷，人民出版社1965年版，第139页。
③ 《马克思恩格斯选集》第2卷，人民出版社1995年版，第32页。
④ 《马克思恩格斯全集》第3卷，人民出版社2002年版，第40页。

制中，"人却是法律的存在"。第三，在民主制中，是内容与形式的统一；而在君主制中，只是形式，实际上是在伪造内容。当然这里讲的人民是指当家做主的人民，所以他在《黑格尔法哲学批判》中反复批判了黑格尔的君主主权论，反复强调人民主权。① 最后，马克思明确指出："民主制从人出发，把国家变成客体化的人。正如同不是宗教创造人而是人创造宗教一样，不是国家制度创造人民，而是人民创造国家制度。"② 在这里，马克思的人本主义得到充分发挥，马克思十分重视从人出发考虑问题，其中包括国家与法律问题。

二、马克思对费尔巴哈人本主义的接受、批判和超越

　　费尔巴哈是西方人本主义的集大成者，他不仅对文艺复兴、宗教改革进行了总结，而且提出了一系列在当时被认为是新的观点和新的思想，汇成了一个庞大的思想体系，他自称为"人本学"，在欧洲曾一度产生过广泛的影响。

　　马克思和费尔巴哈是同时代人，早年都是黑格尔的信徒。后来，青年黑格尔运动分成两派：一派是鲍威尔及柏林"自由人"，另一派是马克思、恩格斯、费尔巴哈和赫斯。争论的焦点就是共产主义、人本主义问题。在 1843—1844 年期间，马克思与费尔巴哈的观点极为接近，私人关系也极为融洽。此时，马克思在《德法年鉴》上发表了《论犹太人问题》和《黑格尔法哲学批判导言》两篇论文，发挥了费尔巴哈的人本主义。特别是在《黑格尔法哲学批判》一书中，更是充分运用人本主义这个重要的思想武器；从某种意义上讲，马克思之所以能有力地批判黑格尔庞大的哲学体系，在很大程度上得益于费尔巴哈的人本主义和唯物主义。所以列宁在《卡尔·马克思》一文中，称费尔巴哈是马克思学术发展的

---

① 参见《马克思恩格斯全集》第 1 卷，人民出版社 1965 年版，第 280—281 页。
② 同上书，第 281 页。

"中间环节"。马克思当时在书中留下了这样的名句："人就是人的世界，就是国家、社会。"① "在民主制中，不是人为法律而存在，而是法律为人而存在；在这里人的存在就是法律。"② 从这里可以看出，马克思不仅主张人本主义，强调人是历史的前提，他说"全部人类历史的第一个前提，无疑是有生命的个人的存在"③，而且主张人本主义与法律的结合。

在《1844年经济学哲学手稿》中，马克思的人本主义思想已经形成一个体系。尽管这部手稿是从费尔巴哈的人本主义出发，并必然带有浓厚的费尔巴哈人本主义色彩，但绝不能因此把马克思的理论贡献混合于费尔巴哈，也不能把马克思的人本主义混同于费尔巴哈的人本主义。可以这样说，这是马克思对费尔巴哈的人本主义进行革命性改造的最大的也是首次尝试。同时，在1844年8月14日—10月30日，马克思倡议《前进报》以马克思的摘录稿样本为蓝本发表费尔巴哈的《信仰的本质》一书摘录。马克思的摘要中对费尔巴哈的人本主义提出了异议。这些事实充分表明：①马克思确实接受了人本主义；②马克思的人本主义超越了费尔巴哈的人本主义，建立一个脱胎于费尔巴哈又不同于费尔巴哈的独立的人本主义体系。这个体系始于《1844年经济学哲学手稿》，完成于《德意志意识形态》、《共产党宣言》和《资本论》等著作。略举几例便可说明上述结论。在《1844年经济学哲学手稿》中写道："社会是人同自然完成了本质的统一，是自然界真正的复活，是人的实现了的自然主义和自然界实现了的人本主义。"④ 在《资本论》中，马克思称共产主义是"以每个人的全面而自由发展为基本原则的社会形式。"⑤

---

① 《马克思恩格斯选集》第1卷，人民出版社1995年版，第1页。
② 《马克思恩格斯全集》第1卷，人民出版社1982年版，第281页。
③ 《马克思恩格斯选集》第1卷，人民出版社1995年版，第67页。
④ 马克思：《1844年经济学哲学手稿》，人民出版社2000年版，第83页。
⑤ 《马克思恩格斯选集》第2卷，人民出版社1995年版，第239页。

　　马克思之所以在下一阶段，即马克思在接受费尔巴哈的人本主义思想后，又能对其超越和批判，既与他个人的天赋和实际工作的经验总结有关，也与马克思本人的勤奋苦读有关。马克思在1843年7—8月间，在法国的克罗兹那赫那里阅读了大量的书籍，并作了详细的笔记，称之为"克罗兹那赫笔记"。这本有名的笔记，既为批判黑格尔提供了理论依据，又为超越费尔巴哈人本主义积累了材料。在马克思看来，法律的基本依据只能是人本身，正如不是宗教创造人而是人创造宗教一样，不是国家制度创造了人民，而是人民创造了国家。当然，马克思对费尔巴哈的超越与批判，最集中地体现在《德意志意识形态》这一部划时代的巨著之中。

　　马克思的人本主义远远超越了费尔巴哈的人本主义，某些人认为两者基本相同的观点是极端错误的。这种超越主要表现在：

　　首先，马克思的人本主义与人类解放直接联系，而费尔巴哈的人本主义只不过是激进的资产阶级反对封建制度和神学政治的思想武器。从本质上讲，费尔巴哈的人本主义与传统的人道主义并无根本区别，只是在争取人权上作过有限的贡献。而马克思的人本主义直接论证了无产阶级的历史使命，直接论证了无产阶级的解放，并使之与人类解放联系在一起。这些论证在《论犹太人问题》、《德意志意识形态》、《共产党宣言》、《资本论》等著作中，作了充分而科学的阐释。其次，马克思的人本主义是辩证的人本主义，他批判地继承和发展了黑格尔关于异化的理论，尽管马克思也运用了"人的本质—人的本质的异化—人的本质的复归"这个模式，但并不像费尔巴哈那样仅仅囿于这个模式，而是把它具体运用于说明历史的发展、人的本质的丰富、社会进步等方面。费尔巴哈的保守和局限就在于他停留在这个模式上，准确地说，费尔巴哈的重点放在用唯物主义取代黑格尔的唯心主义上，何况还是机械唯物主义，根本没有考虑，也不可能考虑到对黑格尔的辩证法进行改造。再次，马克思的人本主义强调主客观的统一，强调从个人与社会统一出发，显示了马克思人本主义的崇高理想，要求自然与社会的和谐统

一、存在与本质的统一。正是这一崇高的理想，展现出未来共产主义的美景。而费尔巴哈尽管也提到主客观的统一，但他所讲的主观方面在很大程度上限于宗教心理因素。最后，马克思的人本主义关注实践，重视革命实践和物质生产对历史发展的巨大推动作用，指出人本主义不是幻想，而在于人的实践或实践中的人努力的结果。而费尔巴哈在这个问题上则是找不到实现的途径，而单纯寄希望于道德的教育手段，实际上这是一种幻想。

总之，马克思的人本主义远远超越了费尔巴哈的人本主义，上面讲的几点只是其中的一些罢了。这种超越也不是短期能实现的，而是马克思在生活与斗争中不断深化而逐渐达到的。其中包括对鲍威尔·施蒂纳·李斯特的批判。就是到了撰写《德意志意识形态》这部标志历史唯物主义的创立和与费尔巴哈彻底决裂的著作时，本来是由三个撰稿人即马克思、恩格斯和赫斯共同撰稿，并确定由赫斯写第一章（即批判费尔巴哈），成稿后，马克思发现赫斯对费尔巴哈的批判很不得力，甚至有相同之处，于是便改由自己直接撰写。这实际上在批判费尔巴哈时，也包括了对赫斯的批判。就是说，马克思对费尔巴哈人本主义的批判与超越，不是一步实现的，而是经历了一段艰难和不断深化的过程。

三、马克思关于人的主要观点

马克思的人本主义，内容丰富，涉及各个方面，且有早期思想与成熟时期思想的区别，但我们认为：历史是相互联系的，任何一个观点都有一个形成与发展的过程。因此，我们只能将其作为一个整体来阐释，当然，我们尽量以《共产党宣言》发表后的观点为主线，现将其主要观点简述如下：

（一）人的本质理论

这是马克思人本主义思想的理论基石。正是这个理论划清了他同费尔巴哈人本主义的界限。这个理论的基本点有：（1）马克思认为，人是具体的。人既有自然属性的一面，也有社会属性的一面；"人的本质不是单个人所固有的抽象物，在其现实性上，它是一切社会关系的总和"。① 又说："人永远是一切社会组织的本质"，"是一切人所共有的"。② 而费尔巴哈的人本主义中的"人"是抽象的。他虽然赋予人以自然的、有血有肉的整体和高尚的思想，把历史看做是人的活动，但他没有进一步研究现实的人的物质生活条件和社会关系。因此，他的所谓现实的人在历史领域中不是真正现实的，而只能是想象中的抽象的人，用这样的人作为历史观的出发点只能是历史唯心主义。马克思所讲的人是具体的，从现实的、有生命的个人本身出发，从物质实践出发。这些具体的人，包括他们的活动和他们的物质生活条件。（2）在马克思看来，人是活生生的，是从事实践活动的人，是现实的。而费尔巴哈的人是"离群索居"，脱离群众与实践的人，而这样的人实际上是不存在的。马克思不是从理论上抽取人类的共同性来把握人的本质，而是从劳动这种人的生命活动来说明人的本质。（3）马克思在人的问题上反对主体主义，但强调发挥人的主体性，特别是弘扬人的能动性，强调对客观世界的改造，并从这一改造的过程中改造主观世界。人是行为人，是因为人具有其他动物所不能做到认识世界、改造世界的主体性与理性思维的能力。而费尔巴哈及现代西方多数人学论者，则反对人的主体性。

　　马克思对人的本质研究的伟大贡献就在于他对人的本质研究方法论的重大突破。他认为，其他事物的本质，仅存在于自身之中，只有从对其自身的认识过程中不断深化和理解其本质。而人却是一种极为特殊的动物，有一种特殊的能动性，能够使其本质外化、物化和对象化，使人的本质对象化的唯一途径就是人的实践活动，并借助于一定的工具（技术）作为中介。这种对象化的人的本质就是外在于人的"人化自然"，其中最引人注目也是最主要的就是自

---

① 《马克思恩格斯选集》第 1 卷，人民出版社 1995 年版，第 56 页。
② 《马克思恩格斯全集》第 1 卷，人民出版社 1956 年版，第 293 页。

然界过去没有劳动产品及机械设备、高新技术等人造物。马克思正是从这些人以外的存在物，发现了它们与人的本质的内在联系，因此，他兴奋地告诉人们："工业的历史和工业已经产生的对象性的存在，是一本打开了的关于人的本质力量的书，是感性摆在我们面前的人的心理学。""如果把工业看成是人的本质的公开的展示，那么自然界的人的本质，或者人的自然本质，也就可以理解了。"①

（二）关于人是历史发展的主体的理论

马克思主义人学思想的突出贡献就是科学地提出和论证了人是历史发展的主体的理论。这一历史唯物主义原理早已被人类的发展所证明，人类的历史就是人民的历史，正如毛泽东同志所讲的只有人民才是创造历史的动力，马克思联系社会形态来考察人性的历史发展，并以社会历史主体即人的状况作为划分社会形态的重要标准。马克思在其巨著《资本论》中写道，"人的依赖关系（起初完全是自发的），是最初的社会形态，在这种形态下，人的生产能力只能在狭窄的范围内和孤立的地点上发育着。以物的依赖性为基础的人的独立性是第二大形态。在这种形态下，才形成普遍的物质交换的全面的关系，多方面的诉求以及全面的伦理的体系。建立在个人全面发展和他们共同的社会生产力成为他们的社会财富的这一基础上的自由个性，是第三个阶段。第二个阶段为第三个阶段创造条件。"② 这就是说，马克思强调人性的历史性，提出了研究人性的方法性原则。在他看来，整个历史无非是人类本性不断改变的历史，人始终是历史发展的主体。正因为如此，人理所当然成为哲学、社会科学研究的逻辑起点。

（三）关于人性问题

人性问题一直是哲学、社会科学长期以来争论的焦点。尽管以往的观点各有差异，有性本恶、性本善之争，但它们的共同点就是

① 《马克思恩格斯全集》第 42 卷，人民出版社 1979 年版，第 127 页。
② 《马克思恩格斯全集》第 46 卷上，人民出版社 1979 年版，第 104 页。

把人性视为抽象的事物。马克思在人类认识史上第一次科学地回答了这一问题，用唯物史观揭示了人性的奥秘，并提出认识人性问题应该遵循三条基本原则：一是真诚劳动—社会—人的原则。马克思指出，劳动是形成人的本质的基础，而现实的劳动总是在一定的社会形态下进行。因此，劳动既创造了社会，也创造了人。二是现实的人就其本质来说是社会关系的产物，并随着社会关系的发展而发展，因此人性是具体的，没有抽象的、不变的人性。所谓性本恶、性本善都是不科学的。在阶级对立的社会里，人性是有阶级性的。人性与所处的物质生活条件关系极为密切。三是在考察人性问题时，要注意一般与特殊的关系，就是说，马克思主义者既要研究人的一般性又要研究人的特殊性，又要使两者密切联系起来。在阶级对立的社会里，一般不存在共同的人性，这是就人的社会属性而言。但就人的自然属性来说，还是有某些共同的地方，如作为地球村一员的每一个具体的人，在防止环境污染、应对全球气候变暖等公共问题上，有共同之处，并在事实上已经采取了共同的行动。我们必须看到，作为不同国度的人是有不同利益的，作为不同阶级的集团在利益上往往是有矛盾的；这是因为人是社会中的人，是社会关系的总和，对不同的人群在人性问题上必须具体分析，我们反对抽象的人性论。

（四）关于人权的理论

首先，马克思主义的人权观是以唯物史观为基础，反对天赋人权说。马克思曾援引黑格尔的话说，"人权不是天赋的，而是历史地产生的"[①]，从而首次强调人权的物质制约性，主张人权是历史的产物，是人民经过长期的斗争取得的。其次，马克思强调权利与义务的统一，世上没有无权利的义务，也没有无义务的权利。而在阶级对立的社会里，权利由某些特权阶级所享有，而义务被强加给其他阶级，导致权利与义务的严重脱节。只有社会主义国家才可能

---

① 《马克思恩格斯全集》第2卷，人民出版社1995年版，第146页。

使权利与义务统一起来。再次，马克思所处的时代是自由资本主义向垄断资本主义过渡的时代，他所看到的是资产阶级人权的本质，因此他指出，资产阶级的人权观既有历史进步性，又有明显的局限性。马克思花了更多的精力揭露和批判资产阶级人权的局限性和虚伪性，深刻地揭露了资产阶级人权的本质，并指出资产阶级的人权实际上是资产阶级的特权。马克思人权观的突出贡献就是号召全世界的无产者把人权与人类的解放直接联系起来，把人权与人的全面发展结合起来，并科学地预见未来的社会应该是人的全面的社会，也就是每个人的自由为一切人的自由创造条件的社会。

（五）异化理论

异化理论源于康德、黑格尔，马克思对它进行了改造。马克思在《1844年经济学哲学手稿》中对异化劳动作了充分的论证，并在以后的著作中作了一定的发挥。马克思关于异化劳动的理论包括四个方面的规定性，或者正如马克思所说，异化劳动必然导致如下后果：劳动产品的异化、劳动活动的异化、劳动者和人的类本质相异化、人同人相异化。马克思的异化劳动理论深入剖析了在劳动过程和人的本质发展过程中所出现的个体与社会之间矛盾对立的历史发展，以及这种对立在资本主义社会中的现实表现。因此，马克思的唯物史观是分析资本主义经济现实而形成的异化理论这一出发点的合乎逻辑的发展，而不是对异化理论这一出发点的抛弃，是对人的本质的认识的深化，而不是对异化理论阐发的人的本质和否定。所以，我们可以这样说，马克思的异化理论的深刻之处正是表现为对人的社会性、历史性的深刻揭示。马克思异化劳动的奥秘就在于，它不是超历史地从人自身出发来规定人的本质，而是以劳动过程中所导致的人与动物的本质为出发点来规定人的本质及其历史发展。这是马克思劳动异化理论同以往任何异化理论的根本区别。

对于异化问题，国内有些学者持不同看法，认为这是马克思早期观点，不属于马克思主义的范围，并由此来否定马克思主义有人本主义观点。这显然是不正确的，也不符合历史事实。铁的事实表明，马克思在他后期的著作中多次提到了异化问题，如马克思撰写的《政治经济学批判》，亦称《1857—1858 年手稿》，这显然是成熟的马克思主义著作，其中明确写道："活动和产品的普遍交换已成为每一单个人的生存条件，这种普遍交换，他们的互相联系，表现为对他们本身来说是异己的、无关的东西，表现为一种物。"①尤其是在《资本论》中多次用异化理论来揭示资本主义制度榨取工人剩余价值的过程。他说："如果从劳动的角度来考察，那么劳动在生产过程中是这样起作用的：它把它在客观条件中的实现同时当作他人的实在从自身中排斥出来，因而把自己变成失去实体的、极度贫穷的劳动能力而同与劳动相异化的、不属于劳动而属于他人的这种实在相对立。"② 紧接着，马克思进一步指出："关键不在于物化，而在于异化。"这就表明，马克思在其一生中，一贯坚持异化劳动的理论，也没有忘记人性异化，而是深化这一理论，不断地为实现人的全面发展、人类彻底解放这个崇高目标而热烈追求和科学探讨。

（六）人与法的理论

马克思的人本主义思想的一个重要内容，就是科学地论证人与法的关系。他批判地借鉴了黑格尔关于法与自由的辩证关系的理论，明确指出："法律不是压制自由的手段，正如重力定律不是阻止运动的手段一样"，"法律是肯定的、明确的、普遍的规范，在这些规范中自由地存在具有普遍的、理论的、不取决于个别人的任性的性质。法典就是人民自由的圣经。"他还说："法律只是在自由的无意识的自然规律变成有意识的国家法律时才起真正的法律的作用。哪里的法律成为真正的法律，即实现了自由的存在，哪里的法律就真正实现了人的自由。"③ 马克思这一经典论断，至少告诉

---

① 《马克思恩格斯全集》第 46 卷上，人民出版社 1979 年版，第 103—104 页。
② 同上书，第 450 页。
③ 《马克思恩格斯全集》第 1 卷，人民出版社 1956 年版，第 72 页。

我们如下几个问题：一是法律不是压制人的自由，而是肯定人的自由的；二是法律是一种肯定的、明确的、普遍的规范；三是自由绝不是个人的任性，而是有边界的，这就是法律。这一思想的实质就是强调在法律范围内的自由，强调个人自由不能妨碍他人的自由和集体的利益，强调法律是为了扩大与促进人的自由，最后导致"个人的自由为一切人自由创造条件"的崇高的共产主义社会。

当然，实现共产主义是一个长期的过程，有不同的发展阶段。因此，马克思说"只有当法律是人民意志的自觉体现，因而是同人民意志一起产生并由人民的意志所创立的时候，才会有确实的把握，正确而毫无成见地确定某种伦理关系的存在，不再符合其本质的那些条件，做到既符合科学所达到的水平，又符合社会上已形成的观点"①。

马克思特别重视人在法律关系中的重要作用。一方面他明确指出"人是主体"这个法的关键因素，同时又强调任何法律关系实际上是人的意志关系，他在《资本论》中说："法权关系，是一种反映着经济关系的意志关系。"② 此前，他在《政治经济学批判》中讲得更为具体："他们起初在交换行为中作为这样的人相对立；互相承认对方是所有者，是把自己的意志渗透到自己的商品中的人，并且只是按照他们的共同的意志，就是说实质上是以契约为媒介，通过互相转让而互相占有。这里面有人的法律因素以及其中包含的自由因素。"③ 通过马克思的论述，我们可以看出，法律是离不开人这个主体的，如果没有人的存在，法律既没有存在的必要，也没有存在的可能。

马克思的人本主义思想的内容是极为丰富的，而且贯穿始终。有人只看到马克思早期有人本主义思想，这是不全面的，至少是对

---

① 《马克思恩格斯全集》第1卷，人民出版社1995年版，第349页。
② 《马克思恩格斯全集》第23卷，人民出版社1982年版，第102页。
③ 《马克思恩格斯全集》第46卷下，人民出版社1982年版，第472页。

马克思的思想认识不清。在我看来，人本主义始终是马克思的核心观点之一，把马克思主义哲学称为人学是有道理的。即使是马克思的晚年作品《资本论》，也始终贯彻"人的全面发展"这一重要思想，他说："从工厂制度中萌发出了未来教育的幼芽，未来教育对所有已满一定年龄的儿童来说，就是生产劳动同智育和体育相结合，它不仅是提高社会成长的一种方法，而且是造就全面发展的人的唯一方法。"①

四、马克思主义的人本主义思想在中国的发展与创新

马克思主义的人本主义思想在中国得到了发扬光大，并结合中国实践有了重大的发展与创新。中国共产党元老李大钊，这位早年毕业于天津法政学堂并留学日本早稻田大学的革命家、法学家，对马克思主义的人本主义思想极为关注，公开提出："我们主张以人道主义改造人类精神。"② 他在强调人的解放的同时，倡导人权运动，特别是对人的言论自由作了精确的论述；对禁止思想的做法进行了这样的分析："禁止思想是绝对不可能的，因为思想有超越一切的力量。"③ 接着他指出，这是因为思想属于精神范畴，无法禁止；也因为人与人的联系不能、也不可能中断，只要有人际关系存在，思想必然在人们中流行；更因为人的思想是社会进步的重要途径；因此，思想自由是一种不可剥夺的自然权利，是一种绝对权利。就是说，李大钊对人本主义的发展，集中表现在将人本主义与保障人权结合起来，强调对人权的保障。曾任中国共产党总书记的陈独秀，在发展马克思主义人本主义问题上也是有贡献的。早在1904 年，他就公开向当时的皇权挑战，明确指出：一个国家的最高权力来源于人民，人民是国家的主体。陈独秀大力提倡独立人

---

① 《马克思恩格斯选集》第 2 卷，人民出版社 1995 年版，第 272 页。
② 《李大钊文集》下册，人民出版社 1984 年版，第 16 页。
③ 同上书，第 53 页。

格，弘扬人的尊严与权利，主张当时社会应由"家庭本位"过渡为"个人本位"。他在《敬告青年》一文中这样写道："我有手足，自谋温饱；我有口舌，自陈好恶；我有心思，自崇所信；绝不认他人之越俎，亦不应主我而奴他人。盖自认为独立自主之人格以上，一切操作，一切权利，一切信仰，唯有听命各自之智能，断无盲从隶属他人之理。"① 当时，在《新青年》、《湘江评论》等刊物发表的论文中，阐述马克思人本主义思想的不乏其人，但重点是宣扬人格尊严、人的价值，特别是妇女的解放、女权主义和人权思想。

　　毛泽东同志在发展马克思主义人本主义思想方面的杰出贡献，大致可以概括为如下三个方面：第一，从历史观的角度看，他充分肯定了人的价值与主体地位，提出一个著名的论断："人民，只有人民才是创造世界历史的动力。"② 并热情地写下了弘扬人生价值的名言："世界一切事物中，人是第一个可贵的。在共产党领导下，只要有了人，什么人间奇迹都可以创造出来。"③ 历史已经证明，并将继续证明，毛泽东同志上述判断是正确的，也是对人的认识的深化与升华。第二，毛泽东同志在坚持马克思关于人是社会关系的总和这一著名观点的基础上，强调了人的自觉能动性。他明确指出："人是制造工具的动物，人是从事社会生产的动物，人是阶级斗争的动物（一定历史时期），一句话，人是社会的动物。"④ 当然，人有自然属性的一面，也有社会属性的一面，毛泽东同志更强调人的社会属性一面，尤其在阶级社会里更是如此。他结合中国实践的实际情况，强调在革命与建设中发扬人的主观能动性。第三，毛泽东同志从价值观的角度，在弘扬人本主义过程中，强调人权问题和革命人道主义。他认为，人的本质在于劳动，劳动使人成为历

---

① 《陈独秀文章选编》上册，生活·读书·新知三联书店1984年版，第74页。
② 《毛泽东选集》第3卷，人民出版社1991年版，第1031页。
③ 同上书，第1512页。
④ 《毛泽东文集》第3卷，人民出版社1996年版，第81页。

史的主人，因而应当享有作为人的权利，其中最重要的是生存权，然后是发展权。① 他提到的革命人道主义，不仅适用于人民内部，而且也适用于反动分子；对他们实行"给出路"政策，让他们在劳动中改造自己成为新人。毛泽东同志的这些观点大都在革命与建设中得到贯彻，当然也有一些观点因众所周知的原因而未能贯彻，但对我们今天贯彻"以人为本"具有指导意义。

邓小平作为第二代中央领导集体的核心和改革开放的总设计师，对马克思主义的人本主义思想，既有坚持与继承，更有发展与创新。其显著特征就是实事求是，在改革开放中极大弘扬人的社会主体和人的价值，使中国人富起来了。首先，他科学地提出了社会主义与人的直接联系，提出和回答了社会主义的本质问题，他说："社会主义的特点不是穷，而是富，但这种富是人民共同富裕。"②并进一步指出："社会主义的本质，是解放生产力，发展生产力，消灭剥削，消除两极分化，最终达到共同富裕。"③ 其次，坚持党的宗旨，升华人的价值，他反复告诫我们："要全心全意为人民服务，深入群众倾听他们的呼声。"④ 再次，邓小平同志一贯重视人民生活水平的提高，并把它作为判断工作的三条标准之一，即三个"有利于"，他说："判断的标准，应该主要看是否有利于发展社会主义的生产力，是否有利于增强社会主义国家的综合国力，是否有利于提高人民的生活水平。"⑤ 最后，邓小平同志总结中国的经验与教训，得出了一条与人的切身利益有关的科学结论："没有民主就没有社会主义，就没有社会主义现代化。"从而把社会主义民主与人的尊严与价值结合起来，展示社会主义制度的优越性；与此相

---

① 参见《毛泽东文集》第8卷，人民出版社1999年版，第129页。
② 《邓小平文选》第3卷，人民出版社1993年版，第265页。
③ 同上书，第373页。
④ 同上书，第146页。
⑤ 同上书，第372页。

联系，号召全党要"尊重知识，尊重人才"。① 总之，邓小平理论充满着深厚的人本主义思想的底蕴，内涵着对人的存在与发展的深承眷注，具有独特而深厚的人本主义精神，所以邓小平同志深情地表达："我是中国人民的儿子，我深爱祖国和人民。"

江泽民同志和中共第三代中央集体对马克思主义人本主义的重大贡献是明确提出"三个代表"重要思想，并把它同造福于人民直接结合起来，同尊重与保障人权紧密联系起来。江泽民同志在十六大报告中和有关重要讲话中反复强调："让一切创造社会财富的源泉涌流，以造福于人民"，要使人民"享有广泛的权利与自由，尊重与保障人权"。同时，他认为人的全面发展，离不开弘扬法治，他不仅在中国法学会两次代表大会上接见代表，强调法学特别是法治的重要性；而且与全党、全国人民一道把"依法治国，建设社会主义法治国家"写进了中国共产党的决议和国家宪法，从而使人本主义思想和实践有了法律保障。

胡锦涛同志带领全党和全国人民把发展中的马克思主义人本主义理论提升到一个崭新的、具有里程碑意义的阶段，这就是不仅代表中共中央提出了以人为本的科学发展观，并以此引领全国的一切工作，而且对以人为本作了科学的阐释，他说："坚持以人为本"，就是要"以实现人的全面发展为目标，以人民根本利益出发谋发展、促发展，不断满足人民群众日益增长的物质文化需要，切实保障人民群众的经济、政治、文化权益，让发展的成果惠及全体人民"。② 并反复号召，要以以人为本的科学发展观引领经济社会的全局。全国人民对中共中央提出的"以人为本"热烈拥护，并在学术上进行了深入的探讨并达成了共识。大家一致认为，对"以人为本"首先要准确理解

---

① 《邓小平文选》一九七五——一九八二年，人民出版社1983年第一版，第37页。

② 胡锦涛：《在全国人口资源环境座谈会上的讲话》，http：//news. xinhuat. com。

"人"的含义。这看起来是个简单的题目，其实比较复杂。且不说古希腊有关于"人是什么"的"斯劳克斯之谜"，就是我们对这个问题的讨论也很激烈。多数人认为，这里的"人"是专指"人民"；也有人认为这是指人人，即全体社会成员。在我们看来，两种观点都有一定道理，但都不全面。其实，"以人为本"中的"人"具有两重含义：其外延当然是指所有的人，是中国社会的全体成员；其核心在中国是指"人民"，其主体也是"人民"，即全体社会主义劳动者、社会主义建设者、拥护社会主义的爱国者和拥护祖国统一的爱国者，他们占我国总人口99.98%以上。至于"本"的含义，我们在第一节中已经从价值论的角度作了分析，一般地把"本"看成是一种价值观念，是指把人同神、物相比，人是根本。其实，马克思主义的价值观、历史观和世界观是统一的。如果进一步从历史观来看，马克思主义历来就认为，人民群众不仅是社会财富的创造者，同时也是历史的主体，是社会前进的根本力量，是国家的主人。这正是我们讲的"以人为本"与西方、中国古代的人本主义、民本主义的根本区别所在。

在理解"以人为本"的科学含义的同时，我国理论界更认真地研究它与构建和谐社会的内在联系和外在契合。不少学者认为，社会和谐必须以"以人为本"作为前提与原则，因为"以人为本"确定了建设的主体、建设的动力和建设的出发点、目的和衡量是非得失的标准。另外，建设和谐社会，能全面体现"以人为本"的要求：从长远看，关注人与人、人与社会、人与自然和谐相处，充分体现人民的根本利益和社会全体成员的共同愿望；从眼前看，直接影响社会和谐的因素正是人民群众最直接、最现实，也是最关心的利益问题。因此，构建和谐社会正是"以人为本"的重要内容与要求。所以"以人为本"与和谐社会是不可分割的整体。

通过以上的回顾、分析与总结，我们可以明白无误地得到这样的结论：马克思主义的人本主义，特别是它的中国化，它在中国的发展与创新，是人本法律观的理论基础。

五、马克思主义法学中国化的最新成果：人本法律观

人本法律观是马克思主义法学中国化的重要成果，是科学发展观在法学界和法律界的具体体现，是社会法治理念中关于"执法为民"的生动反映：也是对中国古代和西方法学思想中人本主义的合理借鉴的过程和升华。很显然，它不是哪一个人的创造与发现，而是法理学界乃至整个法学界和法律界绝大多数人集体智慧的结晶。新世纪初，神州大地掀起了"以人为本"的热潮。李龙、张文显、公丕祥、吕世伦和徐显明[①]等在研讨会或学术演讲中都对"以人为本"作了法学层面的阐发。2003 年底，李龙在《社会科学战线》上发表了《简论人本法律观》一文，人大报刊复印资料《法理学、法史学》作了全文转载。2006 年，李龙出版了《人本法律观研究》一书；2007年，中国法学会法理研究会年会在武汉大学又深入研究人本法律观。2009 年 10 月，人本法律观被中国法学会确认为马克思主义法学中国化的最新成果，并邀请其中代表之一李龙，在中国法学举办的创新讲坛作了专题讲演。

人本法律观就是以社会主义法治理念为指导的，以人的全面发展和人民根本利益为出发点与落脚点的，在社会主义法治运行的各个环节和领域中做到"合乎人性"（马克思语）、尊重人格、讲究人道、保障人权的观念体系。其科学内涵比较丰富，主要涉及四大方面：

---

① 李龙：中国法学会学术委员会委员、武汉大学人文社会科学资深教授。

张文显：中国法学会副会长、吉林省高级人民法院院长、吉林大学人文社会科学资深教授。

公丕祥：江苏省高级人民法院院长、南京师范大学教授、博士生导师。

吕世伦：中国人民大学教授、博士生导师。

徐显明：山东大学校长、教授、博士生导师。

1. 揭示了一条规律。以唯物主义关于人是哲学、社会科学的逻辑起点为理论基础，揭示了法律发展的规律。我们认为，法律是因人的需要而产生的；但在阶级对立的社会中，法律如同某些社会现象一样，却异化为压迫人民的工具，成为统治阶级意志的体现。一旦人民掌握了国家政权，法律则回归于人，成为人民意志的体现；而这个意志最终是由人民所处的物质生活条件所决定的。这就是说，法律产生后，历经了神本法律—物本法律—人本法律；与此相对应，也就出现了神本法律观—物本法律观—人本法律观。

2. 阐明了一条原理。依据马克思关于"法律为人而存在"的理论，论证了"人是法律之本"这个原理。具体理由至少有五条：第一，法源于人。第二，人是法律的主体。第三，人是法律的目的。第四，人的社会物质生活条件决定法的内容。马克思主义法学最伟大的贡献，在于它揭示了法的两重性即客观性与主观性，而强调其客观规律性：一方面，法是统治阶级意志体现，另一方面又强调这是由统治阶级的物质生活条件决定的。第五，人的社会实践是检验法律的唯一标准，历史唯物主义有条基本原理：社会实践是检验真理的唯一标准，法律也不例外。

3. 提出一个理念。即构建社会主义和谐社会的法律理念。人本法律观明确告诉人们：人本法律观正是适应社会主义和谐社会六个要件的法律观念。

4. 解读了一个方针。"执法为民"是社会主义法治的本质要求和根本方针。人本法律观正是对这一法律观的解读，是要以人的全面发展和人民的根本利益为出发点与落脚点。在法律运行的各个环节中，执法者常怀爱民之心、常存便民之意、常除损民之欲，从而使执法活动合乎人性、尊重人格、讲究人道、保障人权。具体来说：第一，执法为了人民。第二，执法依靠人民。第三，文明执法。

第三节　以人为本的思想流变

一、中国古代的人本主义思想

在博大精深的中国传统文化中，人本主义是一颗耀眼的明珠。正如冯友兰先生所总结的那样："中国文化讲的是'人学'，着重的是人。"① 就是说，中国文化是以人为主体的文化，人始终是学界研究和讨论的中心。

（一）关于"以人为本"的由来

毫无疑问，中国古代"以人为本"的思想源远流长，可以追溯到传说中的"三皇五帝"和一些原始神话，诸如"盘古开天"、"女娲补天"、"女娲造人"等。据古籍记载，正式提出"以人为本"的则是法家先驱管仲。管仲，名夷吾，是齐桓公的相国，他从政40年，辅佐齐桓公"九合诸侯，一匡天下"成为春秋时期第一个霸主，是他首先提出了"以人为本"的命题，司马迁读了他的人学著作后，还特地为他作传。《管子·霸言》中有这样一段记录：管仲对齐桓公说："君若将欲霸王举大事乎？则必从其本事矣。"② 桓公拱手问曰："敢问何谓其本？"管子对曰："齐国百姓，公之本也。"后来在《管子·霸言》中讲："夫霸王之所始也，以人为本。本理则国固，本乱则国危"，③ 把以人为本的理由说得更为明确。当然，对于《管子》一书的真伪说法很多，但有一点可以肯定：《管子》一书不可能是一人所作，也不可能是一时之作；④但其中的一部分应出于管仲之手。主张"以人为本"思想源于管仲应是没有问题的。

① 冯友兰：《论中国传统文化》，生活·读书·新知三联书店1988年版，第140页。

② 《管子·霸言》。

③ 同上。

④ 参见李中华主编《中国人学思想史》，北京出版社2004年版，第184页。

　　还有一种说法，就是古籍《尚书》中，有"民惟邦本，本固邦宁"之说。然而，对《尚书》一书也有真伪两种看法，多数人认为为后人编造。由于它对这句名言没有注明是谁所说，再加上其他种种原因，所以多数人都以管仲为"以人为本"思想的原创者。其实，由谁原创并不重要，无论哪种说法都可说明"以人为本"思想在中国古代源远流长，影响甚广。

　　确定管仲曾有过"以人为本"的思想，也是有历史依据的。因为管仲在为相期间，非常重视民心的向背，一贯重视人才，认为人才事关国家的稳定和强大，他曾经有过这样的名言："一年之计，莫如树谷；十年之计，莫如树木；终身之计，莫如树人。一树一获者谷也；一树十获者木也；一树百获者人也。"① 很显然，管仲对人的作用评价极高。他甚至还说："古之圣王也，所以取名广誉，厚功大业，显于天下不忘于后世，非得人者，未尝闻。故曰：人不可不务也。"② 事实上，由于坚持"以人为本"，终于辅佐齐桓公成就了霸业。当然，他这里所讲的"人"是有范围的，至少不包括奴隶在内。

（二）儒家的人学思想与民本主义

　　诸子百家，儒家为先，而且自汉武帝"罢黜百家、独尊儒术"之后，一直在中国几千年的封建社会中处主导地位。固然，儒家思想体系有不少糟粕的东西，如"三纲五常"之类，但也有一些精华的东西，其中便包括它的人学思想和民本主义。

　　儒家创始人孔丘，字仲尼，是个大思想家，联合国还专门将他列为国际名人而隆重纪念。孔子的人学思想主要是对人生哲学的探讨，诸如对人的本性、本质的思考，对个人与社会、个人与群体的关系的论述以及关于人的主体性与社会历史责任的探究等；其人学思想大都体现于《论语》之中。孔子思想的核心是"仁"；"樊迟

---

　　① 《管子·权修》。
　　② 《管子·霸言》。

问仁，子曰：'爱人'。"① 在孔子看来，仁是人之为人的根本所在。"仁"的含义极广，不仅有"亲亲"、"爱人"这样的核心内容，还包括忠、恕、孝、悌、恭、宽、信、智、勇等等方面，从某种意义上可以用"人道"予以概括。孔子的后继者孟轲，即孟子，亦称亚圣，继承了孔子的人学思想。他对"仁"作了更为明确的阐释，他说："仁也者，人也"，② 意思说人的本质就是仁，其中包括人皆有之的"恻隐之心"、"羞恶之心"、"恭敬之心"、"是非之心"等。孟子又说："仁，人心也；义，人路也。"③

孟子发展了孔子的人学思想，同时也吸收了管仲的"以人为本"观念，创造性地提出和论证了在中国具有深远影响的"仁政"和"民本主义"思想。"仁政"思想是孟子人学思想的核心，其思想基础就是民本主义，两者不可分割。所以孟子说"君行仁政，斯民亲其上，死其长矣"④。孟子在此基础上发出了一句千古名言："民为贵，社稷次之，君为轻，是故得乎丘民而为天子。"⑤ 他曾经把人民、土地、政事视为诸侯的"三宝"。在他看来，国君、社稷都是可以变更的，唯人民是不变的，因此，民心是政权巩固的基础。他举例来论证这一观点的正确。孟子这里讲"民贵"与"君轻"，不是说"民"比"君"还要尊贵，而是说解决"民"的问题比确立君的问题更为重要。既然如此，那么违背民意的君主是否可以更换呢？在孟子看来是可以的。这一思想在当时无疑是石破天惊的，意义极为深刻。

荀子是先秦时期的最后一位儒学大师，在人学思想上，他的思路与孔子不同，并和孟子对立，如他摒弃孔孟的"知天命"、"畏天命"等消极因素。在人性上，他提出了与孟子"性本善"相反

---

① 《论语·颜渊》。
② 《孟子·尽心下》。
③ 《孟子·告子上》。
④ 《孟子·梁惠王下》。
⑤ 《孟子·尽心下》。

的观点："性恶论。"当然，荀子继承了孔孟的民本主义思想，特别是对孟子的"民贵君轻"观念大力宣扬，认为社会发展的主体是人而不是物；在他看来，人是万物之灵，是"最为天下贵"的。荀子说："人之所以为人者，非特以二足而无毛也，以其有辨也。"①　这里讲"辨"，其内容与"义"相同，正如荀子所讲："人有气有生有知且有义，故最为下贵也。"②　荀子的突出贡献是把孟子的"民贵君轻"的民本主义思想形象化，即所谓"君舟民水论"，原话是这样的："君者，舟也；民者，水也。水可载舟，水亦覆舟。"③　当然，荀子也继承和借鉴了法家"以人为本"的观念，形成了一整套人学思想，特别是民本主义思想。

　　在几千年的中国古代社会中，无论是法家主导期间，还是更长时期的儒家当政或儒法合流期间，民本主义始终为历代王朝所沿用、修正或篡改，大致有以下几种情况：首先是正宗的民本主义的观念，即以孟子为代表的"民贵君轻"观念，在24史的典籍中所见甚多，特别是唐代的"贞观之治"、清初的"康乾之治"，都显现出民本主义思想的光辉。甚至近代的孙中山先生的民权主义思想，也吸收民本主义的精华。人们不会忘记，西汉贾谊对民本主义颂扬："夫民者，万世之本，不可欺；"④　一代明君李世民那充满民本主义思想的话语："天地之大，黎民为本。"⑤　更不会忘记：清末民初著名学者王韬的名言："天下之治，以民为先。所谓民惟邦本、本固邦宁也。"⑥

　　除了民本主义思想外，"以人为本"经后人修正或篡改，又演

---

①　《荀子·非相》。

②　《荀子·王制》。

③　转引自路淑芙等《神话的启示——人本主义问题研究》，西南交通大学出版社2004年版，第304页。

④　贾谊：《新书·大政上》。

⑤　《唐太宗集·晋宣帝总论》。

⑥　谭嗣同：《仁学》。

变为三种形式：一是"君民关系说"，这在我国历史上极为多见，以《旧唐书》为例，它完全歪曲了原意，而成为维护封建专制的一种策略，即所谓"人以君为天，君以人为本。人安则理政，本固则邦守"。① 二是"国民关系说"，即"国以民为本，民以食为天"。② 这种说法虽有违民本主义原意，但仍然有可取之处。无论是"国以民为本"，还是"民以食为天"，均有一定价值。尤其是"民以食为天"，符合中国国情，有实践意义，所以新中国成立后，陈云同志还经常用这句话来表明关心人民生活的重要性，特别是告诫人们对农业的基础地位要有充分的认识。三是"本末关系说"，所谓"以义为本，以利为末；以民为本，以财为末"。③ 这种义利观也曾在中国古代产生较大影响，但它已经超出了民本主义的范围。

（三）法、道、墨等学派的人本主义

法家思想，尤其是其人学思想中的人本主义，比较复杂，在过去往往不受人重视。其实，法家的人本主义是明显的，且不说"以人为本"是法家先驱管仲提出来的，就是在法家的代表人物商鞅、韩非及其后继者的著作中，也充满人本主义精神。首先，主张"以法治国"，倡导"尚法明刑"，提出"法不阿贵"和"刑无等级"，这显然蕴含着"法律面前，人人平等"思想，尽管这在封建社会是实现不了的，但"王子犯法与庶民同罪"观念在中国流传了几千年，这种法律人本主义思想是值得称赞的。其次，法家主张发展经济，无论秦国的商鞅变法还是王安石的变法，都是以发展经济为目标的。而发展经济是人的生存的重要保障，这就表明法家的宗旨之一必然是关心人，关心由人组成的社会。法家对人的本性的认识，他们既反对"性本善"，也不同意"性本恶"，而认为人的

①　《旧唐书·卷九十八》。

②　《宋书·卷十四》。

③　《晋书·卷十九》。

自然本性是"趋利避害"，这是对人的自然属性的揭示，正是建立在这一认识的基础上，强调法律的重要性。趋利避害，这是动物的一般本性，它与性本恶是不一样的，建基于性本恶之上的法律实质上是对人的蔑视。而顺应人的"趋利避害"的本性制定的法律与恶法没有必然联系。诸如"紧急避免"、"正当防卫"的法律规定，显然不属于恶法之列，而属于良法的范围。当然，像秦朝那样"严刑峻法"是与人本主义背道而驰的。

道家看似与人本主义无缘，其实它们关系密切。作为道家的创造人老子，姓李名耳，字聃，开创了与儒家人学思想迥然不同的道家人学观念。从某种意义讲，老子的人学思想是对春秋人文思想的科学总结，也是对殷周以来"天命"、"天道"等范畴的扬弃与改造。他说："故道大，天大，地大，人亦大。域中有四大，而人居一焉。"①　就是说，道家把人提高到与天、地、道同等的地位，表明了他对人的高度重视。更重要的是，他提出了"圣人无常心，以百姓心为心"的著名命题，强调圣人不应有偏私之心，去掉主观偏见，并以老百姓的思考和需求作为考虑问题的根据，很显然，这与"以人为本"有异曲同工之妙！与此同时，老子强调人生修养，主张"少私寡欲"，提出人性复归，要求人们坚持无为无欲的道德原则和做人的道理，凭着淳朴的本性而生活，遵守法律，人与人相安无事。当然，道家也包含了人生消极退缩的情绪。

墨家的人本主义思想也是极为丰富的，既有对人的本质的概括，也有对人的价值的弘扬；特别是对人的地位与作用，人与人的相互关系，人与法律的内在联系，都有过独到的论述，形成了独树一帜的思想体系。墨家的人学思想，集中体现墨翟的"兼相爱"、"交相利"之中。在墨子看来，国家通过"爱"与"利"的结合，可以达到"天下大治"。他有一段这样的名言："若使天下兼相爱，爱人若爱其身，犹有不孝者乎？视父兄与君若其身，恶施不孝？犹

① 《老子·二十五章》。

有不慈者乎？视弟子与臣若其身，恶施不慈？故不孝不慈亡有。犹有盗贼乎？故视人之室若其室，谁窃？视人身若其身，谁贼？故盗贼亡有。犹有大夫之相乱家，诸侯之相攻国者乎？视人家若其家，谁乱？视人国若其国，谁攻？故大夫之相乱家，诸侯之相攻国者亡有。若使天下兼相爱，国与国不相攻，家与家不相乱，盗贼无有，君臣父子皆能孝慈，若此则天下治。"① 很显然，墨子这一人学思想对构建和谐社会、和谐世界有一定参考价值。按墨子的思路，只要人们"兼相爱"、"交相利"，社会秩序必然良好，人们自然会遵守国家法律。这无疑是一种好的观点，但我们也必须看到，这种泛爱主义在历史的长时期内很难贯彻，必须要从各个方面（包括物质、思想道德）作长期的准备与实践。

总之，在中国古代，人本主义思想是非常丰富的。尽管这些思想不可避免地会打上其代表人物所处时代的烙印，但其观点还是反映人民的愿望与理想的，这是中华民族的宝贵财富。我们应该取其精华，使之为社会主义事业服务。事实上，人本法律观的提出，在某种意义上也是对我国历史文化遗产的科学总结。

二、西方人本主义的思想流变

人本主义，亦称人文主义、人道主义，既是一种思潮，也是一种活动，更是一种传统。它来源于拉丁文 Humanitas，本意是指人的教育。到文艺复兴时，其含义更为丰富，演变为以人为中心，用人权代替神权，以人道取代神道，歌颂人的伟大和人的价值，当时通称为人文主义。至 19 世纪时，费尔巴哈宣称自己的学说为人本学或人本主义。

其实人本主义有一个漫长的演变过程，可以说它像一条红线贯穿西方哲学社会科学的始终。在人类历史最早用理念来概括人的思想是著名哲学家普罗泰戈拉（protagoras）。他提出一个开创性的命

---

① 《兼爱上》。

题:"人是世界万物的尺度,是一切存在的事物所以存在,一切非
存在的事物所以非存在的尺度。"① 但他对这一命题没有作出具体
的解释与说明,以致人们对其理解不一:一种把它看成人类中心主
义的代表性观点,一种把它理解为唯我主义,是苏格拉底把这一观
点从天上的迷雾中拉到了人间,他引用德菲神庙中的名句"认识
你自己",并作为一个哲学命题提出来研究,首先要求人们要认识
自己。这是对人的认识的伟大的里程碑,有两个方面的含义:一是
从整体人类来看,回答人是什么这个问题;二是从人与外物的关系
来看,要求人如何认识外物的问题。苏格拉底主张通过审视人的心
灵的途径研究自然。在他看来,当时社会上名声显赫的人物,如政
客、诗人等,由于他们不能认识自己,从而不可能作为真实的人而
活着。他这一思想含意深远,但后来竟被后人遗忘了。他的学生柏
拉图把现实世界作为理念世界的影像,并认为在一切理念中,善是
最高的理念,这一思想很有价值。但他们师生二人在总体上都属于
唯心主义的范畴,不管是苏格拉底的主观唯心,还是柏拉图的超验
的理念,都与人文主义的真谛有一定距离,然而他们毕竟打开了人
本主义这扇大门,这无疑是极为可贵的。后来,他们的继承者亚里
士多德的观点终于在名著《政治学》中提出了"人是政治动物"
这一著名观点。

　　中世纪的欧洲在神权政治和专制统治的桎梏下,人被异化了。
神学家们制造了上帝,并说人是上帝创造的,还把人的意志归结为
神的意志。他们企图使人们相信上帝创造的一切都是美好的,人的
本性为上帝所恩赐,性本善就成为必然的逻辑。按照托马斯·阿奎
那的说法,人的本性为善,是"原罪"造成了人的堕落;但这并
不意味着人的本性的丧失。如果说神学家的基本理论都是荒谬的
话,那么,阿奎那关于人性本善的说法,还有进行讨论的可能性。

　　14—16 世纪发生在欧洲的文艺复兴,是人类历史上第一次伟

---

　　① 《西方伦理学名著选读》上册,商务印书馆 1987 年版,第 22 页。

大的思想解放运动。它高举人文主义（人本主义）的大旗，以"人的发现和世界的发现"① 为两大主题，开展了一场震撼世界的反封建斗争，把人从神的支配下解放出来，并积极探索"自己灵魂的人"，唤醒了沉睡几千年的人的本性和觉悟。文艺复兴的最大贡献是歌颂人，最响亮的口号是"我是一个人"。具体说：

1. 关注人的尊严，歌颂人性

被恩格斯称为"中世纪最后一个诗人，同时也是新时代最初的一位诗人"② 的但丁，在他的诗中歌唱："人的可贵就是许许多多的成果，超过了天使的可贵。"③ 人文主义者都非常关注人的尊严，当时就有不少著作以《人的尊严》、《人的崇高》为题，歌颂人性，歌颂人的价值。

2. 重视人的才能，弘扬人的创造

人文主义者的巨擘拉柏雷、塞万提斯、莎士比亚、达·芬奇等人用文学艺术的形式，热情地讴歌了人的崇高，认为人是万物之灵。他们说："人类是一件多么了不起的杰作！多么高贵的理性！多么伟大的力量！多么优美的仪表！多么文雅的举动！在行为上多么像天神！宇宙的精华，万物的灵长！"④

3. 强调意志自由，提倡人的解放

瓦拉在《论自由意志》中，公开反对上帝决定人的意志的谎言，强调人的意志自由，提倡人的解放。他认为，人的生活就是人性的创造，人可以把自己塑造成各种各样的存在。

总之，文艺复兴"是一次人类从来没有经历过最伟大、进步的变革，是一个需要巨人而且产生了巨人——在思维能力、热情和

---

① 布克哈特：《意大利文艺复兴时期的文化》，商务印书馆1981年版，第307页。

② 《马克思恩格斯选集》第1卷，人民出版社1995年版，第269页。

③ 《文艺复兴到19世纪资产阶级哲学家、政治思想家有关人道主义人性论选集》，商务印书馆1966年版，第68页。

④ 莎士比亚：《哈姆雷特》，人民文学出版社1957年版，第63页。

性格方面，在多才多艺和学识渊博方面的巨人的时代"。①"一些人用舌和笔，一些人用剑，一些人则两面并用，因此就有了使他们成为完人的那种性格上的完整和坚强"。文艺复兴造就了人，更造就了人的精神，留给人们最宝贵的财富就是人文主义或人本主义。如果说在此前人类对人的研究还刚刚拉开序幕的话，那么文艺复兴则是伟大的关于人的壮举。

文艺复兴的一个必然的后果是人文主义与法学的结合，形成人文主义法学派，使法学从政治学、伦理学中脱离出来，而成为独立的学科。它用人文主义研究和法学特有的研究方法，研究法的本质、产生和发展规律，使法学成为一个完整的科学体系。从这个意义上讲，法学首先是一门人文学科，同时也是一门社会科学。

近代思想家大体在三个领域推进了人本主义的发展。在文化领域，构建了"文化人"观念；在哲学领域，构建了"自然人"观念；在法学领域，构建了"法律人"观念；依靠自然科学精神和哲学上的认识，构建"理性人"观念，形成了对"人"的立体思维。

费尔巴哈总结和发展了西方人本主义理念，集"自然人"、"理性人"、"文化人"、"法律人"之大成，建构费尔巴哈的"人本学"。马克思对此极为重视，称之为"人学辩证法"。费尔巴哈的人本学以唯物主义为基础，承前启后，继往开来，谱写了一曲人本主义的光辉篇章，可以这样说，是在他之前人本主义的高级形态，并以他的人本唯物主义新体系取代了黑格尔庞大的思想库。正是这个人本主义的理论体系，以自然说明人，又以人为出发点去说明社会历史。它不仅回答人与自然的关系，而且回答了人的本质、人的幸福、人的解放等重大问题。他认为，人的本质具有整体性，明确指出："直接从自然界产生的人，只是纯粹的自然本质，而不是人。人是人的作品，是文化、历史的产物。"②"人的本质具有社

---

① 《马克思恩格斯选集》第 4 卷，人民出版社 1995 年版，第 261—262 页。
② 《费尔巴哈哲学著作选集》上卷，商务印书馆 1984 年版，第 247 页。

会性"，"人的本质只是包含在团结之中，包含在人与人的统一之中。"①

费尔巴哈的人本学理论体系，是按下列模式展开的："人的本质—人的本质的异化—人的本质的复归。"以人的本质为基础，费尔巴哈建立了关于人、人的本性、人与自然界、人与他人关系以及无神论等理论。从形式上看，费尔巴哈这一思维模式脱胎于黑格尔关于异化的理论；但在本质上是有重大区别的，即黑格尔的绝对精神被费尔巴哈的主体人所代替。费尔巴哈人本学的核心，就是重视对人性的颂扬。他说："只有人性的东西才是真实的实在的东西；因为只有人性的东西才是理性的东西；人乃是理性的尺度。"② 这实际上奠定了费尔巴哈哲学理论的人本主义基础。后来，他在《未来的哲学原理》和《宗教本质讲演录》中系统阐述了他的人本主义哲学观；在《神谱》中总结了他的人本主义宗教观；在《幸福论》中构建了他的人本主义伦理学，从而完成费尔巴哈人本学的理论体系。

尽管费尔巴哈的人本学对马克思产生了重大影响，甚至可以是马克思从早期的民主主义过渡到马克思主义的桥梁或中间环节，马克思对他也作过高度评价，但由于时代和认识的局限，费尔巴哈的人本学存在一些根本性的缺陷，从而受到了马克思和恩格斯的严厉批判，标志着历史唯物主义诞生的《德意志意识形态》一书的第一章就是专门批判费尔巴哈的人本主义的，同时马克思和恩格斯也开始阐明建立在唯物主义基础之上的人本主义的基本观点。关于这个问题我们将在本章的第三节中详细论述。

在西方，人本主义经过古典时期的奠基和近代复兴之后，业已从宗教背景走出，并获得了一定的自由；然而，现代以工业为背景的科技理性又以强大的力量，限制人来自文化传统的信仰和理想，使人文主义面临更加严重的挑战。在这一背景下，受到威胁的人本

---

① 《费尔巴哈哲学著作选集》上卷，商务印书馆1984年版，第185页。
② 同上书，第180—181页。

主义，便与科技理性争夺发展空间；通过摩擦、碰撞、融合、冲突等种种事件，新的人本主义思潮应运而生，它既是继承与借鉴，更是发展与创新，使西方人本主义又重放光彩。新人本主义主要包括：基督教人本主义、世俗人本主义、科学人文主义、生态人文主义等。现代人文主义的显著特点就是和法律、人权紧密结合。如基督教人文主义的主要代表马里旦，便是自然法学复兴的核心人物之一，他不仅是新自然法学的重要分支，而且还是1948年《世界人权宣言》的主要起草人之一。

马里旦出生于法国巴黎的一个基督教家庭。在留学德国期间，他师从德里斯治攻读生物学，同时潜心研究过托马斯·阿奎那的《神学大全》，逐步形成了基督教人文主义。他对现代社会中出现的各种人文主义都进行过思考，并对他们进行过批评，并在此基础上来寻找基督教人文主义的发展和重建。他认为，信仰的失落导致了心灵的物化，引起了时代的混乱。在他看来，人类中心主义与科学主义的崛起，并没有促使人的全面素质的提升，而恰恰导致了人类灵魂的失落，上升的是人的欲望，而不是人的德性。因此，笛卡儿、卢梭、康德等思想家所造成的巨大影响，事实上却为人类铺就了信仰死亡之路。因此，马里旦鼓吹人文主义要突出上帝的意义，正如他在《理性的范围》所强调的那样：今天，以人类为中心的人文主义已遭到惨重的毁灭，人们已经饱尝了反人文主义的罪恶滋味，世界所需要的是一种新人文主义，一种以神为中心的人文主义。马里旦重视法律与人文主义的紧密关系，为此，他积极参与1948年联合国通过的《世界人权宣言》的起草，并于1951年出版了他的法律思想代表作《人与国家》，成为第二次世界大战后新自然法学派的重要支流之一。尽管其主要观点是反马克思主义的，并力图废除国家主权，组建所谓世界政府，从而受到世界人民的谴责，但他的基督教人文主义理论中有些观点还是有一定价值的，如他强调人格尊严的重要性，关注人格要求权利与义务的一致性，并对人的各项具体权利作了论证等。如果他能放弃"上帝"，其人文主义理论还有不少可取之处，特别是他毕生寻求一种"完整的人文主义"精神是值得借鉴的。

新人文主义的代表人物是比利时的乔治·萨顿，这位被誉为科学史之父的著名科学家经历了两次世界大战，深感战争的苦难。因此，在他任主编长达40年之久的杂志《爱西斯》中一直宣传科学人文主义，他力图通过人们对科学史的研究，强调科学在人类精神方面的巨大作用，强调科学的统一性显示了人类的统一性，强调科学与人文主义结合的可能性与必要性。萨顿的代表作《科学史与新人文主义》，先后于1931年初版和1937年再版，在以后的诸多论著中形成新人文主义的思想体系。这个体系的主要内容有：①人类文明的进步总是与科学联系在一起，总是科学的应用的呈现方式。他说："无论在什么地方存在着进步或进步的可能性，几乎都是由于科学的应用。"① ②科学具有宗教伦理性质。萨顿认为，科学像宗教一样，包含着无私、诚实和严肃。③提倡科学人性。他认为，科学与人性是暗合的，科学的存在是由于人类的渴望。④统一性思想。在他看来，自然界的统一性、知识的统一性和人类的统一性，只是一个实体的三个方面，存在于人的爱心之中。⑤重视东方思想的巨大价值。他认为，西方的宗教来自东方——犹太教，西方的科学也来自东方，因此，把东方排斥在外是错误的。⑥强调宽容与仁爱，反对民族仇视与压迫。萨顿的新人文主义很多都是有价值的东西，他对人文主义的巨大贡献是令人难忘的，他不仅是伟大的人文主义思想家，而且也是伟大的人文主义实践者，他为人类文明的发展付出了毕生的精力；他以科学史的伟大传统和道德情怀，向世界传播东方的宽容、仁爱等光辉的人性理念，尤为值得赞赏。当然，萨顿的新人文主义也有谬误之处，他把科学同宗教联系在一起，并形成一个三棱锥形的塔，这种比喻显然是不正确的，他对人的社会技术属性注重不够，也是个明显的缺陷。

---

① ［美］乔治·萨顿：《科学史与人文主义》，华夏出版社1989年版，第25页。

　　生态人文主义的古典代表是英国人吉尔伯特·怀特。这位被人们称为"自然历史之父"的生物学家，深受达尔文·斯宾塞和赫胥黎思想的影响，曾做过大学的学监，担任过奥瑞勒学院的院长，后来长期做牧师，并成为神学院的执事。他的代表作是由44封书信组成的《塞耳彭自然史》。该书以书简的形式记录了塞尔彭村的鱼、虫、鸟、兽等自然生态变迁的历史，也记录了怀特的人文情怀。该书出版两百多年来，先后在不同的国家多次出版，使怀特的生态人文主义思想得到广泛的传播。生态人文主义在欧洲的现代代表就是绿党，它是一个集体，称为"绿党政治"。最早建立绿党的国家是新西兰的塔西与尼亚岛和1973年的不列颠，比利时和德国也先后于20世纪70年代末建立绿党。2004年，由32个欧洲国家组成的绿党正式诞生，并在欧洲议会中有32名议员，从而正式出现"绿党政治"。据绿党欧洲议会议员达尼埃尔·科恩宣布，欧洲绿党的主要使命是环保，为社会尽义务；扩大民主，推动和平政策的实施，促使全球化。① 很显然，生态人文主义具有进步意义，他们代表一种文明，无疑对社会有一定推动作用，尤其他们那种为保护人类环境和生态的大无畏精神值得称赞。当然，如果他们利用绿色政党而牟取私利，则是要坚决反对的。

　　西方人文主义的演变，揭示了这样的规律：每当法律与人文主义结合时，或者说每当法律的人性基础得到认可和弘扬时，法学就兴旺、发达、创新。当然，西方人本主义因其理论基础唯心史观的误导，其局限性是明显的，甚至还被某些西方国家所利用，他们打着人本主义和普适性人权的幌子，粗暴地干涉他国内政，甚至实施暴力行动，这显然是和人本主义的本意背道而驰的。

① 《参考消息》2004年2月26日。

第三章 以人为本为法学基础理论的创新提供了方法论

第一节 法学方法论的基本问题

一、法学方法论的界定

任何学科的发展、任何理论的刷新，往往都是从方法论突破开始的。法学基础理论自然也不能摆脱这个法则的支配。因此，在研究法学基础理论创新这一重大课题时，必须掌握方法论这把钥匙。"以人为本"正是这把钥匙。法学方法论在中国内地逐步被重视是与德国法学家卡尔·拉伦茨《法学方法论》的翻译和杨仁寿《法学方法论》的出版分不开的。关于法学方法论的内涵和法学方法论的分类学问题，目前尚没有达成共识。从法学方法论研究的实际情况分析，关于法学方法论的研究是在三个不同的论域中展开的：一是关于法律发现和法律创制的方法论研究；二是关于法律适用的方法论研究；三是关于法学研究和教学的方法。

关于法律领域中方法论的称谓问题众说纷纭，其内涵和外延缺乏一个明确的界定，其概念集中表述为法学方法论、法律方法论、法律学方法论、法学研究方法论。其中以法学方法论的表述为一般表述，这大概是受德国法学家卡尔·拉伦茨的《法学方法论》和杨仁寿的《法学方法论》表述的影响。其实，在拉伦茨的《法学方法论》中，他对于法学的理解和我国学者的理解有很大的差异。拉伦茨将《法学方法论》中的"法学"界定为："以某个特定的、在历史中逐步形成的法秩序为基础及界限，借以探求法律问题之答案的学问。"① 为了进一步说明《法学方法论》中的"法学"为何，拉伦茨将"法学"与法哲学、法理学、法社会学、法史学、法理论学进行了比较分析。他把法学定义为："以处理规范性角度下的法规范为主要任务的法学，直言之，其主要想探讨规范的'意义'。它关切的是实证法的规范效力、规范的意义内容，以及法院判决中的裁判准则。"② 杨仁寿的《法学方法论》中对"法学"的界定与拉伦茨在《法学方法论》中的界定没有实质性的差别，只不过更为狭义，他直接将"法学"界定为法解释学。③ 可见，拉伦茨和杨仁寿所界定的"法学方法论"大致相当于我国学者所界定的法律方法论而不是法学方法论。

法学方法论的研究对象和范围，从纵向来看，其包括法律发现或法律创制方法的理论、法律适用方法的理论、法学研究和教学方法的理论；从横向来看，其包括法律的本体认识方法、法律的结构认识方法、法律的功能认识方法、法律的价值认识方法。

法学方法论具有一般性和特殊性的特征，同时也具有整体性和层次性的特征。法学方法论的一般性表明无论是法学方法还是法律方法，都必须遵循法学认识论的一般思维方式。法学方法论的特殊性表明法律的不同领域中的思维方式存在一定的差异。不仅理论导向的法学方法与实践导向的法律方法，而且不同法系的法学方法和法律方法之间在对法律的认识上都存在一定的差异。法学方法论的整体性表明法律领域中的任何方法都是对法律现象和法律规律的认识，而法律现象和法律规律之间是一个有机联系的内在整体，这就决定了对法律认识的方法之间的内在有机联系。法学方法论的层次性表明人们对法律的认识有一个不断深化和类型化的过程，同时因

---

① ［德］卡尔·拉伦茨：《法学方法论》导论，陈爱娥译，商务印书馆 2003 年版，第 18 页。

② 同上书，第 77 页。

③ 杨仁寿：《法学方法论》，中国政法大学出版社 1999 年版，第 22 页。

为人们对法律的不同阶段和不同方面的认识立场和视域不同而使法律领域在知识形态上存在客观的分层现象和必须进行功能分派的必要性。

　　方法论在本质上是方法与认识论的融合。方法因认识论而具有精神内涵和方向，认识论因方法而具有科学性和实践性。没有方法的认识论只能是形而上学的认识论，没有认识论的方法只能是一个纯粹而盲目的实践工具。方法论是连接理论与实践的中介，它具有理论性和实践性的双重品质。这就决定了法学方法论在认识法学方法和法律方法中必须遵循法律认识论的一般思维规律，同时对法律的深刻认识和科学把握又必须运用科学的方法。拉丁语中 jurisprudence 表述的是"法律的知识"，乌尔比安曾下过一个定义："jurisprudence 是人和神的事务的概念，是正义与非正义的科学。"① 但是，法律知识如何获得，已获得的法律知识如何构建为法律知识体系，法律知识体系如何转化为实在的法律制度，法律制度在实施的过程中如何实现法律的理念，这不仅是一个法律知识学的问题，也是一个法学方法论的问题，同时还是一个法律实践的问题。法学方法论具有沟通法学理论与法学实践的品质，法学的繁荣和法治的发展离不开方法论。

　　自萨维尼将历史研究的方法论应用到法学研究领域以来，传统法学方法论在西方法学中的地位不断凸显出来，同时，它建立了一个现代法学方法论必须被发展的基础。② 但是，如何建立现代法学方法论的理论基础和方法论体系则没有形成一个共识，不同法学流派所持的方法论显著不同，这引发了现代法学方法论的论争，同时，也引导法学方法论研究的深入。

---

　　① ［古罗马］优士丁尼：《法学阶梯》，徐国栋译，中国政法大学出版社 1999 年版，第 11 页。

　　② 参见［德］考夫曼《法律哲学》，刘幸义译，法律出版社 2004 年版，第 121 页以及脚注第 34、35 注释。

法学方法和法律方法是人们认识和改造法律的工具，但是，我们又不能把法学方法和法律方法仅仅看做一种纯粹的工具。法学方法和法律方法受到法学方法论的制约。考夫曼认为："如果法院依个案选择解释方法将成为任何一个法学方法论的死刑宣判。"① 作为认识论的一部分，方法论具有深刻的本体论和认识论背景，同时受到价值论的制约。拉伦茨认为："正义与方法学的讨论在一个中心问题上彼此相关。"② 法学方法和法律方法上的变化常常引起法学方法论的论争，而法学方法论的论争常常对法律观产生深刻的影响。法学方法的多元局面需要方法论统一的内在精神支持，以人为本既是世界观，也是指导法学研究的根本方法论。

法学方法论研究的重心主要是法学方法还是法律方法的问题，实际上是一个法学方法论研究的转型问题。自第二次世界大战以来，无论是大陆法系国家还是英美法系国家，法学方法论的论争都主要是由法律方法的变迁引发的。魏德士认为："从方法思考的首要目的来看，这里涉及的不是'法学方法论'，而是真正相互竞争的法律实践的方法。对于法律工作者和法律适用对象的公民而言，司法实践所使用的各种各样的方法成为了主要疑难问题。"③ 在我国，无论是法学研究领域还是法律实践领域，都缺乏方法论的精神气质和精致技术。正如有学者所言："中国法学转向方法论的研究是一种必然趋势。我们的法学过去未曾受到过严格的方法论的'规训'。……而法学方法论的研究，从一个侧面为我们的法学建构提供一种关照的镜鉴，一种特殊的精神气质和建立法学知识的某种进路。"④ 自改革开放以来，我国的法治经历了"政策导向的法

---

① ［德］考夫曼：《法律哲学》，刘幸义译，法律出版社 2004 年版，第 260 页。

② ［德］卡尔·拉伦茨：《法学方法论》，陈爱娥译，商务印书馆 2003 年版，第 6 页。

③ ［德］魏德士：《法理学》，丁晓春、吴越译，法律出版社 2005 年版，第 293—294 页。

④ 舒国滢：《走向显学的法学方法论》，《法制日报》2007 年 4 月 15 日第 14 版。

律"到"立法导向的法律"再到"司法导向的法律"的发展过程，这是我国法治建设的必然。纵观法治发达的国家的经验，法学方法论也必须相对于法学研究中方法论的缺乏而言，我国法律实践领域的方法论运用更为稀薄，其成为制约我国法治进程的一个重要因素。因此，法学方法论的创新就成为促进我国法学发展和法治建设进程的重要因素。

二、事实性描述的方法论对人在法律中地位的认识

法学中事实描述的方法论起源于培根的经验主义对法学领域的影响。培根最早创建经验主义的归纳法并不是要批判和取代理性主义的演绎法，而是要补充理性主义演绎法推导的大前提。培根的新工具——归纳法"是从对一类对象的许多个别事物的观察实验研究中，推断出这一类对象的一般性结论，从而实现认识由个别到一般的过渡，以求得对规律的认识。在培根看来，这就是寻求对科学发现的艺术。从逻辑上来说，培根也是借此以补演绎逻辑之不足；因为他想要解决演绎推理的大前提，要考察原则自身，要把握事物的真相，以保证认识的确实性问题"。[①] 培根的经验主义方法论在休谟将其引入社会科学的过程中被极端化，从此造成了法学领域中长期的事实与价值的分离。[②] 休谟认为，价值命题不能从事实中推导出来，这就是著名的休谟法则，其在方法论上也就是所谓的"休谟鸿沟"。休谟认为："理性的作用在于发现真与伪。真或伪在于对观念的实在关系或对实际存在和事实的符合或不符合。因此，凡不能有这种符合或不符合关系的东西，也就不能成为真的或伪的，并且永不能成为我们理性的对象。但是显而易见，我们的感情、意志和行为是不能有这种符合或不符合关系的；它们是原始的

---

① 余丽嫦：《培根及其哲学》，人民出版社 1987 年版，第 255—256 页。
② 参见［美］希拉里·普特南《事实与价值二分法的崩溃》，应奇译，东方出版社 2006 年版，第 7 章。

事实或实在，本身圆满自足，并不参照其他的感情、意志和行为。因此，它们就不可能被断定为真的或伪的，违反理性的或符合与理性。"① 这就是休谟的真理符合论标准。

在人类生存的早期，人最能够直观理解的不是社会制度，而是人和自然之间的直接关系，对自然规律的洞悉和运用直接关系到人的生存状态，自然界是由自然规律支配的，其中，最突出的表现就是因果关系。由于人类早期精神处在蒙昧状态，人要获得生存所需的物质条件就必须顺应自然，在人和自然的关系中，人处在依附自然的地位。在人与自然的关系中，大致可以分为认识自然和改造自然两个方面，早期的人类在精神发展到一定的阶段，对人认识世界的能力具有一定程度的理解。古希腊人"相信事物的自然秩序的可理解性，并且相信作为科学之性格的理性探索精神"②。希腊人承认一种非人化的权威，相信这种权威贯穿于作为自然界的规则和秩序之中，人的地位寓于自然之书，古希腊中的"认识你自己"，本质上仍属于认识自然的一个语义学上的分支，并不是人本主义的自觉本原。古希腊强调对人的理解的外在性，"它试图在自然的理性秩序中体察出作为合理的社会秩序的规范，寻找一种好的生活标准，以及人们不能不受惩罚地超越的界限"③。这就是自然主义的方法论。

实际上，人类对自由和必然之间的关系直到黑格尔哲学才被正确揭示出来。恩格斯认为："黑格尔第一个正确地论述了自由和必然之间的关系。在他看来，自由是对必然的认识。'必然只是在它没有被了解的时候才是盲目的。'自由不在于幻想中摆脱自然规律而独立，而在于认识这些规律，从而能够有计划地使自然规律为一

---

① ［英］休谟:《人性论》下册，关文运译，商务印书馆 1980 年版，第 498 页。
② ［芬］冯·赖特:《知识之树》，陈波、胡泽洪、周祯祥译，生活·读书·新知三联书店 2003 年版，第 1 页。
③ 同上书，第 4 页。

定目的服务。这无论对外部自然的规律，或对支配人本身的肉体存在和精神存在的规律来说，都是一样的。这两类规律，我们最多只能在观念中而不能在现实中把它们互相分开。因此，意志自由只是借助于对事物的认识来作出决定的能力。因此，人对一定问题的判断越是自由，这个判断的内容所具有的必然性就越大；而犹豫不决是以不知为基础的，它看来好像是在许多不同的和相互矛盾的可能的决定中任意进行选择，但恰好由此证明它的不自由，证明它被正好应该由它所支配的对象所支配。"[1] 早期人类对规则的认识受到人们认识能力的限制，同时也不可能有科学的方法论的支援，其认识的形式充满形而上学的色彩。他们对世界和人类以及法律的解释不可能超出形而上学的范畴。

中国传统文化同样认为人的秩序和伦理关系来源于一个先于人的形而上的道，道生万物，人的秩序道法自然，"天人合一"，但道为其本原。儒家强调"仁"，其视域进入对人的内在性的考察，但其视界和本原仍在于天。[2] 在中国古代文化中，"承认存在着统辖自然事物的原则，它们也是明智地安排人类事物的标准，这就是'阴'与'阳'这两种对立的力量，它们两者之间的平衡标志着事物的理想状态"[3]。中国传统文化认为自然的法则和人的法则的本原、自然法则和人的法则是同构的，中国古代认识论和法律制度深受儒家文化的影响，其表象是人文的，但在本体论上则是事实性的叙述。

尽管中国古代文化与古希腊文化在初始阶段对人与自然的关系均承认自然的本体论和决定论，但在以后的发展中却因其关切不同而形成不同的视域和方法论。"古代世界的思想家们渴望以自然为

---

① 《马克思恩格斯选集》第 3 卷，人民出版社 1995 年版，第 455 页。

② 参见余英时《中国思想传统的现代诠释》，江苏人民出版社 1998 年版，第 7—8 页。

③ ［芬］冯·赖特：《知识之树》，陈波、胡泽洪、周祯祥译，生活·读书·新知三联书店 2003 年版，第 4 页。

模式建立人间的理想秩序，其至把仿照自然生活奉为一生最神圣的追求，法地、法天、法道、法自然。……古代中国人以法自然始，以道德秩序终；西方人以自然为模式，最终以宗教秩序和法律秩序交替并存"[1]。中国古代文化承认自然的决定论，但却对人的价值来源的自然秩序缺乏进一步的追问，这便是庄子的所谓"六合之外，圣人存而不论"的智性取向。因此，在古代中国文化中，自然的奥秘是依凭圣人来言说的，始终不能进入普通人的视域，其实也没有真正进入"圣人"的视域，这就决定了中国古代哲学明显的反智倾向，[2] 理性主义和科学精神始终没有从中国传统文化中生发出来，与这种理性非普遍化以及反智的文化特征密切关联的是，其经院化的必然结果只能是"存天理、灭人欲"，人成为无法窥探其秘密的自然的宿命物，最终演变成为无法摆脱其整体性社会和专制国家的宿命物，社会和国家因此替代了自然的地位而具有客观性，人则越来越丧失其独立存在的价值和作为人的尊严。相对于客体化的制度，人成为一种附属物，即"道不变，法亦不变"，人只能屈服于法律制度，而制度则并不以考虑人性和人的需求为指涉。

在中国，人们很容易接受法是各种社会力量对比的反映这样一种宿命论的法律观念，也就特别容易接受法是统治阶级意志这样一种唯意志论的基本命题。人对制度的这种宿命是从人对自然的宿命中推演出来的，我们没有一种超越法律作为一种客观化的制度事实的人本理念，也没有获得一种改造制度事实的工具和信念。我们匍匐在我们的创造物之下，在社会生活原始事实单凭力量对比关系的不公正博弈状态中我们感到无能为力，人道主义只不过是一种道德层面的说教，而不可能演化为一种权利的法律体系。我们无法形成一种以人为本的法律观，也无法理解以人为本的法律制度可以开发

---

　　① 於兴中：《法治与文明秩序》，中国政法大学出版社 2006 年版，第 53 页。
　　② 参见余英时《中国思想传统的现代诠释》，江苏人民出版社 1998 年版，第 61—124 页。

出一种超越于社会事实的内在品质，它可以使社会事实通过法律制度装置而回归于正义和人的目的；相反，我们认为法律是社会事实中的制度事实，而社会事实又是由自然秩序统摄的，人对法律的服从也就是人对自然秩序的服从，人的价值追求被排除在法律之外。在我们的自然主义物质决定论的宿命和整体主义方法论中，人始终没有从这种整体主义的结构中解放出来，更遑论解放后对自由的获得。在我们的文化中，一元的物质决定论塑造了人对于法律的宿命和被决定地位，我们的儒家化的法律决定了人的屈从地位，而不是人决定了法律的内在品质。

古希腊与中国古代传统不同，尽管他们也承认自然法则对人的决定性，但他们仍然继续追问决定人的价值的自然奥秘，他们在追寻自然法则的过程中逐渐意识到了人的理性的力量。古希腊科学认识论的取向是人为了自身的利益去发现事物的本来状况，科学知识在西方一开始就是和人道主义连接在一起的，科学知识的探寻本身具有人道主义的内在品质。萨尔顿认为："不论科学变得多么抽象，它的起源和发展过程本质上都是同人道有关的。每一项科学成果都是博爱的成果，都是人类德性的证据，人类通过自身努力所揭示出来的宇宙的几乎无法想象的宏大性，除了在纯粹物质的意义之外，并没有使人类变得渺小，反而使人类的生活和思想具有更深刻的意义。"[①] 由于受到对科学所探寻的自然规律的鼓励，人们开始用观察自然的方法探寻法律，"罗马帝国的斯多葛派的律师们提出改革法律，他们这样做的主要动机便是，他们相信人在本性上具有一些基本权利"[②]。对自然的探索激发了人类理性的力量，培育了人的优越性。

---

① 转引自［英］J. D. 贝尔纳《科学的社会功能》，陈体芳译，商务印书馆1982年版，第39页。

② ［英］A. N. 怀特海：《观念的冒险》，周邦宪译，贵州人民出版社2000年版，第17页。

随着宗教神学的系统化，科学工作者在与宗教的论战中不得不放弃或让出作为价值之源的资格，让宗教在善、恶以及"超自然"真理等问题上继续扮演权威，对自然真理的探寻则让位于科学去解决。这导致了事实与价值之间的"资格分割"，使得科学成为一种"价值无涉"的知识体系，这种现象在现在被称为"休谟鸿沟"，至今人们还无法判明从科学领域中驱除价值判断这一渐进趋势的历史意蕴，这一现象，同时也影响到社会科学对事实和价值的不同陈述，造成了社会科学方法论上的分离。① 人们对人在法律中的地位的考察在很大程度上受这种科学的方法论影响，古典自然法学派，任何承认法只是各种单纯的社会力量对比的博弈状态的客观主义法律观，关于法律发展的机械的物质决定论以及认为法律只是一个无法超越的制度事实的法律观②都是从这种事实性陈述的方法论中推演出的基本结论。

事实性描述的方法论从本体论上来源于某种决定论，它在法学上的主要反映是历史决定论和社会事实决定论，其主要代表是极端的历史主义法学、社会学法学和制度法论。萨维尼认为："在人类信史展开的最为远古的时代，可以看出，法律已然秉有自身确定性的特征，其为一定民族所特有，如同其语言、行为方式和社会组织体制。不仅如此，凡此现象并非各自孤立存在，它们实际乃为一个独立的民族所特有的民族根本不可分割的禀赋和取向，而向我们展现出一幅特立独行的境貌，将其连结一体的，乃是排除了一切偶然与任意其所由来的意图的这个民族的共同信念，对其内在必然性的共同意识。"③ 在萨维尼看来，法律乃是由特定的国家的特定的历

① 参见［芬］冯·赖特《知识之树》，陈波、胡泽洪、周祯祥译，生活·读书·新知三联书店2003年版，第9—10页。
② 法律实在论、实证分析法学派、实用主义法学、现实主义法学、制度法学等，本质上均将法律理解为一种自为的制度事实，事实性陈述为其基本方法论。
③ ［德］弗里德里希·卡尔·冯·萨维尼：《论立法与法学的当代使命》，许章润译，中国法制出版社2001年版，第7页。

史事实所决定的，人在法律中的地位镶嵌在一个国家的历史之中，人无法摆脱被历史所决定的命运。在英国，斯宾塞表达了同样的法律观。他认为："归根到底，并不是这种或那种法律制度的建立使得人们的相互交往成为公正或不公正。问题还要更深一些。正如政府的形式一样，法律的形式也是由民族性决定的。一件器械的力量主要依靠的不是设计的巧妙，而是它的原料的强度。"① 从总体来讲，历史主义的法律观否定人的理性的力量在法律中的价值，它和自然法是尖锐对立的。在美国制宪时期，联邦党人对法律上的历史决定论就表示怀疑，汉密尔顿提出了"人类社会是否真正能够通过深思熟虑和自由选择来建立一个良好的政府，还是他们永远注定要靠机遇和强力来决定他们的政治组织"② 的问题。尽管历史法学派受到各种批判，但是，它还是以各种变体的方式影响了我们对法律的认识。麦考密克和魏因贝格尔认为："我们用来为我们的理论方法命名的那些词语，反映了我们想要提出的本体论的观点。我们主张，法律和其他社会的事实是属于制度事实的东西。"③

　　事实性陈述的方法论在认识论上来源于经验主义。经验主义方法论因主张的真理符合论和命题的可验证性而存在于世界，长期以来被认为是一种科学的方法。但是，经验主义在科学和哲学领域均受到质疑。波普尔提出了科学的"可错性"命题以及猜想与反驳的科学证伪方法论，拉卡托斯④和库恩⑤发展了波普尔的这一科学

---

① ［英］赫伯特·斯宾塞：《社会静力学》，张雄武译，商务印书馆1996年版，第110页。

② ［美］汉密尔顿、杰伊、麦迪逊：《联邦党人文集》，程逢如、在汉、舒逊译，商务印书馆1980年版，第3页。

③ ［英］麦考密克、［奥］魏因贝格尔：《制度法论》（修订版），周叶谦译，中国政法大学出版社2004年版，第13页。

④ ［英］伊姆雷·拉卡托斯：《科学研究纲领方法论》，兰征译，上海译文出版社2005年版。

⑤ ［美］托马斯·库恩：《科学革命的结构》，金吾伦、胡新河译，北京大学出版社2003年版。

理论，并且这种方法论已经开始影响法学家对法律的分析。① 考夫曼的反面功利论和宽容原则的理论基础就是建立在波普尔的方法论上的。② 在哲学上，给经验主义方法论致命打击的是蒯因发表的《经验主义的两个教条》。蒯因认为："现代经验论大部分是受两个教条制约的。其一是相信在分析的或以意义为根据而不依赖于事实的真理与综合的或以事实为根据的真理之间有根本区别。其二是还原论：相信每一个有意义的陈述都等值于某种以指称直接经验的名词为基础的逻辑构造。我将要论证：这两个教条都是没有根据的。正像我们将要见到的，抛弃了它们的一个后果是模糊了思辨形而上学与自然科学之间的假定分界线。另一个后果就是转向实用主义。"③ 事实上，无论是在哲学领域，还是在法哲学领域，要揭示和证明人在法律中的本体地位，单纯运用事实陈述的方法论只可能遮蔽或颠倒对法律本体的认识。

三、价值性阐述的方法论对人在法律中地位的认识

在法学领域，价值问题一直以正义的方式存在，有时正义成为法律的代名词。但是，价值哲学领域中充满着竞争性解释。法律中的价值问题，既是一个伦理学不断探讨的核心问题，也是一个法学家不断探讨的核心问题。自亚里士多德发表《尼各马可伦理学》以来，"善"与正义的问题一直是伦理学的最基本，也是最高范畴。伦理学中关于价值的论证有各种方法，但是，直到1874年西

---

① 波普尔本人也致力于将自己的方法论应用到对社会科学领域的分析，参见[英]卡尔·波普尔《开放社会及其敌人》，郑一明等译，中国社会科学出版社1999年版；[英]卡尔·波普尔《历史主义贫困论》，何林等译，中国社会科学出版社1998年版。

② [德]考夫曼：《法律哲学》，刘幸义译，法律出版社2004年版，第11章5、第20章V。

③ [美]W. V. O 蒯因：《从逻辑的观点看》，陈启伟等译，中国人民大学出版社2007年版，第22页。

季威克发表的《伦理学方法》，关于价值命题论证的方法与方法论才受到伦理学界的高度关注。在西季威克的《伦理学方法》中，他将伦理学的方法分为利己主义的方法、直觉主义的方法和功利主义的方法。① 此后，摩尔引入了分析方法，② 麦金太尔使用了社群主义的分析方法③，目前呈现出价值命题论证方法的多元时代。在法学领域，关于正义的论证方法也经历了形而上学的论证、形式主义的论证、实质主义的论证、程序主义的论证、实质主义与程序主义相结合的论证和民主主义的论证等各种方法。

李连柯认为："中国哲学较少直接探讨世界本原、认识的本质和结构以及逻辑学方法论问题。它主要探讨的是社会伦理问题。……中国哲学史涉及价值哲学的主要问题是义利之争或理欲之争。"④ 中国古代哲学较少对形成人及社会的价值物——自然的追问。因此，研究自然的方法和方法论没有形成，也没有对关于人的研究提供方法论上的参照。人和社会之间的关系是中国哲学的主要视域，且以社会伦理为考察主线，权利形态的人本主义很难在中国传统文化中生成，而权力形态的民本主义则在中国有一定的表现。权利形态的人本主义是以个体主义为其价值基础的，而权力形态的民本主义则是以整体主义为其价值基础的。以伦理为基础的社会本位主义成为中国传统社会的主要特征。引礼入法，礼法结合，礼与法的相互渗透构成中华法系的最本质特征。⑤ 个人被置于礼法关系的复杂网络之中而实际上没有自己独立的价值，而复杂的礼法关系网络是以社会秩序为依归的，以义务为本位的，在中国传统的礼法

①　参见［英］亨利·西季威克《伦理学方法》，廖申白译，中国社会科学出版社1993年版。

②　参见［英］乔治·摩尔《伦理学原理》，长河译，上海人民出版社2005年版。

③　参见［美］A. 麦金太尔《追寻美德：伦理理论研究》，宋继杰译，译林出版社2003年版。

④　李连柯：《价值哲学引论》，商务印书馆1999年版，第47页。

⑤　参见张晋藩《中国法制史》，中国政法大学出版社1999年版，第1页。

关系中，不可能产生个体性的人。

由于近代自然法和自然权利学说借助于不言自明的直觉主义，它将关于人性的抽象假说作为其解释体系的基础和演绎推理的大前提；由于近代自然法和自然权利学说在方法论上的个人主义和形式主义特征自身的缺陷；也由于人类在价值命题论证上一直没有找到可靠的、具有说服力的方法论工具，自然法和自然权利学说就一直受到历史主义和经验主义的批评。施特劳斯认为："当前的社会科学拒斥自然权利论是出于两个互不相同而又在很大程度上搅和在一起的理由。它以历史的名义和以事实与价值的分野的名义来拒斥自然权利论。"① 批评者认为自然法和自然权利学说只是一个唯心的信仰体系而不是科学的知识体系。

第二节　法学领域的人性分析法

一、近代自然法中人性分析方法的发展

自然法学说在方法论上依赖理性主义，而理性主义在自然法中的三个前提条件都受到质疑。但是，现代自然法发展了近代自然法的论证理论。

首先，自然法对人性的假设都宣称人性的自明性，也就是人性证明上的直觉主义。理性主义的创立者笛卡儿认为感官有时是骗人的，由感官体验获得的知识是靠不住的，只有凭借理性才能获得确实可靠的知识，人们是凭借理性直观而得到关于我们自己心灵的本性的知识，凭借理性推证而得到关于上帝和物体的本性的知识；观念本身的"清楚、明白"就是真理的标准。② 自明性在近代自然法

---

① ［美］列奥·施特劳斯：《自然权利与历史》，彭刚译，生活·读书·新知三联书店 2003 年版，第 9 页。

② 参见陈修斋主编《欧洲哲学史上的经验主义和理性主义》，人民出版社 1986 年版，第 73 页。

理论中是一个基本的假设前提，是自然法的基础。

其次，自然法借助于人性的形式主义特征得以抽象出普遍性的规则。自然法的形式主义受到实质主义正义观的质疑。在现代法学理论中，人性规则的证明主要诉求于实践的交往行为理论和民主的证明方法。

哈贝马斯试图在个人理性与公共理性之间找到一种理性法可论证的转化机制。哈贝马斯借助于哲学上的语言学转型，也就是把理性主义的自明的本体论认识方法转换成对话伦理上的实践交往理论，而这种实践交往理论是建立在语言学的基础上的。他认为："对于我而言，当维特根斯坦写道'语言的文法是世界的本质'时，他把握了这种转向。"① 以语言为交往基础的实践理性必须满足一定的条件。哈贝马斯认为："由于交往行为依靠的是以理解为趋向的语言用法，因此，它必须满足更严格的条件。参与的行为者都努力在共同的生活世界中，根据共同的语境来一起确定其行为的计划。此外，他们还做好了充分的准备，以理解过程中的言语和听众的身份出现，来实现其定义语境和确定目标的目的。"② 那么，在日益分化、自我多元化和"祛魅化"的现实世界中，人类如何获得有效的法律规范问题。哈贝马斯认为："实践理性的同一性只有在公民的交往形式和实践网络中，理性的集体意志的形成才有了制度的可靠保障。"③ 实际上，哈贝马斯关于法律人性分析方法的构想是程序主义的。他认为："现代自然法理论家才首先提出，必须从程序的角度对法律加以论证，也就是说，根据原则对法律加以

① ［德］尤尔根·哈贝马斯：《对话伦理学于真理问题》，沈清楷译，中国人民大学出版社 2005 年版，第 40 页。

② ［德］尤尔根·哈贝马斯：《后形而上学思想》，曹卫东、付得根译，译林出版社 2001 年版，第 59 页。

③ ［德］尤尔根·哈贝马斯：《对话伦理学于真理问题》，沈清楷译，中国人民大学出版社 2005 年版，第 95 页。另注：关于现代社会有效性法律规范的获得的比较详尽的论述参见［德］尤尔根·哈贝马斯《在事实与规范之间：关于法律与民主法治国的商谈理论》，童世骏译，生活·读书·新知三联书店 2003 年版，第 31—33 页。

论证，而这些原则自身的有效性也是可以检验的。在这样一种语境中，'自然'和'理性'所具有的不是一种形而上学内涵，相反，它们描述的是一种共识所必须满足的形式前提，如果这种共识具有合法化的力量，也就是说，应当是合理的。"① 这就是哈贝马斯的暂时性交叠共识程序理论。

考夫曼继承并发展了拉德布鲁赫的法哲学，并和现代法学的程序主义相结合而提出了他的以人为基础关系的程序正义理论。② 考夫曼不赞成哈贝马斯的理想状态的"理想的对话情景"，也不赞成罗尔斯的关于"原初状态"的假设，在他的法哲学中，他更多地继承了第二次世界大战以后拉德布鲁赫法哲学的新自然法和实质主义取向。考夫曼认为："建立这样一种以人为基础的正义程序理论已经不只是法哲学的任务，而是与法权存在相关的所有范畴的事情。为此，人们需要论辩，但不只是以一种虚拟的思维模式的形式（'原初状态'、'理想的对话情景'），而是首先以事实上存在的论证群体（历史上形成的）的形式，在这些群体中实际经验和对于'事物'的信念得到交流。而这样一种真正的论辩需要经验主义的基础。"③ 考夫曼的实质主义基础上的程序主义与普特南的基本理论——将价值交给民主，非基本价值通过法律程序的思想存在某种程度的差异。考夫曼认为程序理论和正义的理论之间存在密切的关系，程序理论可以用于把握明确性和信服性，他认为，"虽然在规范领域中所产生的真理（正当性）并不单单通过程序产生，但是毫无疑问又的确产生于程序之中"④。考夫曼在肯定程序在发现规

----

① ［德］尤尔根·哈贝马斯：《交往行为理论》（第 1 卷：行为合理性与社会合理化），曹卫东译，上海人民出版社 2004 年版，第 253 页。

② 参见［德］考夫曼《法律哲学》，刘幸义译，法律出版社 2005 年版，第 406页；［德］考夫曼《后现代法哲学》，米健译，法律出版社 2000 年版。

③ ［德］考夫曼：《后现代法哲学》，米健译，法律出版社 2000 年版，第 51—52页。

④ 同上书，第 40 页。

范的真理性过程中的价值的同时，也对纯粹形式主义的程序理论提出了质疑。他认为："规范的探讨，也需要一个对象（即使是非实体的），一个论题。纯粹程序理论的缺陷在于它以为可以放弃内容和经验。因而，它是需要补充的。"① 同时，考夫曼提出了规范领域中理性论辩的论证原则、合意原则和缺陷原则，以及理性论辩的对象问题，目的是将其法律观建立在人性的基础上。

再次，近代自然法方法论的出发点是个体主义的。与个体主义方法论相对的是整体主义方法论。我们习惯将个体主义与个人主义相混淆，而又认为个人主义是自由主义乃至利己主义的代名词，其实，个人主义是相对于集体主义而言的；同时，我们也习惯将整体主义与集体主义相混淆，其实，集体主义是相对于个人主义而言的。个体主义本质上只是一种方法论，它既可以在个人主义的分析中使用，也可以在集体主义的分析中使用。

个体主义的方法论并不是近代自然法所独有的，它的源流可以追溯到古希腊哲学的早期。人类对世界本原的探寻开始关注的是自然界的规律，然后转入对人和人的世界的理性追问。

由于个体主义的方法论、形式主义的方法论与个人主义自然权利理论纠缠在一起，并成为现代自由宪政的理论基础，在历史法学派批判自然法的抽象性人性论、在社会学法学派批判自然法的形式主义和个人主义、在分析法学派批判自然法的非规范性时，它们均是以自然法的现代形态——个人主义的自然权利学说为蓝本的，②而与此相关联的个体方法论也受到了批判。

二、法学中人性分析法的多元化

事实性描述的方法论和价值性解释的方法论在近现代均得到一

---

① ［德］考夫曼：《后现代法哲学》，米健译，法律出版社 2000 年版，第 41 页。
② 参见［美］罗斯科·庞德《普通法的精神》，唐前宏、廖湘文、高雪原译，法律出版社 2001 年版。

定程度的发展，其应用于法学领域与不同的法学派别和不同的法律观密切相关。从不同的方法论中所得出的关于人在法律中的地位的认识各不相同，形成一种多元的对于人在法律中地位的相互竞争、相互冲突和相互补充的解释。现代法学方法论致力于消除法学领域中事实与价值之间、个体和社会之间方法论的分离。

在人与法律的关系中，如果用法律来说明人的行为的理由，而用人性来说明人的本质，那么，在理与人的关系中，就会存在两种理论，一种是道德理论，另一种是合理性的理论。道德理论假设法律的合理性，在其逻辑归结上则强调人性的非同一性，即人性应根据法律的合理性而改变，其方法论是描述性的，更多的指向在于对人性的怀疑；合理性的理论假设人性的正当性，在其逻辑归结上则强调使法律不但合理化以适应人性的需要，其方法论是价值性的，更多的指向在于对法律的修正和完善。① 在法学领域中，自然法学派是合理性理论的典型，而分析法学派则代表了道德理论的极致。在法律领域和法学论域中，无论是道德理论还是合理性理论，如果将其推到极致则均不能证成法域中的以人为本，而相反构成以人为本法律观的反论。帕菲特认为："我们应当修正我们的道德理论和我们关于合理性的信念。"② 从本体论上将人理解为法律的本原，从认识论上考察两者的互动关系，从价值论上，把法律看成实现人的自由和全面发展的条件，从实践论上，将人的实践活动看成实现的唯一途径，这样就能比较妥当地处理好人与法的关系。

将法律纯粹描述为一种历史事实、社会事实或人的经验事实的理论不是发展了人性，而是将人性湮没在法律之中，成为法律的附庸，造成法律对人的异化；将法律纯粹描述为一种价值体系的理

---

① 关于理与人的关系的理论，参见［英］德里克·帕菲特《理与人》，王新生译，上海译文出版社 2005 年版。

② ［英］德里克·帕菲特：《理与人》，王新生译，上海译文出版社 2005 年版，第 1 页。

论，最终使人屈服于各种社会力量的意志而使人变成各种唯意志论的奴隶。事实性描述的方法论和价值性陈述的方法论的分割均导致人在法律中本体地位的丧失，人性排除于事实之外，镶嵌在价值之中而不能获得自由、全面的发展。

法学领域中方法论的混乱局面加剧了法律对人的异化。早期的法学在论域上是取向人文主义的，自霍布斯系统论证个人自我保全的绝对优先性以来，其方法论是欲望的个人主义，而方法则是自然主义的，这导致了自由与法律之间的紧张，个体与社会的对立；而将法律描述为一种社会事实①的理论则以人的合理化为取向取消了人在法律中的本体地位，实际上，社会事实也是人的活动的产物。

现代法学理论借助对现代性的反思已开始在方法论上试图弥合事实性描述的方法论和价值性陈述的方法论在法学领域中的鸿沟。

当代人本主义的研究也没有克服这种片面抽象主义的方法论。② 米尔斯认为："就实践而言，由于宏大理论表现出的形式的、含糊的蒙昧主义，以及抽象经验主义所表现的形式的、空洞的精巧，使得人们确信，对于人类和社会，我们还知之甚少。"③ 如何将事实性描述的方法和价值性陈述的方法、个体分析的方法和整体分析的方法有机地结合起来，以证成人与法律的关系以及人在法律中的本体地位，是法律以人为本必须解决的方法论。

研究法律与人之间的关系长期以来受到二元方法论的支配。伯尔曼认为："传统西方思想的二元论特征确实渗入几乎所有的分析活动中。我们仍然在争论什么是基本的，理智还是感情，意识形态

---

① 将法律描述为一种社会事实源于孔德的实证主义，但由迪尔凯姆在方法论上普遍化，参见［法］E. 迪尔凯姆《社会学方法的准则》，狄玉明译，商务印书馆1995年版，迪尔凯姆的这一方法论影响了制度法学派，该学派将法律描述为一种制度事实（参见［英］麦考密克、［奥］魏因贝格尔《制度法论》，周叶谦译，中国政法大学出版社2004年修订版）。

② 参见欧阳谦《20世纪西方人学思想导论》，中国人民大学出版社2002年版。

③ ［美］C. 赖特·米尔斯：《社会学的想像力》，陈强、张永强译，生活·读书·新知三联书店2001年版，第79页。

还是权力，个人还是社会，在法律分析方面，我们只是极为缓慢地在克服逻辑对政策的二元论——一种对两者都不适宜的二元论。无论我们在理论上如何承认了它们最终和谐的可能性，我们的思虑传统上始终依据着这类不可消除的对立。"① 在法学领域，对立法论上的二元论进行了最系统的理性化和最系统运用的是边沁②。依其二元的方法论，法律要么是物质的，要么是精神的。边沁的二元方法论是在对法律与人的关系分析上的纯粹事实描述的方法或纯粹价值陈述的方法的必然结果。哈特认为："边沁赋予'两分'法的重要性肯定与其实效不相称，即使这一方法如他所称使他能够'开辟一条穿越法学荒野的新路径'。"③ 实际上，边沁所使用的仍然主要是事实性描述的方法论，这也证明了他的实证分析法学派的创始人地位，只不过他的实证主义方法论还保有价值分析的某些遗产，而没有像奥斯丁那样明晰。

在法律领域中，个人与社会、事实与价值、事实与规范之间的对立通过何种方法来消除其内在紧张是现代法学一直关注的基本问题。法律本身既不是一个纯粹的客观事实，也不是一个纯粹的价值体系，而是以价值为核心对客观事实的改造，亦即法律是典型的人为事物。拉伦茨认为："阿图尔·考夫曼的出发点是：法规范所指涉的生活关系，其乃是一种本身已经组构过的事实，因共涉及人与人之间的关系，因此其本身已内含一定的意义。"④ 纯粹的事实性描述的方法论和纯粹的价值陈述性的方法论是将人与法律的关系作为一种外在关系来刻画的，现今关于人与法律之间的关系则转化为

---

① ［美］伯尔曼：《法律与革命》，梁治平译，中国政法大学出版社2004年版，第102页。

② 同上。

③ ［英］哈特：《导言》，时殷弘译，第7页，载［英］边沁：《道德与立法原理导论》，时殷弘译，商务印书馆2000年版。

④ 转引自［德］卡尔·拉伦茨《法学方法论》，陈爱娥译，商务印书馆2003年版，第15页。

一种关于法律内在构成要素之间的刻画，其突出的表现为关于对规范与价值、规范与事实的理解。① 哈贝马斯认为："规范和价值的区别首先在于它们所指向的行动一个是义务性的，一个是目的性的；其次在于它们的有效性主张的编码一个是二元的，一个是逐级的；第三在于它们的约束力一个是绝对的，一个是相对的；第四在于它们各自内部的连续性所必须满足的标准是各不相同的。规范和价值这些逻辑属性上的区别，导致了它们在运用中的重要区别。"② 在哈贝马斯看来，这种区别是可以通过商谈弥合的。

为消除事实和规范之间的紧张关系，使事实性描述的方法论和价值性陈述的方法论统一建立在人性分析方法论的基础上，哈贝马斯采用后形而上学的方法论，他认为："在论证语境中，规范和逻辑起着不同的论辩逻辑作用。后形而上学的种种价值理论因此考虑到价值的特殊性、价值序列的可伸缩性和价值组合的纯粹局部有效性，它们既不是把价值追溯到传统和习惯的文化价值取向，也不是——当它们要强调价值的主观性和自觉性的时候——把价值归结为关于元偏好和'高层次意识'的生存论决定上。"③ 后形而上学的价值理论关切人性价值在法律中的即时性话语而承认人在法律参与中的策略性话语的功能，④ 这对于法律实施（即法律中以人为本在实施过程中促进人的全面发展）的有效性和人性价值的实现具有重要意义，同时也可以克服所谓的"价值的暴政"（施密特语）对人的全面发展带来的阻碍。

在法学的人性分析方法中，狄尔泰和加达默尔的解释学的方法

---

① 参见［德］卡尔·拉伦茨《法学方法论》，陈爱娥译，商务印书馆2003年版，第1章第3节。

② ［德］尤尔根·哈贝马斯：《在事实与规范之间：关于法律与民主法治国的商谈理论》，童世骏译，生活·读书·新知三联书店2002年版，第316页。

③ 同上书，第317页。

④ 参见［德］哈贝马斯《交往行为理论》第1卷，曹卫东译，上海人民出版社2004年版，第74—101页。另见［德］哈贝马斯《后形而上学思想》，曹卫东、付德根译，译林出版社2001年版，第118—119页。

论、韦伯和昂格尔的理性类型学、哈贝马斯和罗尔斯的实质主义基础上的程序主义方法论等使法学分析方法呈现多元主义的局面。

第三节　以人为本与马克思主义
法学人性分析的方法论

一、马克思主义法学本体论中的人性分析

本体是标示世界的存在、本质存在以致终极存在的哲学范畴。本体论思维方式是人们以哲学方式提出和追寻世界的终极存在,解释世界本原,研究本体问题时所自觉或不自觉地必然采取的思维原则、研究规范和解释方法,它包括与本体问题研究有关的提问方式、释义方式和表达方式。① 本体论概念是由亚里士多德提出并论证的,② 其在方法论上经过了形而上学的论证时期和神学的论证时期,到了黑格尔的"理念"中就停止了对它的重要性的关注了。③ 文艺复兴突出了主体论在哲学上的重要性,经验主义和理性主义的发展在方法论的支援下突出了认识论在哲学上的重要性。近现代世界的复杂化和高风险增加了人们选择的难度,自由和权利的扩张本身也意味着选择的艰难,自由主义本身凸显了价值论在哲学上的重要性。随着现代性的危机和人的异化以及人的意义被遮蔽,人们又重新开始关注世界的本原和人生的意义,本体论在哲学上又重显重要性。在哲学上,每一个时代都有其重要性的存在,它是由世界的发展决定的,而不是由思维方式决定的。④ 哲学向本体论的回归不是一个简单的重复,实际上是一个否定之否定的过程,海德格尔重

---

①　参见欧阳康《哲学研究方法论》,武汉大学出版社 1998 年版,第 162 页。

②　同上。

③　参见〔德〕马丁·海德格尔《存在与时间》(修订译本),陈嘉映、王庆节译,生活·读书·新知三联书店 2006 年版,第 3 页。

④　参见〔美〕怀特海《思维方式》,商务印书馆 2004 年版,第 3—19 页,第 1 讲重要性。

新审视存在与时间的问题具有更深刻的时代内涵。

　　法律和法哲学的发展与世界的发展以及哲学的发展是一致的，其观念形态经历了神本法律观、物本法律观、社会本位法律观，再到以人为本的法律观的发展过程。以人为本的历史必然性和时代特征不是简单注重人文主义和人道主义在法律中的重要性，它有更为深刻的精神内涵。发现和确立以人为本在法律中的本体地位具有深刻的历史意义和重大的现实意义。马克思认为：对宗教的批判最后归结为人是人的最高本质这样一个学说，从而也归结为这样一条绝对命令：必须推翻那些使人成为受屈辱、被奴役、被遗弃和被蔑视的东西的一切关系。马克思正是从法律的本体论的高度来批判现实的法律的。因为现实的法律造成人的异化，背离人的本质，而理想的法律应该是建立在对人的本质的抽象上，并始终将法律的根本放在人本身上。

　　法律与人之间的关系问题，也就是法律的本体论问题，马克思主义之前的法学都没有给予科学的说明和论证。爱尔维修认为："环境中最重要的是国家法律，环境决定人也就是法律决定人。法律的好坏决定于立法者的理性，只有天才的立法者才能制定完善的法律。理性是天才的人的理性，理性决定法律就是人决定法律，法律决定环境就是人决定环境，结果陷入了环境决定人和人决定环境的恶性循环。"① 在法律与人的关系中，爱尔维修的循环论证包含了两个自反的极端。

　　在爱尔维修所阐明的两个自反的极端中，黑格尔发展了其中的一极。黑格尔认为："法哲学这一门科学以法的理念，即法的概念及其现实化为对象。"② 基于客观唯心主义的法哲学理念，黑格尔

---

① 转引自张尚仁《试论马克思主义哲学关于人的学说》，载《关于人的学说的哲学探讨》，人民出版社1982年版，第20页。

② ［德］黑格尔：《法哲学原理》，杨范、张企泰译，商务印书馆1961年版，第1页。

认为："法的基地一般来说是精神的东西，它的确定的地位和出发点是意志。意志是自由的，所以自由就构成法的实体和规定性。"①黑格尔的法哲学理念包含着理想与现实两个部分，从理想的角度出发，黑格尔认为自由是法的本质的定在，而关于法的现实，黑格尔认为："法一般来说是实定的，因为它必须采取在某个国家有效的形式；这种法律权威，也就是实在法知识即实定法学的指导原则。"②黑格尔在他的法哲学理念的现实化中诉求"凡是合乎理性的东西都是现实的；凡是现实的东西都是合乎理性的"。③显然，黑格尔认为当时的德国是他的法哲学理念的概念与现实化的完美结合。这就表现了黑格尔法哲学理念中的理想的崇高性与纯粹性以及实定法现实化的低俗性与庸俗性。黑格尔的法哲学理念是分裂的、自反的。对此，马克思认为："德国的国家哲学和法哲学在黑格尔的著作中得到了最系统、最丰富、最完整的表述……德国是这些国家理论上的良心。它的思维的抽象和自大总是同它的现实的片面和低下保持同步。"④黑格尔的法哲学理念反映了人在法律中的本体地位，但是他的实定法又颠倒了这种关系。他的法哲学理念中的理想法对实定法的批判功能被他的实定法对理想法的功能批判了。

费尔巴哈发展了爱尔维修的另一个极端。黑格尔从人的精神的角度看待人在法哲学理念中的本体地位，而费尔巴哈则从人的抽象的自然属性角度看待人与法律的关系。他认为："孤立的、个别的人，不管是作为道德实体或作为思维实体，都未有人的本质。人的本质只包含在团体之中，包含在人与人的统一之中，但是这个统一

---

① ［德］黑格尔：《法哲学原理》，杨范、张企泰译，商务印书馆1961年版，第10页。

② 同上书，第4页。

③ 同上书，序言第11页。

④ 《马克思恩格斯选集》第1卷，人民出版社1995年版，第8页。

只是建立在'自我'和'你'的区别的实在性上面的。"① 尽管他谈到了人的团体、人和人的统一，但是，那只是一种空洞的人的社会性，没有任何现实的、历史的、具体的内容。因为，它把人的统一性理解为"类"，而这种"类""完全和动植物一样，人也是一种自然的生物"②。对此，马克思在《关于费尔巴哈的提纲》中指出："人的本质不是单个人所固有的抽象物，在其现实性上，它是一切社会关系的总和。"③ 费尔巴哈以人的现实肯定了现实的法，没有理想的人也就不需要人的理想，也就不需要理想的法理念。

恩格斯认为："黑格尔的伦理学或关于伦理的学说就是法哲学……在这里，形式是唯心主义的，内容是实在论的。法、经济、政治的全部领域连同道德都包括进去了。在费尔巴哈那里情况恰恰相反。就形式讲，他是实在论，他把人作为出发点；但是，关于这个人生活的世界却根本没有讲到，因而这个人始终是在宗教哲学中出现的那种抽象的人。"④ 正是在批判黑格尔和费尔巴哈的德国古典哲学的基础上，马克思主义实现了法哲学的根本变革，即法律向以人为本的转变。

马克思的法律人本主义是以他的人的本质理论、异化理论和人的解放理论为基础的。它的具体内容包括：人是法律的本体，也就是说人的生活是法律赖以存在的根据，是法律发展的终极目的和归宿；法律的产生、作用、价值和属性等均源于人的需要；人的物质生活条件决定法律的主要内容；立足于人的自由和解放的社会实践是检验法律良善性的唯一标准；人始终是法律的主体、关键和目的。法治之法必须以人为依归。马克思认为在民主制中，人的存在就是法律，而在国家制度的其他形式中，人却是法律规定的存在。

---

① ［德］费尔巴哈：《费尔巴哈哲学著作选集》上卷，荣震华、李金山译，商务印书馆1984年版，第185页。

② 同上书，第132页。

③ 《马克思恩格斯选集》第1卷，人民出版社1995年版，第56页。

④ 《马克思恩格斯选集》第4卷，人民出版社1995年版，第236页。

马克思认为在民主制这样一种理想的法律形态之前的历史上的实在法都颠倒了人与法之间的关系，使得法律成为人受屈辱、受奴役、被遗弃和被蔑视的东西，而不是实现人的解放和促进人的全面发展的工具。只有理想的法——民主制的法才能将这种被历史颠倒了的关系再颠倒过来，使得法律成为每个人和一切人的自由发展可能的重要条件。

二、马克思主义法学人性分析方法论的基本原则

人是所有社会科学的起点，休谟认为："一切科学对于人性总是或多或少地有些关系，任何学科不论似乎与人性离得多远，它们总是会通过这样或那样的途径回到人性。"① 社会科学的不同知识体系均是从人的角度出发考察人和人所构成的社会，不同的方法论所获得的不同知识体系是对人在社会和自然中的地位的不同理解，根据这种不同理解的知识体系人们获得一种对自然和社会的适应或改造的能力，最终的目的是为了满足人的全面发展的需要。各种社会科学因其视域和视界不同，在方法论基础上从不同角度分析、评价社会事实并获得对社会事实重构的相对自足的知识体系以满足人的需要。怀特海认为："无论是法律的、政治的、伦理的或宗教的，它们都在推动人类生活，同时从它们的各种具体表现中获得了一种庄严的力量。"② 自从人类突破了宗教的樊篱，并通过科学知识和技术力量获得了一种人类理性的自信，人的行为和社会的进步就再也离不开建构在不同方法论基础上的知识体系。罗素认为："自从人类能够自由思考以来，他们的行动在许多重要方面都有赖于他们对于世界与人生的各种理论。"③ 在复杂的社会结构中，个

---

① ［英］休谟：《人性论》上册，关文运译，商务印书馆1980年版，第6页。

② ［英］A. N. 怀特海：《观念的冒险》，周邦宪译，贵州人民出版社2000年版，第21页。

③ ［英］罗素：《西方哲学史》上卷，何兆武、李约瑟译，商务印书馆1963年版，第12页。

人对于庞大社会结构的理解越来越表现出自身的局限，它必须借助于理论或法律提供的一个基本的判断前提。

人性分析的方法是法学研究最基本的方法，它构成法学方法论的基础，任何法律方法的组合所形成的方法论都离不开对法律中人性的分析。克莉斯蒂娜·考斯伽德在《规范性的起源》以及对批评者的答复《动机、形而上学与自我的价值》中强调："我所论证的结论是，人类必须把我们自己看做是赋予价值的，并必须把人性当作目的本身加以珍视。"① 将人性分析方法用于对法律的分析是自然法学派最重要的成就，自然法学派最重要的成就是自然权利学说。斯坦和香德认为："在自然权利理论中求助于人类本性，这样做之所以十分重要，是因为它具有消极的和积极的两方面特点。一方面，'为反抗权威而求助于人类本性，使权威失去了神秘色彩，为反抗制度而求助于人类本性，却使制度的寿命更加长久'。另一方面，'对自然权利的宣称，不仅意味着对习惯或制度的权威的反抗，而且意味着将这些权威置于每一个个人本身的判断之下的呼吁'。"② 人性在法律的正面价值和负面价值分析中均具有基础地位。

法学是人依靠一定的方法论对法律现象的一种理解而构成的知识体系，这种理解包含对制度事实的分析，也包含对法律中人的价值的追寻。法律作为一种客观化的制度事实，其本身并没有目的和价值。麦考密克和魏因贝格尔认为："赋予它们目的这一点取决于与法律有关的社会制度的活动方式，和取决于这些制度的制度目的和价值观念。"③ 法律是人的实践活动的产物，其一旦客观化以后

---

① Christine Korsgaard, *Motivation. . Metaphysics, and the Value of the Self : A Reply to Gins - borg, Guyer, and Schneewind*, Ethics109, 1998, pp. 60 - 61; Christine Korsgaard, With G. A. Cohen Raymond Geuss, Tomas Nagel, and Bernard Williams, *The Sources of Normativity*. Cambrdg University press, 1996.

② ［英］彼得·斯坦、约翰·香德：《西方社会的法律价值》，王献平译，中国法制出版社 2004 年版，第 21 页。

③ ［英］尼尔·麦考密克、［奥］奥塔·魏因贝格尔：《制度法论》，周叶谦译，中国政法大学出版社 2004 年修订版，第 91 页。

可以被理解为一种制度事实，但是，这种制度事实可以被人的目的性实践和价值所改造以满足人的发展的需要。因此，从人的目的性的角度来看，法律又可以被理解为一种价值现象。拉德布鲁赫认为："法律只有在涉及价值的立场框架中才可能被理解。法律是一种文化现象，也就是说，是一种涉及价值的事物。"① 不仅法律的产生是事实与价值相互作用的结果，就是实在法也是以人的活动和价值为其内容的。伯尔曼认为："法律不只是一整套规则，它是人们进行立法、裁判、执法和谈判的活动。"② 法律为人在复杂社会中自由行动提供了一个可预测的条件。权利和义务是一种指向未来的概念，它要通过人的法律行为变成现实。

法律是一种主观客观化的制度事实，同时也包含着人类理性的力量，法律是事实与价值的复合体，任何将法律只理解为一种制度事实或是一种价值体系的法学只会陷入一种独语论。赖特认为，法律作为一种规范体系一经确立，"它们对个体行为的决定性影响就可能扩展到生活的细枝末节，甚至看起来像'铁的必然性'。但是，如果我们不认识到这些终究是人造成的并且要受到人本身所造成的变化的影响，那就是一种宿命论的误解"③。法律是人提高社会理解力和认同感的基础，也是人利用权利自由发展自己的前提条件。

法律以人为本意味着对法律事实的考察和法律知识的重构从以制度为中心的叙述转换到以人为中心的诠释。这不是一种法哲学解释学上的话语策略，而是从本原的深度去追问法律是什么？我们需要什么样的法律？既有的法律是否满足了我们的需要？我们所意欲的法律怎样才能形成？我们意欲的法律怎样才能保证其有效性？等一系列问题。胡布曼认为：法律是根据人的需要从人的本性中推导

---

① ［德］G. 拉德布鲁赫：《法哲学》，王朴译，法律出版社 2005 年版，第 4 页。

② ［美］伯尔曼：《法律与宗教》，梁治平译，中国政治大学出版社 2003 年版，第 11 页。

③ ［芬］冯·赖特：《知识之树》，陈波、胡泽洪、周祯详译，生活·读书·新知三联书店 2003 年版，第 108—109 页。

出的一系列规范①，同时也是人利用法律发展自己的根据。

　　人是所有社会科学的起点和归宿，这是社会科学共享的一个价值先决条件，但它们对人的全面发展的方法论和理论成果各有特色。以人为本的法律理念对人的关切集中在人的活动怎样形成法律制度，人怎样进入法律网络，法律如何促进人的全面发展这些问题上。因此，以人为本的法律方法论的核心是要丰富进入法律网络中的人的行为的背景物，对这些背景物的考察丰富了法学的内容，通过对这些背景物的考察，我们发现人的行为只是这些背景物在法律网络中的镜像——法律中的行为是人的行为中先决条件的镜像。人的行为并不是孤立地形成和进入法律网络的，行为是人的行为，带着主体性、个性化的印记，也留下了社会性的记忆。以人为本法律观的这种方法论的目的在于以人为出发点和归宿，扩大对法律的考察和认知范围，以满足个性化、多样性和生活的流变性的需要，为人的创造性和全面发展营造更大的空间，而不是阻断行为与生活的联系方式——即通过对行为的控制而使法律变成一种压迫人性的工具。拉伦茨认为："法规范也是人类的创作，它是人类世界独有的构成部分。在此含义上，它不属于'自然'界。此外，它与人类的社会生活也有密切关联：依一般的见解，法规范乃是人类据以决定其彼此间的行为模式，以及衡量其行止之规则的整体。"② 通过法律网络，人们的行动就可以只考察规范本身，避免了考察复杂社会结构所带来的负荷。这种认知图式相对简约，行为方式相对有效，实际上，法律就成为人进入社会生活的一个便捷的中介。

　　法律是人进入社会生活的简约化的中介，个人在进入社会的过程中就不需要去认识和考察社会本身，因此，法律是否以人为本就成为一个至关重要的问题。在马克思主义法学产生以前，法律对人

------

　　① 参见［德］卡尔·拉伦茨《法学方法论》，陈爱娥译，商务印书馆2003年版，第8页。

　　② 同上书，第72页。

性有过种种假设，历史上影响最为深远的是关于人性"恶"与人性"善"的道德假设和关于人的潜在趋向的自利性与社会性的假设，这两种假设的基本观念常常交织在一起。

马克思主义法学人性分析方法论的基本原则由对人的本质认识的方法论、法律作为人的本质条件分析的方法论和法律在促进人的发展的可能性的方法论三部分组成。其中对人的本质认识是法学方法论原则的大前提，所要解决的是人在法律中的本体地位以及从整体上我们如何评价人性的问题，所使用的方法主要是形式主义的法学分析方法；法律作为形成人的本质的重要条件，亦即法律是否以人为本是马克思主义法学人性分析方法的核心部分，所采用的方法主要是实质主义和功能主义的分析方法；法律在促进人的自由全面发展方面的可能性的方法论主要采用价值分析和结构主义的分析方法。这涉及体现正义和引导人过一种善的、可能性的生活。法律的进化与对人性的分析密不可分。人们将人性的基本假设作为法律的"人类条件"，实际上对人性的这个基本假设本身隐含着对人类目标，何者有益于人类，以及实现这些目标法律能提供什么样的条件的基本预期。几乎各个时代，各个社会的思想家都卷入了有关人性的伦理品质或潜在趋向的假设和整体评价之中。在人性问题上，我们的整体评价立场将构成一个大前提，引导我们研究法律是否、或在何种程度之内为人所必须，同时它也涉及我们如何运用法律改善人性的基本态度，以及我们选择怎样的法律模式。①

马克思主义法学人性分析方法论的根本原则是辩证唯物主义。从本体论上看，关于人与法律的关系，马克思主义认为法律是人的活动的产物，而不是人是法律规范的产物，这是马克思主义法学的根本立场，也是马克思主义法学方法论的根本前提。法律是从人的需要和人的社会活动中产生的。马克思认为："撇开其他一切情况

---

① 参见 [英] 丹尼尔·罗伊德《法律的理念》，张茂柏译，新星出版社 2005 年版，第 2 页。

不说，只要现状的基础即作为现状的基础的关系的不断再生产，随着时间的推移，取得了有规则的和有秩序的形式，这种情况就会自然产生；并且，这种规则和秩序本身，对任何要摆脱单纯的偶然性或任意性而取得社会的固定性和独立性的生产方式来说，是一个必不可少的要素。这种规则和秩序，正好是一种生产方式的社会固定形式，因而是它相对摆脱了单纯偶然性和单纯任意性的形式。"[①]恩格斯认为："在社会发展某个很早的阶段，产生了这样一种需要：把每天重复着的产品生产、分配和交换用一个共同规则约束起来，借以使个人服从生产和交换的共同条件。这个规则首先表现为习惯，不久便成了法律。"[②] 在法律产生以后，所有的立法和法学研究活动都是在这个基础上发展起来的，并逐步把人的意志和价值贯彻到立法和法学研究之中，最终使得法律具有自己相对独立的形态和价值。所以，任何认为法律决定人的观念，任何认为法律只是自然、历史或社会单纯决定的宿命论，任何认为法律只是人的意志的产物的意志决定论都是对法律本体认识的错误认识。

　　从主体论来看，马克思主义法学认为人是法律的主体，也是法学方法论的出发点、目的和归宿。马克思、恩格斯认为真正的人的理解不能从意识出发去理解，必须从人本身去理解，"人的根本就是人本身……人是人的最高本质……必须推翻那些使人成为受侮辱、被奴役、被遗弃和被蔑视的东西的一切关系"[③]。从方法论的角度，我们必须以现实的人为出发点。马克思认为："我们的出发点是从事实际活动的人……这种观察方法并不是没有前提的。它从现实的前提出发，而且一刻也不离开这种前提。它的前提是人，但不是处在某种幻想的与世隔绝、离群索居状态的人，而是处在于一

---

① 《马克思恩格斯全集》第 25 卷，人民出版社 1995 年版，第 894 页。
② 《马克思恩格斯选集》第 3 卷，人民出版社 1995 年版，第 211 页。
③ 《马克思恩格斯选集》第 1 卷，人民出版社 1995 年版，第 9—10 页。

定条件下进行的现实的、可以通过经验观察到的发展过程中的人。"① 我们对人的理解不能从抽象的人性出发，而必须从实际活动的现实的人出发。

关于个体人的自然属性与社会属性、道德性与创造性、抽象性与具体性、理想性与现实性认识的方法论，马克思主义主张辩证统一的方法，认为我们不能用孤立、片面、静止的观点和方法割裂对个体人的认识。关于个体与社会的关系，马克思主义认为个体是一切社会分析的前提和起点，"全部人类历史的第一个前提无疑是有生命的个人的存在。因此，第一个需要确认的事实就是这些个人的肉体组织以及由此产生的个人对其他自然的关系"②。个体与社会的关系是相互依存的，未来社会的个体与社会关系是，"代替那存在着阶级和阶级对立的资产阶级旧社会的，将是这样一个联合体，在那里，每个人的自由发展是一切人的自由发展的条件"③。现实法律中的个体与社会关系的原则是："法律应该是社会共同的、由一定物质生产方式所产生的利益和需要的表现，而不是单个的个人恣意横行。"④ "只有在集体中，个人才能获得全面发展其才能的手段，也就是说，只有在集体中才可能有个人自由。"⑤ 个体在现实的法律关系网络中享受平等的权利与义务。⑥ 法律的根本目的在于，"法律不是在压制自由的措施，正如重力定律不是阻止运动的措施一样……恰恰相反，法律是肯定的，明确的，普遍的规范，在这些规范中自由获得了一种

①　《马克思恩格斯选集》第1卷，人民出版社1972年版，第30—31页。

②　《马克思恩格斯选集》第1卷，人民出版社1995年版，第67页。

③　同上书，第294页；关于这一命题的解析请参见叶汝贤《每个人的自由发展是一切人的自由发展的条件——〈共产党宣言〉关于未来社会的核心命题》，载《中国社会科学》2006年第3期。

④　《马克思恩格斯全集》第6卷，人民出版社1961年版，第292页。

⑤　《马克思恩格斯全集》第3卷，人民出版社1965年版，第84页。

⑥　《马克思恩格斯全集》第17卷，人民出版社1963年版，第476页。

与个人无关的、理论的、不取决于个别人的任性的存在。"① 这是马克思所揭示出的法律以人为本所需要满足的社会条件，也就是未来理想形态的法律。

在马克思主义的法律分析中，我们能够归纳出人性分析方法论的基本原则是：人是法律之本，是法律的人性分析的根本前提；法律中的人是自然性与社会性、道德性与创造性、抽象性与具体性的辩证统一；个体性是社会性的前提和基础，个体与社会在现实中处在复杂的互动关系网络之中；现实的人和现实的法存在某种程度的对人的异化，理想的人和理想的法对现实的人和现实的法具有评判和构建的双重功能，现实的法必须有法的理想的成长，法的最终目的在于促进人的自由和全面发展。

人性分析法在法学基础理论中的运用，要求把人当成法律活动所服务的主体。在各项法律活动中，无论是立法、执法、司法、守法还是法律监督，都要求做到合乎人性、尊重人格、讲究人道、重视人伦、保障人权。

三、马克思主义法学人性分析方法论的基本立场

马克思主义法学对人性的分析是以人的本质理论、异化理论以及人与法律的关系理论为基础的。法律人性分析的方法论包括五个方面的问题：一是我们通过什么样的方法去获得人本法律观所需要的法律知识；二是已获得的法律知识如何证成人在法律中的本体地位；三是已获得的人本法律知识如何形成人本法律观的知识体系；四是已形成的人本法律知识体系如何转化为现实的法律规范；五是根据以人为本的法律知识所形成的法律规范如何在实施中保证其有效性。

人在法律中的地位问题，是人与法律关系中的一个根本问题。以人为本在法律领域中的导入表明人在法律中具有本体地位，其具

---

① 《马克思恩格斯全集》第 1 卷，人民出版社 1995 年版，第 176 页。

体表现为：人是法律之源、人是法律的主体、人是法律的目的、人是法律的关键、人的社会物质生活条件决定法的内容与发展、人的社会实践是检验法律的唯一标准。人是法律之本是一个本体论的问题。

从方法论的角度，要证明人在法律中的本体地位，单纯用事实描述的科学主义的方法论，或是单纯用价值陈述的意义的方法论均不能达致证明人本法律观的目的，相反，纯粹事实描述或价值陈述的方法论均导致人本法律观的反论和实践中法律对人的异化。

以人为本引入法律之中在方法论上必须满足以下基本条件：（1）法律的目的，即法律因什么而有意义；（2）人的实践活动与法律之间的关系；（3）论域与方法之间的适应性，即论域和方法以及方法论的有机统一如何形成具有不可通约性的范式①；（4）关于人在法律中的本体地位应采取人性的辩证统一的方法论，片面的、抽象的人性假设为什么导致人的本体地位的反论；（5）事实性描述的方法论和价值性陈述的方法论为什么要以价值陈述方法为中心，并使两种方法有机统一；（6）方法的多样性和方法论上的多元主义为什么要以意义的法哲学为指导。

事实性描述的方法所获取的经验事实与价值陈述的方法所获取的意义之间的分离导致事实与价值、事实与规范之间的分离。这种分离状态均导致人在法律中本体地位的遮蔽。一种结果是人屈服于法律制度，法律制度成为一种物的社会事实，②或者人被吸收成为

---

① 参见［美］托马斯·库恩《科学革命的结构》，金吾伦、胡新和译，北京大学出版社 2003 年版。

② 参见［法］E. 迪尔凯姆《社会学方法的准则》，狄玉明译，商务印书馆 1995年版，第 1 版序言。另见［英］哈特《导言》，时殷弘译，第 7 页，载［英］边沁《道德与立法原理导论》，时殷弘译，商务印书馆 2000 年版。

社会结构的一部分①而失去其本体地位。当然，法律的存在有其客观性。其论证方法既可以用逻辑方法获得，也可以用经验方法获得。② 然而，法律的客观性并不表明人在法律中的宿命，人的存在并不是以承认单纯的法律的客观性维度为限的，"事实真理只表明了生活的可能性界限，而不能说明生活在这种界限内的自由行为"③。法律不是一个单纯的客观事实，其只有表现正义以及符合人的全面发展的需求时，其法律才具有合法性。法律本身无所谓价值，它只是一个原始事实，只有当法律服务于人的全面发展，体现人性尊严时才具有价值。博登海默认为："一个法律制度是否必须被视为仅是某一特定生产和分配制度的反映呢？我认为，任何值得称之为法律制度的制度，必须关注某些超越特定社会结构和经济结构相对性的价值。"④ 拉德布鲁赫认为："法律是一个有意识服务于法律价值与法律理念的现实。"⑤ 法律来源于复杂的社会结构，但是，它仍然寄托了人的愿望和理想。

在人与法律的关系中，论域和方法论的对立使法律充满漏洞，也使法学破碎。如何使事实性描述的方法论和价值陈述性的方法论在法学中统一起来需要一种非独语的方法论。伯尔曼认为："无论在哪里，综合——二元论的克服——都是开启新型思想的钥匙；这种新的思维乃是我们正在进入的新时代的特色。'非此即彼'让位于'亦此亦彼'。不再是主体反对客体，

---

① 参见［美］T. 帕森斯《社会行动的结构》，张明德、夏遇南、彭刚译，译林出版社 2003 年版，第 821—825 页。帕森斯认为经验主义有三种：一种是实证主义的经验主义；一种是特殊主义的经验主义；一种是直觉主义的经验主义。帕森斯提出了分析的实在论方法论。本书作者认为其实质还是属于事实描述的方法论，人被吸收成为"客观的"社会结构的一部分。

② 参见杨仁寿《法学方法论》，中国政法大学出版社 1999 年版。

③ 赵汀阳：《论可能生活》（修订版），中国人民大学出版社 2004 年版，第 82 页。

④ ［美］E. 博登海默：《法理学：法律哲学与法律方法》，邓正来译，中国政法大学出版社 1999 年版，作者致中文版前言，第 1 页。

⑤ ［德］拉德布鲁赫：《法哲学》，王朴译，法律出版社 2005 年版，第 31 页。

而是主体与客体交互作用；不再是意识反对存在，而是意识与存在同在；不再是理智反对情感，或者理性反对激情，而是整体的人在思考和感受。"① 在方法论的二元对立中，转化也许是一个有效的机制，在我们的方法论体系中，目前还缺乏一整套可以用来整合二元对立观的内在机制。

人的全面发展需要很多社会条件，这些社会条件展开了人的本质。阿伦特认为："人们总是在与生俱来的既有条件之外，或是在这些条件之中，再创造出他们自身的一些条件，而这些条件在人的产生和发展进程中具有和自然环境一样的约束力。……不管是因为自身认同而融入这个世界，还是因为人力的作用而被吸入进入这个世界的万事万物，最终都将构成人类生存条件的一部分。"② 以人为本转化为根本的法学方法论的一个基本哲学前提是：关于人性的哲学思考必须转化为一种现实的生活哲学，而人的生活的意义是在现实的场域中通过人的创造性活动展开的，法律是人的创造性展开的重要场域。在法域中，人性的可能性是由法律的现实性和可能性提供的，法律应该也可能为人的全面发展提供条件。奥伊肯认为："人的生活与宇宙的生活无可解脱地连在一起：人必须弄清他在宇宙中的地位，并据此来调节他的活动，而避免沉溺于任何有悖万物之理、有悖于他自身的诚实本性的幸福。"③ 在法律领域中，不仅需要一个与实在法具有竞争和补充关系的现实的法律公共领域，还要有一个具有反思、评价和构建意义的文化性的法学公共领域，这是由法律的不完备性决定的。

---

① ［美］伯尔曼：《法律与宗教》，梁治平译，中国政法大学出版社 2003 年版，第 105 页。

② ［美］汉娜·阿伦特：《人的条件》，竺乾威等译，上海人民出版社 1999 年版，第 2—3 页。

③ ［德］鲁道夫·奥伊肯：《生活的意义与价值》，万以译，上海译文出版社 2005 年版，第 2 页。

以人为本在法学中的学术抱负在于，通过法律这一最重要的制度装置来促进人性的全面发展。因此，法律的基础也必须是建立在人性的基础之上的，并且是为了人的全面发展的目的，这是法律的合法性基础。富勒认为："法律应当被视为一项有目的的事业，其成功取决于那些从事这项事业的人们的能量、见识、智力和良知，也正是由于这种依赖性，它注定永远无法完全实现其目标。与此相反的观点认为，法律被视为社会权威或社会力量的表现事实，对它的研究应当关注于它是什么、已经做了些什么，而不应侧重于它试图做什么或正在变成什么。"① 这正是形成法学的文化的公共领域的意义所在。

法律以人为本所需要的是一种对人在法律中本体地位的统一的方法论，法律存在两个基本要求：一个是构成法律的事实要素，另一个是构成法律的价值要素，两个要素统一于人性之中，人性既是法律的基础，也是法律的目的，因此，人性分析是法律中实现以人为本的基本方法论。

法律以人为本的方法论不可能单纯依赖现有的任何一种方法而获得技术上的资源支持。事实性描述的方法无论是用来描述自然与社会的关系、社会与法律的关系、法律与人的关系，还是描述人性本身，如果作为一种方法论，最终均导致事实与制度对人的压制和异化。人将屈服于法律而成为法律的工具，人屈服于物；价值性陈述的方法无论是用来陈述抽象的人性、片面的人性特质，还是同质性的人性，最终必然导致所谓的"价值的暴政"，人将屈服于人。正是由于法律不是以人为本的，所以，"现代社会'法治'的独裁性质一点也不比前现代社会的人治逊色；它也像从前一样实行财富和权力的极不公平分配，但它为此而采用的手法却如此复杂而间接，使得旁观者如坠雾中。……在这里，法律典籍则是其中最可怕

---

① ［美］富勒：《法律的道德性》，郑戈译，商务印书馆2005年版，第169页。

的蛊惑人的玩意",① 而成为人的全面发展的"暗藏的敌人"。

交往行为理论所提供的方法论将各种形式的精英主义的法律叙述转化为一种平民主义的法律实践，它使法律成为普通公民具有话语权和行动自由的现实的法哲学方法论，但因其没有进一步追问法律中的人性基础，也没有清晰勾画出一个通过法律实现人的全面发展的未来，因此，其方法论前提是纯粹"理想的对话情景"，在它的方法论中，人的全面发展的镜像是模糊的。因此，交往行为理论必须借助于解释学以促进公民对历史和现实的理解。解释学的方法采用回溯性理解现实的方式追问和理解法律对人的发展的贡献和意义，其凸显普通公民在法律中的本体地位的历史底蕴和现代广度，促进了普通公民对自身创造性的自我理解，但其在方法论上易导致价值相对主义，解释学在将公民的自我理解（主要是为了消除"价值的暴政"）转化为一种符合人性的公共理解方面语焉不详，交往行为理论可以弥补这方面的不足。

理想类型的方法描述了法律中人的发展的可能性，它既是超越事实的，也是超越价值的，它所展示的人的发展前景是积极的，也是可欲的，但其必须借助于解释学的方法才能揭示法律中的可能性前景，也必须借助于交往行为理论才有可能将这种可欲的理想变为现实。

以人为本的法律所需求的方法论是一种在多元方法基础上辩证统一的人性分析，这种方法论必须揭示法律以人为本的知识来源和获得方法；以人为本法律知识构建为法律知识体系的方法；已构建的人本法律知识转化为法律规范的方法；人本法律规范在现实生活中保证其有效性的方法。在这四个不同层面中，没有任何一种单纯的方法是充分的，因此，法律以人为本需要一种多元的方法论的辩

① Howand zinn, *The conspiracy of law*, in wollf, pp. 18—19，转自［美］P. 诺内特、P. 塞尔兹尼克《转变中的法律与社会：迈向回应型法》，张志铭译，中国政法大学出版社 2004 年修订版，第 5 页。

证统一。昂格尔认为："真正的问题是，我们不能把古代的关于统一人性的真知灼见从古代的人性永远不变的幻想中解放出来。我们的任务就是要发展一种理论，在确认人性随历史而变并为每一个新的社会形式，事实上是每一个个人，所重塑所改变的同时，以一种并非微不足道的方式承认统一的人性。"① 这里的另外一个问题是，在统一的人性假设前提下所构建的法律体系如何与社会结构进行互动的问题。

社会结构是由社会的物质生产方式决定的，但人类的理性实践同时也赋予了社会结构以意义。当然，社会结构本身并不能自发运动，社会结构依赖人的实践活动，而人的实践是通过人类的每一个个体的行为来进行的，反过来，社会结构又成为个人自由个性发展的外在关切点并规定了个体行为的可能性。

早期人们对社会结构的分析主要是用结构分析的方法，实际上主要是为了揭示社会结构的演化规律，属于宏大叙事的方法论。将社会结构和行动之间的关系，尤其是个体行为与社会结构之间的关系作微观研究是一种结构—功能的分析方法，制度化模式是这种研究方式转移的产物。这样一来，社会结构就可以通过与制度化的角色分配相关联的行动来研究。帕森斯认为："对它们的研究，要依据他们在符合与偏离社会所认可的角色界定的预期之间所取得的平衡，要依据施之于个人身上的各种相互冲突的角色预期，以及在这样的平衡和冲突中的各种动力和机制的汇集。"② 在个体行为和社会结构的相互关系中，由于法律的出现，个体行为和社会结构之间的直接关系变成了个体行为和社会结构之间的间接关系。个体通过法律装置作用于社会结构，而社会结构通过法律的镜像作用于个

---

① ［美］R. M. 昂格尔：《现代社会中的法律》，吴玉章、周汉华译，译林出版社2001年版，第39页。

② ［美］T. 帕森斯：《社会行动的结构》，张明德、夏遇南、彭刚译，译林出版社2003年版，第2版序言，第9页。

体，法律因此成为个体行为和社会结构的中介，起到关键的基础作用。相对于社会结构而言，法律使个体行为在作用于社会结构时使个体从欲望的个人主义转向理性的个人主义，任性被法律筛选掉，自由在通过制度之镜的过程中被保留下来，社会结构的稳定性得到了维护。同时，个人的创造力通过法律的保障作用增强了社会结构的活力。

由于法律具有保障个人自由，筛选个人任性的功能，同时，法律又具有维护社会稳定与和谐，为社会注入活力的功能，所以，关于个人行为与社会之间关系的描述就必须转换到考察法律本身。由于法律是连接个人行为和社会的中介，起基础作用，所以，法律本身必须一端连接个人的价值，一端要连接社会结构这一事实，这样，法律就必须同时承担价值和事实的双重功能。麦考密克和魏因贝格尔认为："规范或制度在社会上的存在，取决于它们在指导和评价人类在其社会环境中的活动方向所起的实际作用。"① 法律作为连接个体行为和社会结构的中介和桥梁，它并不是被动地适应个体和社会的。在长期的发展过程中，它也有自身的相对独立性和价值取向，这就涉及法律不仅作为一个规范体系，而且作为一个价值体系，也有自身目的性与合法性的问题。当然，这个问题涉及法律的两个向度问题：一是法律本身的理性化；二是理性化的法律对社会的能动性和整合功能。

法律是最重要的社会制度，它提供了个人的规范体系和价值鉴别体系，同时又构建了社会的基本制度框架。拉兹认为："不受法律规则的人类社会有可能存在。但是某一社会如果受到法律的制约，那么，这一社会的法律体系必然是最重要的制度化体系。法律提供了社会生活的一般性框架。它是规制行为和解决争议的体系，它主张干预任何活动的至上权威。它通常也支持或限制社会中其他

---

① ［英］尼尔·麦考密克、［奥］奥塔·魏因贝格尔：《制度法论》，周叶谦译，中国政法大学出版社 2004 年修订版，第 10 页。

规范的创制和践行。据此，法律为社会生活各领域的行为提供了一般框架。"① 一方面，社会和谐的理想从个体的角度来看，必须保障个人的自由和自由个性的发展，同时，这种自由个性的发展又不能对基本社会结构的稳定性构成破坏性的压力；另一方面，社会的基本结构的稳定性又必须能为个人的自由发展提供可能，不能变成一种压迫自由和个性自由发展的桎梏。因此，法律制度必须使个人的自由发展转化为社会的建设性力量，使社会基本结构能够容纳个人的这种建设性力量，并为个人的创造性生活提供可能性的条件。

为有效发挥法律制度的这种中介功能，首先，法律制度必须具有合法性。法律的合法性属于法律的价值范畴，法律的合法性问题涉及法律的道德基础、正义观、法律的目的等问题。自然法学派以及由自然法学派派生的自由主义法学派是坚持法律应建立在道德、正义、目的的基础上的。德沃金通过法律原则捍卫法的道德基础。罗尔斯通过正义捍卫法律应坚持自由优先的原则，富勒坚持认为法律是有目的性的事业。分析法学派在奥斯丁创立时是将法律的合法性问题存而不论的，凯尔森则明确将合法性从法律中排除出去。但在分析法学派与自然法学派的反复论争中，哈特承认法的最低限度的道德基础，拉兹承认法律的合法性，麦考密克等则将社会学的目的，而不是哲学的目的引入法律分析的中心位置，但他反对法律目的的先验性。麦考密克和魏因贝格尔认为："把法律的许多重要因素设想为哲学意义上的制度事实是有益的，但我们不能把所有的法律都挤入这一类；在另一些方面，法律只能被理解为社会学意义上的制度现象。"② 从自然法学派与分析法学派关于法律的合法性论争的发展脉络来看，自然法学派已开始逐步放弃关于法律合法性的

---

① ［英］约瑟夫·拉兹：《法律的权威》，朱峰译，法律出版社 2005 年版，第 104 页。

② ［英］尼尔·麦考密克、［奥］奥塔·魏因贝格尔：《制度法论》，周叶谦译，中国政法大学出版社 2004 年修订版，第 91 页。

纯先验的哲学或抽象人性假设，而将法律的合法性与社会事实结合在一起考察；而分析法学派也开始逐步接受法律的合法性问题，并将法律的合法性从外在带向内在，从边缘带入中心。两派均接受一个基本结论：即法律的合法性是由法律的价值体系来提供资源的，它是在对事实分析的基础上，对人的生活可能性的一种规范表达。马克思认为："因为法律只是在自由的无意识的自然规律变成有意识的国家法律时，才成为真正法律。哪里法律成为实际的法律，即成为自由的存在，哪里法律就成为人的实际的自由存在。"① 法律的合法性归根结底是符合人性。

其次，是关于法律制度的合理性问题。法律制度的合理性包括法律制度的实质合理性和形式合理性问题。实质合理性主要描述法律的内容是否反映了个体与社会之间，特别是个体行为和社会基本结构之间的内在联系，既有利于促进个体自由个性的发展和创造力的发挥，又有利于使欲望的个人主义转化为理性的个人主义；既有利于维护社会基本结构的稳定性，避免欲望的个人主义构成对社会基本结构和中心制度的破坏性压力，又有利于建构一个开放的社会基本结构，能为个人自由个性的发展营造一个广泛的空间。关于法律的形式合理性问题，学者们一般接受富勒的八项原则：法律的一般性、法律颁布、法律不溯及既往、法律的清晰性、法律中不矛盾、法律不要求不可能的事、法律的连续性、官方行为与公布的规则之间的一致性。② 形式合理性对于法律的理性化具有重要意义。

再次，是关于法律制度的有效性问题。法律的有效性问题是法律权威的基础，也是法律在现实中与政治权力谈判的条件。如果法律缺乏有效性，则法律就不可能约束政治权力，法律也不可能有至上的权威；如果法律缺乏有效性，则法律就不能成为调节人的行为

---

① 《马克思恩格斯全集》第 1 卷，人民出版社 1995 年版，第 176 页。

② 参见［美］富勒《法律的道德性》，郑戈译，商务印书馆 2005 年版，第 55—107 页。

的普遍规则。霍姆斯认为："法律的生命不在于逻辑，而在于经验。"① 法律的有效性来源于法律的合法性和法律的合理性。从法律的现时性的角度分析，法律的有效性是法律的合法性和合理性的集中体现；从法律合法性的角度来看，法律的有效性表现为一种法律信仰。伯尔曼认为："法律必须被信仰，否则它将形同虚设。"② 如果法律不被信仰，也就不可能有法律在社会中的权威地位，更不可能使法律至上，如果在法律之上还有至上权威，那么，就不可能有法治和法治国家。法律是一种实践性很强的社会活动，法律的有效性是检验法律功能的重要指标。

然而，如果我们仅仅将法律理解为一整套价值体系，那么法律就和宗教、哲学、文学等没有区别，也不能证成法律权威的理性化。因为法律之所以有权威，并在社会生活中取代了宗教和政治权威的至上地位，根本的理由还在于，法律是价值体系的规范化，法律作为一种规范体系可以成为人们行为的指导。韦伯研究了宗教和政治权威"祛魅后"的权威形态，他认为法律的统治是继宗教权威和政治权威后的一个历史必然。③ 法律权威的最核心部分就是承载价值的规范体系。

法律有效性中的价值体系和规范体系是不可分离的。拉兹认为："法律有效性依赖于正当性理由的观点与法律有效性取决于事实渊源的观点，是相融合的。"④ 在哈贝马斯关于法治的分析框架中，法律的有效性居于核心地位。哈贝马斯认为："法律有效性涉及这样两个方面：一方面是根据其平均被遵守情况来衡量的社会有

---

① ［美］霍姆斯：《法律的生命在于经验：霍姆斯法学文集》，明辉译，清华大学出版社 2007 年版，第 82 页。

② ［美］伯尔曼：《法律与宗教》，梁治平译，中国政法大学出版社 2000 年修订版，第 3 页。

③ 参见［德］马克斯·韦伯《经济与社会》上册，林荣远译，商务印书馆 1997 年版。

④ ［英］约瑟夫·拉兹：《法律的权威》，朱峰译，法律出版社 2005 年版，第 135 页。

效性，另一方面是对于要求它得到规范性接受的那些主张的合法性。"① 法律规范因以人的行为为基础才能有效。

　　法律是如何通过其有效性来保持个体自由与社会结构之间的动态和谐关系呢？哈贝马斯认为在自由与社会边界之间要保持一种和谐的动态关系是对策略性互动的规范性调节，使行动者达成一种公共理解。法律的事实性和规范性对行动主体本身被分解为两个相互排斥的向度。对于取向成功（欲望的个人主义）的行动者来说，情境（最主要的是社会结构）的所有组成部分都转化为事实，并根据其偏好进行评价；而取向于理解（理性的个人主义）的行动者，则依赖于共同谈妥的情况（主要是法律制度）来理解，并仅仅根据主体间承认的有效性主张来诠释有关的事实。但是，如果这种成功取向和理解取向是行动主体仅有的选择，那么规范，那些适合于对策略性互动加以社会整合的限制、因而进行对所有参与者都具有约束力的调节的规范，必须满足两个从行为者眼光看无法同时满足的互相矛盾的条件。一方面，这些规则要作出一些事实性限制，这些限制会改变有关信息，以至于策略行动者觉得有必要对其行为作一种客观上有利的调整。另一方面，这些规则又必须表现出一种社会整合力来。因为，它们对其承受者施加了一些义务——根据这个前提，这些义务只有在主体间承认的规范性、有效性主张的基础上才是可能的。② 实际上，如果没有法律规范的有效性，个体的欲望的个人主义和理性的个人主义行动者均不可能表现出社会和谐的整合功能。单个的欲望的个人主义行动者必须通过法律规范的约束力转化为理性的个人主义行动者，而理性的个人主义行动者之间的自我理解又必须通过主体间性达成公共理解，才能表现社会和谐的整合功能。

---

　　① ［德］哈贝马斯：《在事实与规范之间：关于法律与民主法治国的商谈理论》，童世骏译，生活·读书·新知三联书店 2003 年版，第 37 页。

　　② 同上书，第 32—33 页。

　　奥尔森在研究组织行为的过程中也得出了相同的结论。奥尔森认为："除非在集团成员同意分担实现集团目标所需的成本的情况下给予他们不同于共同或集团利益的独立的激励，或者除非强迫他们这么做，不然的话，如果一个大集团中的成员有理性地寻求使他们的自我利益最大化，他们不会采取行动以增进他们的共同目标或集团目标。在缺乏强制或缺乏上述的独立激励时，这样的大集团也不会建立组织以追求他们的共同目标。"① 奥尔森描述的是一个没有公共理解和法律有效性维护的社会条件下，"少数"剥夺"多数"的逻辑。

　　上述分析是从微观和机制上证明法治是如何使和谐社会的构建成为可能的，同时也分析了如果没有法治的作用，和谐社会是如何不可能的。另外，许多法学家还从法治价值与和谐社会所需求的价值之间的耦合关系来证明和谐社会只能是法治社会这一命题。

　　总之，以人为本既是一种科学的世界观，也是指导法学研究和法律分析根本的法学方法论。以人为本是马克思主义的人本主义思想在中国的发展与创新。用以人为本的方法来分析法律现象、揭示法律规律，必将引起我国法学研究和法律分析的范式转型。以人为本与马克思主义法学人性分析的方法论不是对法学史上法学方法论的否定，而是在吸收各种法学方法论的优秀成果的基础上所提炼出的具有更高精神境界、更多人性关怀、更为有机统一的法学方法论。它的精神境界就是以人为本，揭示人在法律中的本体地位，法律因人而存在，而不是人因法律而存在；对法律的认识以人为出发点和归宿，将人性分析贯穿于法律分析的始终；法律的价值以人为目的，人是法律正义性与法律良善性的唯一判断标准以及法律有效性的根据；立法、司法、执法、法律监督均以促进人的自由与全面发展为依归。它的方法论的辩证统一就是在吸收阶级分析方法、价

---

　　① ［美］曼瑟尔·奥尔森：《集体行动的逻辑》，陈郁、郭宇峰、李崇新译，上海三联书店、上海人民出版社1995年版，第3页。

值分析方法、实证分析方法、个体和整体分析方法等各种法学方法的合理要素的基础上，以马克思主义人性分析方法为基础实现法学方法论的有机统一。它不同于古典人本主义、近代人文主义、现代人本主义和以权力为取向的民本主义的法学方法论；它反对人性分析在个体与群体、自然属性与社会属性、主体性与伦理性、同一性与多样性等范畴的二元对立关系中的独语论，而主张这些范畴之间的可理解性和转换性，它致力于寻求这种内在转化机制；它将个体主义和整体主义的分析方法、现实的分析方法和理想的分析方法、形式主义和实质主义的分析方法、规范主义和功能主义的分析方法、实事的分析方法和价值的分析方法等各种在历史和现实中对立的方法反思性地融入马克思主义的人性方法之中。马克思主义人性分析的方法论是法律分析的根本方法论，它并不取代其他有效的法律分析方法，而是其他分析方法的内在精神并贯穿到对其他法律分析方法的分析之中，且成为其他法律分析方法的检验根据和判断标准。

　　通过本章的分析，以人为本为当代中国法学基础理论的创新确实提供了方法论。我们至少可以取得如下共识：第一，只要在研究和探索马克思主义基础理论的过程中坚持以人为本，坚持以人的全面发展、以人的根本利益为出发点与归宿，坚持人性分析法，就必然在创新中不断有新的成就。第二，通过人性分析法把握"人民当家做主"这个主题与目标，我们在探索法学基础理论的过程中，必然有新的发现、创造。第三，以马克思主义为指导，从人民的根本利益出发，以人民的社会实践为标准，就一定能使当代中国的法学基础理论贴近国情民生，并使之成为不断创新的源泉。

第四章 以人为本奠定了法学基础理论创新的价值基础

第一节 法律价值概说

一、法律价值的界定

法律价值是法学基础理论创新的关键问题。从不同的角度，人们对法律价值的定义不同。法律价值在自然法学派与分析实证法学派的历史传统中具有不同的含义。一般来说，在自然法学派的分析范式中，法的价值与法律价值是分开使用的。法的价值在范围上比法律价值广泛，在效力上比法律价值高。同时，它又是作为一种理念形态存在的，它与伦理学的正义理论之间具有密切的关系；而法律价值在范围上比法的价值狭窄，在效力上比法的价值低，它与政治哲学之间具有密切的关系。法的价值对法律价值具有构建和评判功能；法律价值是法的价值的具体化和规范化。这是由于在自然法学派的传统范式中，法与法律是分开使用的，并且，它们有不同的含义和意义。实际上，在自然法学派的分析框架中，法律本质上是一个等级化的价值体系，这个等级化的价值体系的最抽象形式就是法理念，法律规范只是这个等级化的价值体系的展开和实现。拉德布鲁赫认为："法律的概念是一个文化概念，也就是说是一个涉及价值的实现的概念，是一个有意识服务于价值的实现的概念。法律是一个有意识服务于法律价值与法律理念的现实。因此，法律概念直接指向了法律理念。"① 在自然法学派中，法的价值是一个文化

---

① ［德］G. 拉德布鲁赫：《法哲学》，王朴译，法律出版社2005年版，第31页。

概念，属于意义的范畴，它是整个法律的基础，而法律价值是一个规范概念，属于关系范畴，它是法律规范的目的。

在分析实证法学派的分析范式中，法的价值与法律价值具有不同意义和指称。在边沁的法学体系中，法的价值就是法的功利目的。在奥斯丁的法学体系中，法律体系的价值也就是功利主义的目的论，但是，在法律的规范体系中法律价值不是该学说的讨论范围。在凯尔森的法学体系中，法律价值是"法律规范下的正义"。在哈特的法学体系中，法的价值是最低限度的自然法的内容。在拉兹的法学体系中，法律价值是法律自身的功能和社会通过法律所能实现的目的。这是由于，在分析实证学派的框架中，法律本质上是一个等级化的规范体系，这个等级化的规范体系的最抽象形式在不同的法学家的理论体系中是不同的。在奥斯丁的法学体系中，主权者的命令是最高形式。在凯尔森的法学体系中，宪法规范是最高规范。在哈特的法学体系中，终极承认规则是规范的渊源。在拉兹的法学体系中，理论社会学则是法律规范的渊源。在分析实证法学派中，法律价值是一个规范概念，它从属于法律规范。

由于不同法学流派对法律价值的使用在意义和指称上的不同，因而，我们在这里只能用法律价值来统称法律中的所有价值问题，它的意义和指称也只有在陈述的语境中才能判明。

我国法学界一般从三个层面上来界定法律价值：一是指法律本身的价值；二是指法律作为一种评价标准的价值；三是指法律对其他事物的价值。本章是综合使用这一概念的。正如前一章已经阐释的"以人为本"为法学基础理论创新提供了方法论，本章则论证以人为本为法学基础理论奠定了价值基础。《布莱克法律词典》对"价值"（Value）的解释是"意义、愿望或事物的效用"。① 该词典对法律价值（Legal Value）的解释是"利益"（Benefit）。② 这个

---

① Bryan A.，*Garner*：*Black's Law Dictionary*. 8 ed. West Thomson，2004，p. 1586.
② Ibid.，p. 916.

定义揭示的是人的需要的效用问题，而不是法律的属性与人的需要的关系。小岛武宜认为："法律所保障的或值得法律保障的（存在着这种必要性）的价值，我们将其称为'法律价值'。"① 这个定义实际上没有揭示法律价值的内涵，倾向于分析实证主义的法律价值定义。张文显主编的《法理学》认为："法的价值是社会价值系统中的子系统。一方面它表征作为主体的人与作为客体的法之间需要与满足的对应关系；另一方面它又体现了法所具有的对主体有意义的、可以满足主体需要的功能与属性，即法的有用性。"② 实际上，法律价值主要是一个可能性的范畴，是否能转化为满足人的需要尚需许多条件。这些条件不只是主体论，它还包括认识论和实践论的许多内容。

人的需要可能是本能的基本需要，也可能是后天获得的非基本需要。从形而上学的观点看，法律的属性是法律价值的客体，但从认识论的角度看，人们对法律的属性有一个认识的过程，因此，它只具有客观性，而从实践论的角度来看，法律的属性只是人需要满足的可能性。在现代社会中，通过法律来直接向人们分配利益的范围已经越来越小，而相反，法律向人们提供一个平等的发展自己的功能能力的范围则越来越广。

从法律价值对于个体发展的意义的角度来看，法律价值主要表现在为人们提供一个获得可行能力和利益的可能性。实际功能活动和现实利益的获得主要不是由法律价值来担保的，因为，法律是以自由或权利的方式来为个体的发展提供可行能力和功能活动的可能性的。自由并不是一种实际的利益，而是提供了人们选择的条件，权利也不是一种实际的利益，而是提供了人们交换利益的机制。阿

---

① ［日］小岛武宜：《现代化与法》，王志安等译，中国政法大学出版社1994年版，第246页。

② 张文显主编：《法理学》（第3版），高等教育出版社、北京大学出版社2007年版，第293页。

马蒂亚·森认为："一种功能活动是一种成就，而可行能力则是实现成就的能力。在某种意义上，功能活动与生活水准有着更加直接的关系，因为它们是生活状态的各个不同方面。相对而言，可行能力则是关于积极自由的概念：你有那些真正的机会去过你可以过的生活。"① 法律价值不可能也没有必要为每个人的人生提供实质性的具体内容。

从法律价值对于社会发展的意义的角度来看，法律价值只是为社会提供了一个共同体或人类理性联合和交往的条件。实际上，法律只是提供了每一个个体理性交往的平台，法律并不提供也不干预人们之间交往的具体内容。马林诺夫斯基认为："法律规则与其他规则之所以不同，就在于它们能被感受并确定为一个人的义务和另一个人的权利诉求。它们不仅只依靠心理动机，而是正如我们所知道的那样，是由建立在互补基础上和互惠服务的同等安排的认同上的特定社会约束力机制所强制执行的，并把这些权利主张融入错综复杂的关系网中才能实现。（加之）配合了必要的公共控制和批评的礼仪形式之后，可以在绝大多数的交易中被完整地执行，从而更增添了它们的约束力。"② 法律价值从总体上可以使得人的行为和社会制度以以人为本为终极目的和行为的价值取向，但法律价值不可能，也没有必要规定行为的实质内容。

总之，我们认为法律价值是法律的属性满足人的需要的制度化可能性。它的基础关系是作为客体的法律与作为主体的人的需要之间的关系，它在法律结构中只是法律的属性与人的需要之间供给与满足关系的一种制度化可能性。这种制度化的可能性是为了给人的发展提供多样性的发展空间，而不是千篇一律模式化的

---

① ［印度］阿马蒂亚·森：《生活水平》，徐大建译，上海财经大学出版社2007年版，第45页。

② ［英］马林诺夫斯基：《原始社会的犯罪与习俗》，原江译，法律出版社2007年版，第36页。

生存方式。

二、以人为本是法律价值的精神实质

个人主义、功利主义以及其他为了摆脱法律价值体系化的自反性的种种方案的缺陷需要我们建立一个关于法律价值体系化的新理论。这个理论需要正确认识构成法律价值的各个要素的辩证关系，并把法律的内在价值和外在价值有机统一起来。它认为法律价值是主观性与客观性、合规律性与合目的性、自足性与开放性、稳定性与可变性、普遍性与特殊性、形式性与实质性、历时性与及时性、主体性与公共性、个体性与社会性、多样性与统一性的辩证统一关系。

以人为本在法律中的肯定价值包括为人的基本需要的满足提供制度化的可能条件，尊重人的其他正当需要，特别是尊重人的尊严。

法律价值直接指称的是人的需要，而意义在于人的需要的满足，目的则是通过法律价值提供制度化的可能性，并通过人自身的实践活动促进人的全面发展。因此，从本体论来看，法律的属性是客体，而法律价值的承担者和享用者则是主体；从认识论的角度来看，人既是法律属性的认识者，也是人的需要的感受者，法律价值表现人的主体性；从实践论的角度来看，由于法律价值是法律属性满足人的需要的制度化可能性，这种可能性要变成生活的现实，实现人生的意义，则只有通过人的实践活动才能实现，法律价值则表现为人的能动性。这种主体性是人在特定的社会历史条件下，通过主体的实践活动完成的。当然不是说人的需要的每一个方面在不同的历史时期的意义均是相同的，实际上，如果我们从实质主义的法哲学考察，我们就会发现，不同历史时期人的需要所表现出来的特征是不同的，人的需要的各个构成要素在不同时代的意义也是不同的。人的需要与人所处的历史境遇密切相关。海德格尔专门研究了人的存在与此在，以及人的共同存在与共同此在问题。海德格尔认为日常的自己的存在方式奠定在共同存在和共同此在这种结构之中。① 个人的存在标明人的一般属性，而个人的此在标明个人在历史中的具体境遇，而这种个人的具体性又存在于人的共同存在的一般属性和人的共同体的历史境遇这种结构之中。

法律对人的需要的讨论基于两种不同的立场：一种是理性主义的立场，它的主要功能是作为论证法律价值的实质性与形式性以及法律价值的普遍性与特殊性的基础与前提；另一种是道德主义的立场，它的主要功能是作为论证法律的价值是在于鼓励还是约束人的需要的基础与前提。柏拉图代表了理性主义的分析立场，亚里士多德则代表了道德主义的立场。而古典自然法学说则第一次将两种立场相结合，形成了自由个人主义的法律价值体系，它从上述四个分析要素中所取的是普遍主义和肯定人的需要这两个要素。

柏拉图没有对人的需要作道德上的评价，而是从理性主义的角度分析人的需要的多样性，且由于人的需要的多样性决定了人的个性、活动和事务的多样性，它们属于柏拉图理念论中的可变性因素，因此，也就不可能由不变的理念来调节。尽管晚年的柏拉图倡导法治，但是他仍然认为："法律绝不可能发布一种既约束所有人同时又对每个人都真正有利的命令。法律在任何时候都不可能完全准确地给社会的每个成员做出何谓善德、何谓正义的规定。人的个性的差异、人的活动的多样性、人类事务不断的变化，使得人们无论拥有什么技术都无法制定出在任何时候都可以绝对适用于各种问题的规则。"② 柏拉图关于法律的不可普遍化的观念直接来源于他对人的需要的多样性的经验观察。柏拉图在社会秩序上诉诸于贤人的理性，这就决定了他的理论体系与神的关系。

亚里士多德对人的需要的考察是建立在他认为人是一个政治的

① 参见［德］马丁·海德格尔《存在与时间》，陈嘉映、王庆节译，生活·读书·新知三联书店 2006 年版，第 131—132 页。
② Plato: The Statesman, transl. J. B. Skemp, New York, 1957, p. 294b.

动物和人是能说会道的动物的认识论基础上的。他并没有试图给人下一个完整的定义，他对人的定义反映的是他对希腊城邦生活需要的基本理解。

关于人是政治动物的观点，亚里士多德所要区分的是人的政治属性与人的自然属性之间的差别。人的政治属性不仅标明了人不是离群索居的人，而且也标明了政治组织—城邦与自然组织—家庭、部落之间的差别。由于人的自然属性无异于其他动物的属性，它是自然强加到每一个个体身上的必然属性，因此，也就不是人的本质属性。根据阿伦特的考察，人是一个社会动物的观念是阿奎拉在翻译亚里士多德著作时所加入的古罗马人的理解，本身不是亚里士多德的分类概念。① 将人界定为不同于人的自然组织中的人——政治人的意义在于：亚里士多德认为人的自然组织是一种私人领域的生活方式，它本身是充满多样性的，也是不可普遍规范化的——实际上也就是柏拉图所描述的人的形象。政治动物的描述表明人是一种可以过另外一种生活的动物，他们在城邦的生活中过一种公共生活。而人进入公共生活领域就必须遵守相互关系的准则，这些基本准则是可以普遍规范化的。柏拉图没有明确划分人的私人领域与公共领域，而亚里士多德明确划分了人的私人领域与公共领域，这就是为什么柏拉图是一个法治主义的摇摆者，而亚里士多德却是一个坚定的法治主义者的根本原因。亚里士多德的可普遍规范化的原则是从苏格拉底那里继承来的对城邦的忠诚和守法，以及他加入的平等这三个基本原则构成的。

为什么亚里士多德同时又将人定义为一个能说会道的动物？它的实际意义也是由古希腊人的基本需要和生活方式决定的。阿伦特认为："在城邦的政治经历（它不无理由地被认为是所有政治共同体中最为人津津乐道的一种）中，甚至在诞生于这一共同体的政

① 参见［美］汉娜·阿伦特《人的条件》，竺乾威等译，上海人民出版社1999年版，第21—22页。

治哲学中，行动和语言日益分离并越来越彼此独立。中心逐步从行转向言，转向一种作为劝说手段的言，而不是作为一种回答方式、对所发生或所做事情的事后评价和估量的言。想要从事政治，想要生活在城邦中，就意味着所有的事情都要通过语词和劝说而不是通过强制与暴力来决定。"① 城邦要实行法治的前提条件就是和平，没有和平就不存在法治的可能性。另外，如果说服不是公民的一种普遍的政治思维和行为方式，那么法治就不可能真正运行，即使实行法治，也很难实现良法之治。这种观念自维特根斯坦以来影响到现代哲学向语言哲学的转型，从而也影响到以哈贝马斯和阿佩尔为代表的政治哲学家将对话伦理和论辩伦理引入法律基本问题的分析之中。

奥古斯丁对人的需要所作的是典型的道德主义的分析。他认为在人类堕落之前，人们生活在神圣的、纯洁的、正义的状态之中；人人平等自由，他们根本不知道奴隶制度或任何其他人统治人的形式。但在人类堕落之时，人的本性也为原罪所败坏。人类本性中善良的因素虽然没有泯灭，但却变得比较脆弱，容易被邪恶的倾向所挫败。此前充满爱心的秩序让位于色、欲、贪婪、激情和权欲，反映人类灵魂完善、绝对善良的自然法也失去了作用。而人的灵魂拯救只有通过上帝之法对世俗之法的绝对控制才能实现。② 宗教的"原罪"观对人的自然需要所采取的是否定态度，因此，它也不是法律价值的基础。

人的需要是自文艺复兴以来自然法的一个根本的价值命题。文艺复兴将个人的需要正当化，从而彻底抛弃了自奥古斯丁以来关于人的需要的"原罪论"。古典自然法将个人的自然需要实证化和规

---

① ［美］汉娜·阿伦特：《人的条件》，竺乾威等译，上海人民出版社1999年版，第20—21页。

② 参见［美］博登海默《法理学：法律哲学与法律方法》，邓正来译，中国政法大学出版社1999年版，第27页。

范化，并将个人的需要作为法律价值的基础，个人的需要化约为法律上的权利，并以权利为基础重新展开法律的逻辑，自然权利学说阐明人的自然需要的正当性，它所采用的是宏大叙事的方法，形成法律价值体系化的基本结构，而权利学说则在于将人的自然需要规范化和法律化，它所采用的是精微分析的方法，形成法律价值体系化的细密网络。权利学说是自然权利学说在日常生活中的展开和具体化。自然权利学说阐明人拥有尊严，权利学说阐明人如何保有和获得尊严。自由个人主义的法律理论是以权利理论为基础构建起来的。德沃金认为："以权利为基础的理论关心个人的独立，而不是关心个人行动的服从性……以权利为基础的理论把行为准则看做是工具性的，可能它对于保护他人的权利是重要的，但是它们自身并不具有基本的价值。在权利理论的中心的个人是从他人的服从行为中受益的个人，而不是通过自己的服从从而过道德生活的个人。"①自由个人主义的法律理论不仅以承认个人需要的正当性为前提，而且形成以个人需要为基础的权利理论的法律化途径和实现路径，它始终有将个人的需要——不管是基本需要还是后天获得的需要纳入权利体系的发展趋向——这包括法律化的权利，也包括潜在的未列明的权利。

在批判自由个人主义的法律价值观的过程中，功利主义从整体性角度出发阐明了"最大多数人的最大幸福"在法律价值体系化中的基础地位和重要性。功利主义法学以人的需要的社会性为基础，表现对日常生活重要性的关注。个人功利主义强化了个人现实生活的价值重要性，社会功利主义将人的需要的社会性作为法律价值的基础。功利主义是对自由个人主义法哲学在理论上的诘难，也是对自由个人主义所产生问题的回应。功利主义关注人的现实的需要。德沃金认为："功利主义是一个以目标为基础的理论……各种

①　［美］罗纳德·德沃金：《认真对待权利》，信春鹰、吴玉章译，中国大百科全书出版社1998年版，第228—229页。

各样的功利主义也是这样，尽管它们计算政治决定对不同的个人的影响，并从这个角度关心个人福利，但是它们把这些影响淹没在整体或者普遍之中了，并且把整体和普遍的改变看做理想，完全不考虑任何个人对于理想的选择。"① 功利主义的根本缺陷是整体需要对个人需要的替代或遮蔽，整体目标的选择对个人选择的替代或压抑；个人需要对整体目标的依附地位，整体目标选择行为对个人选择行为的剥夺。

我国古代哲学是以伦理学为主线发展起来的。其中，义与利的关系、礼与欲的关系贯穿伦理争辩的始终。对义与礼的肯定或褒扬和对利与欲的否定或抑制成为近代启蒙运动以前的正统学说和意识形态，而对义与礼的否定或抑制和对利与欲的肯定或褒扬则成为近代启蒙运动的古典资源。

在我国古典哲学中，对需要的肯定并不必然导致利益主张，而是既可能导向物质利益的主张也可能导向精神生活的主张，也就是说，利益既可能是物质的利益，也可能是精神上的崇高或享受；既可能是个人利益，也可能是公共利益；既可能是个人享乐的欲望，也可能是个人发展的手段。

管子首倡以民为本的思想，承认人的物质需要满足的政治学意义。他的理想国家状态是："人人相和睦，少相居，长相游，祭祀相福，死哀相恤，居处相乐，入则务本疾作以满仓廪，出则近节死敌以安社稷，坟然如一父之儿，一家之实。"他认为人民失德的原因不是失教的结果，而是物质匮乏的结果。"仓廪实而知礼节，衣食足而知荣辱。"民富则治，民贫则反。为了实现理想国家，他主张统治阶级以富民为本，人民则以职业勤勉为本。满足人民的物质需要是统治阶级长治久安的第一要务。以民生为先河，以法治为保

---

① ［美］罗纳德·德沃金：《认真对待权利》，信春鹰、吴玉章译，中国大百科全书出版社 1998 年版，第 228 页。

障，而后才能杜绝人民不道德的习惯，不致贻害国家。[1] 管子的思想属于民本主义的社会功利思想，肯定人的物质需要的满足转化为国家精神需要的基本价值，是我国古代政治哲学中民本主义的源头。

墨子的最高道德境界为义，但是他的义不是以礼和乐为基础的，而是以爱和利为道德根本。他认为："兼相爱，交相利"，"义，利也"。爱是道德的精神内涵、人们行为的动机，但是，人们的行为的指向是利，也就是说，利是人们行为的直接目的。墨子所倡导的利不是私利，而是公利和互利。他认为："天者，兼爱之而兼利之。天之利人也，大于人之自利也。"他还认为："天之爱人也，视圣人之爱人也薄；而其利人也，视圣人之利人也厚。大人之爱人也，视小人之爱人也薄；而其利人也，视小人之利人也厚。"墨子认为解决战乱和民间困苦的根本办法就是提倡相爱和相利。"兼相爱"是他的道德哲学的核心，"交相利"则是"兼相爱"的基础，也是它的具体内容。[2] 关于人的需要的认识，墨子强调人的需要的社会属性在伦理学中的基础地位，属于典型的社会功利主义主张。

魏晋时期，哲学家对义与礼的否定或抑制和对利与欲的肯定或褒扬成为主流学说。在对待人的需要的态度上，向秀、郭象等主张从欲。他们认为："太古之人，知生之暂来，而死之暂去，故从心而不为自然"，"恣耳之所欲听，恣目之所欲视，恣鼻之所欲向，恣口之所欲言，恣体之所欲安，恣意之所欲行。"（《杨朱篇》）他们认为人生唯一的目的，就是恣意纵欲，及时行乐，反对一切形式的禁欲主义。[3] 阮籍、刘伶纵酒作乐，王澄、谢鲲以放任为达，而

---

[1]　参见蔡元培《中国伦理学史》，上海古籍出版社 2005 年版，第 48—49 页。

[2]　参见北京大学中国哲学教研室编《中国哲学史》，商务印书馆 1995 年版，第 32—33 页。

[3]　参见蔡元培《中国伦理学史》，上海古籍出版社 2005 年版，第 82—83 页。

不以醉裸为非。这种纵欲主义的伦理观颇似古希腊的犬儒主义，是对人的动物欲望的极尽张扬。

明中期至清初，我国展开了第一次思想界的启蒙，李贽、黄宗羲和戴震等将人的需要正当化。李贽强调物质需要的重要性，他认为人的基本物质需要不仅是正当的，而且是社会的基础。他认为："穿衣吃饭即是人伦物理，除却穿衣吃饭，无伦物矣。世间种种，皆衣与饭耳。故举衣与饭，而世间种种在其中；非衣饭之外，更有所谓种种绝与百姓不同者也。"（《焚书·答邓石阳》）同时，李贽还宣扬自私是人的天性。他认为："夫私者，人之心也，人必有私，而后其心乃见；若无私则无心矣。"（《藏书·德业儒臣后论》）这一思想，与文艺复兴的思想是一致的。黄宗羲认为政治哲学的根本是公利，设置君主的目的是："不以一己之利为利，而使天下受其利。"而道德的最高境界则是人民各得其利："向史无君，人各得其自私也，人各得其利也。"（《原道》）如果君主违背这一道德法则，那么人民就有反抗君主的道义根据。他的这种思想与古典自然法思想是异曲同工的。戴震在批判宋明理学的过程中，提出了"理存于欲"的学说。他认为："理也者，情之不爽失也。未有情不得而理得者也。"（《孟子字义疏证》）"天下之事，使欲之得遂，情之得达斯已矣。惟人之知，小之能尽美丑之极致，大之能尽是非之极致。然后遂己之欲者，广之能遂人之欲；达己之情者，广之能达人之情。道德之盛，使人之欲无不遂，人之情无不达，斯已矣。"（《孟子字义疏证》）戴震强调理欲的统一，"欲是自然，理是必然，必然是出于自然的，是自然的完成，因而理是出于欲的，是欲的适当调整。自然就是本来的情况，必然就是应该遵守的标准。"① 戴震认为人的需要是道德规范的基础，但是，人的需要也要受到规范的约束，并使人的德性得到升华。

---

① 北京大学中国哲学教研室编：《中国哲学史》，商务印书馆 1995 年版，第 356 页。

　　我国近现代的启蒙运动是在释放与弘扬以及疏导与改造两个向度展开的。张光芒认为："所谓释放与弘扬，即需要首先将国人从懦弱驯顺、麻木不仁的心理惯性中解放（毋宁说是解脱）出来，使其感受到生生死死、爱爱恨恨、欲望饥渴、冲动的力量等……这是一个个体接受情感与理性之激荡的最基本的前提。"①一旦这种本能的需要被激发出来，我们还必须防止它与传统的文化中的劣根性相结合而变成一种破坏性更大的力量。所以，我国近现代的启蒙运动又是和改造国民的劣根性联系在一起的。鲁迅、陈独秀、李大钊等都进行对传统的国民劣根性的无情鞭挞的战斗，他们为我国"新人"的诞生作出了贡献。但是，过度强调对我国传统文化"所造之罪孽"的忏悔意识②也同时产生了我国文化的"原罪感"，造成了我国传统文化几乎被连根拔起，弱化了我国的"自我启蒙"向路，使得我国的启蒙运动越来越朝着"他者启蒙"的方向发展，也使得我国的现代化具有明显的西化特征。对于传统文化被连根拔起的状况，薇依认为："过去历史——无论是集体的还是个人的——失落，是巨大的人类悲剧，而我们已经扔掉我们的过去，就像一个孩子撕碎一朵玫瑰。各民族绝望地抵抗外来征服，首先就是为了避免这种失落。"③在法学发展过程中，这种状态更为明显，"我是谁?"成为我国法律现代化过程中的一个深层次的问题，我国启蒙的下一个阶段的主要使命是如何找回我们自己。

　　以人为本首要的问题是承认人的需要的正当性以及人的基本需要作为法律基础价值的重要性。人的需要不是欲望的自然主义，也不是欲望的个人主义。人的需要的正当化包括基本需要的满足以及需要的升华。从个人需要满足的角度来看，法律的基本功能是为人

---

①　张光芒：《启蒙论》，上海三联书店2002年版，第113页。

②　参见陈独秀《一九一六年》，《新青年》1916年第1卷第5号。

③　[法]西蒙娜·薇依：《扎根：人类责任宣言绪论》，徐卫翔译，生活·读书·新知三联书店2003年版，第102页。

的需要的满足提供制度化的可能条件，同时，也使得欲望的个人主义转化为理性的个人主义。从人与人之间需要的关系来看，个人的需要应当正当化和规范化，也就是说，一方面，法律是人的需要满足的制度化条件，另一方面，人的需要也要受到法律制度的规制。

三、以人为本与人性尊严

作为一个文化概念，人性尊严的历史源远流长。但是，作为一个法律概念，人性尊严则是一个极为现代的观念。人性尊严是人之为人的最低限度的要求，也是人之为人的最高理想追求。它是由人的存在而不是由人的此在决定的，但是它又是由人的此在赋予意义的，人的此在是人的存在的在时间中的实质化，它与人的概念的普遍化是一致的。不仅亚里士多德的人的概念不包括所有自然生命的个体，而且世界上第一个人权宣言也不包括黑人，从政治生活的角度考察，它也不包括印第安人和女人。从宗教的角度来看，长期以来，人并不包括异教徒。在法国《人与公民权利宣言》发表以后，法国还将人区分为积极公民与消极公民，将消极公民看做没有完善人格的人。自由主义的代表人物密尔还专门花精力论证女人的不完善性。《世界人权宣言》宣布很久，美国的"少数群体"仍然没有作为完善的人平等对待。在我国，宣称"仁学"和"有教无类"的孔子仍然将人分为上智之人、中智之人和下智之人；孙中山也将人分为先知先觉的人、后知后觉的人和不知不觉的人。

人性尊严是人之为人而应该得到平等尊重的基本理念，也是自文艺复兴和宗教改革以来逐步形成的关于人的最基本的共识，属于人的最基本的意义的抽象。一般认为它是人类本质直觉的产物，它本身不能由其他概念来证明，但能为证成其他概念的基础，它是一个整体不可分割的概念。在西方，它是人类"祛魅化"以后对自身意义追寻的产物，是人类需要精神生活的回应。它是关于人的一个最基本的范畴，也是一个关于人的元观念。一方面，它是人类生命运动的内在形式，因而我们只能通过生命的直觉去形式化地领

悟，这决定了它的理念属性，必须向理念的本质深化；另一方面，它又是在人类的历史发展过程中被直觉到的一种内在精神，这就决定了它必须向生活的事实开放。考夫曼认为："法律理念一方面必须对生活的事实开放，它必须被实质化、具体化、'实证化'，另一方面必须被理念化、规范化、且概念化地被'建构'形成。"①也就是说，人性尊严是人类生命运动的精神内涵，但是，它要在人类的生活过程中被实质化为一种促进人的发展持续的动力和内在的信念。

　　泰勒论证了日常生活在实现人性尊严中的价值。他认为，人性尊严包括三个相互关联的组成部分：①我们对他人的尊重和责任感；②我们过完善生活的理想以及我们怎样才能过完善生活的精神动力和理解；③我们认为自己应要求得到（或要求不到）我们周围那些人的尊重。② 第一个问题是人的德性要求，我们只有尊重"他者"的人性尊严，我们自己的人性尊严才有可能被尊重，这是一个内在尊严的前提条件，也是被"道德金律"和孔子的"己所不欲，勿施于人"的道德律所证明了的，同时，它也是人性尊严的基本条件——平等所要求的。第二个问题是人的主体性要求，它是人性尊严的实质性内容，使人成为自己的主人的必备条件，也是个人通过自己的灵性——创造性实现自己的全面发展的必备条件，是个人过美好生活的意义所在，人之为人的意义所在，是我是一个人的内在证明。第三个问题标示"主体间性"，是人性尊严在人与人之间的扩展，也是人性尊严普遍化、规范化、实质化的条件。当我得到他人的尊重时，它会变成正面激发我提升自己的精神动力，当我感到我得不到他人的尊重时，它成为负面反思自我的力量。法

---

　　①　［德］考夫曼：《法律哲学》，刘幸义等译，法律出版社2004年版，第189—190页。

　　②　参见［加拿大］查尔斯·泰勒《自我的根源：现代认同的形成》，韩震等译，译林出版社2001年版，第20—21页。

律价值体系必须包含人性尊严的所有实质性内容，并且为人性尊严的实现提供制度化的条件。

第二次世界大战后，鉴于法西斯"非人"的暴行对人的尊严的践踏，人性尊严被普遍认同，而且也得到国际法和国内法的确认和保障，并将其作为个人永远不得放弃的权利和国家永远不得放弃的义务。人性尊严正式进入国际法文件始于1945年通过的《联合国宪章》，该宪章序言明确宣告："我联合国人民，同兹决心，欲免后世再遭今代人类两度身历不堪言之战祸，重申基本人权，人格尊严和价值、男女平等及大小各国平等权利之信念。"后来通过的《世界人权宣言》、《公民权利与政治权利国际公约》、《经济、社会和文化权利国际公约》等国际法文件都重申了保障人性尊严的信念。在国内宪法中，美国《独立宣言》和法国的《人权与公民权利宣言》都没有人性尊严的表述。在法兰克福保罗教堂制宪国民大会上，代表默尔（Mohr）曾提出人性尊严列入宪法的建议案，但该建议案未能正式进入宪法。人性尊严间接进入宪法可以追溯到1919年的《魏玛宪法》，它的切入点是经济权利。该法第151条第1款规定："为了个人作为人而生存计，经济体制应当符合正义的原则。"1937年的爱尔兰宪法的前言部分也涉及人性尊严。在宪法中明文规定人性尊严的是德国巴伐利亚邦接受纳维斯克（N. Nawiasky）的建议，于1946年载入该邦宪法。该邦宪法第100条规定："立法、行政及司法，应尊重人性尊严。"随后，德国的许多邦和意大利宪法也从各个不同方面规定了人性尊严。

人性尊严入宪最为完整的首推德国基本法，1949年德国基本法第1条第1项规定："人性尊严不可侵犯。"该条第2项进一步规定："德国人民因此承认神圣不可侵犯而不可转让的人权作为每个共同体的基础以及世界和平与正义的基础。"该条第3项规定："一切国家权力均有尊重和保护此尊严的义务。"此后，30多个国家的宪法规定了人性尊严。我国1982年宪法对人性尊严也有类似的规定。

　　宪法对人性尊严的规定具有积极和消极两个方面的功能。从积极方面看，人性尊严包括个体的自觉、自主与自决，也就是人有过自己认为美好生活的权利，有自我发展的愿景。人永远只能是目的，他有根据自己的能力、按照自己的意愿发展和完善自我的权利。人性尊严的积极功能是和人的历史境遇联系在一起的，也就是说，它认为人的美好生活是由人自己的生命运动推动和决定的，他人的尊重以及社会所创造的条件都被视为个人完善的背景物而存在，这是人性尊严的内在逻辑。从消极方面看，人性尊严包括个体获得他人尊重的权利以及国家有为人性尊严提供社会条件的义务。从人的存在角度来看，国家有义务保障个人的生命、保障个人不被奴役，也就是说，个人有从国家那里担保的免于恐惧的权利。从人的此在角度来看，国家有义务为人们过美好生活提供基本的智力发展条件、经济社会条件和制度保障条件，为低于社会一般生活水准的人提供相应的福利。

　　人性尊严法律化的重要意义在于：首先，它确立了法律神圣性的正义基础。自文艺复兴和宗教改革以后，人们只能过一种世俗化的社会生活。但是，自尼采宣称上帝死了，重新评估一切价值以后，人类的生活是一个"祛魅化"的过程。然而，人不仅是一个理性的动物，而且还是一个需要信仰的动物，人始终有守望精神家园的愿望，有对神圣性和绝对性的追求。人类过世俗化的生活以后，从来没有停止寻找精神家园的努力。对物的追逐、意识形态、科学技术都曾经充当过"宗教"的替代物，但都没有真正成功过。人性尊严概念的发展本质上是人类寻找精神家园的产物，而法律将人性尊严法律化也是与人类超越"神本法律观"、"物本法律观"和"社本法律观"后寻找法律的精神家园的必然产物。也就是说，人性尊严法律化的根本目的是为"技术性的法律"注入灵魂，是为法律的此岸守望彼岸注入精神动力、指明行动方向。伯尔曼认为："法律与宗教具有某些要素，即仪式、传统、权威和普遍性。这些法律的宗教成分并未经常受到当代法学者们的重视。相反，法律通常被描述成世俗的、理性的、功利的制度———一种达到某种目的的手段。然而，一旦人们由书本的法律深入到法律赖以制定、解释和适用的过程中去，他就会看到浸渍于法律的神圣性的标记。美国的立法机关和法院是如此，就像任何一个部族的程序是如此一样。法律必须被信仰，否则形同虚设。它不仅包含有人的理性和意志，而且还包含了他的感情，他的直觉和献身，以及他的信仰。"①人性尊严法律化提升了法律的品质、增加人们服从法律的自觉性，深化了人们对法律的信仰，强化了法律的内在说服力量。

其次，人性尊严作为一个最高的人权范畴载入宪法保证了人权领域的开放性。人权不是一次发现的，而是一个不断发展的领域，随着社会的发展，新的人权类型将不断进入人权家族，新的人权类型的发现将不断丰富人性尊严的内容。人性尊严入宪的一个重要的制度化功能就是它能保证新的人权类型在进入人权家族的过程能排除社会阻力，为新的人权类型提供制度化的证成前提，也就是它为人权领域的发展提供了一个制度化的通道。立法对人权的规定有可能不适应人权的发展，社会生活中可能存在未达到完全类型化和概念化水平的潜在人权形态，如果这种类型的权利形态不能得到保障，那么，法律的正义性可能会受到质疑。在司法实践过程中，如果发现个别案件具有与人权的某种类型的相当性，法官就可以在判决中以人性尊严这一绝对保护条款确认此个别案件涵摄其中而予以保护。这种方式就避免了法律显失公正，同时，特别在成文法国家，也避免了法律解释的滥用和用平衡的方式来处理个案正义问题所带来的法律传统方法的冲突。人性尊严的法律化所带来的既有法律精神的丰富，也有法律思维进步和法律技术上的改善。通过人性尊严这一概括性条款发现个别正义后，我们就会获得一种关于未充分概念化的人权的潜在类型。随着司法实践的展开，当未列明的权

---

① ［美］伯尔曼：《法律与宗教》，梁治平译，中国政法大学出版社2003年版，第3页。

利形态达到概念化和类型化程度时，它就能转化为立法上所需要的深刻的素材，这是成文法国家可以采纳的方式，也是为什么大陆法系国家比较早在宪法中规定人性尊严的重要原因。而在英美法系国家，人性尊严作为一种重要的默示规则已经影响到判例法传统的形成。[①] 判例法对人性尊严的采纳保证了人权的开放性。

人的需要表现了以人为本在法律价值体系中的广度，它构成以人为本在法律价值体系中的基础；人性尊严体现了以人为本在法律价值体系中的深度，它是以人为本在法律价值体系中的核心和精神实质。人的需要在历史的生产和生活中的运动通过法律价值的凝聚作用化约为具有生命运动本质的人性尊严，而人性尊严在实质化的过程中提升了人的品质和人类生活的质量，同时也保证了人权在现代复杂社会结构中的开放性，人性尊严是法律价值的精神内涵，是法律以人为本的核心价值。

第二节 以人为本与法律价值体系的形成

以人为本对法律价值的影响主要表现为否定性价值与肯定性价值两方面，前者主要指否定了以非人的物为本的价值体系，确立了以人为核心的价值体系这个事实所带来的价值；后者指由以人为本推导出的人的尊严、人格平等等一系列积极的价值。

一、以人为本在法律中的否定性价值

以人为本在法律中的否定价值是以马克思主义关于人的异化理论和人的解放理论为基础的，以人为本就是否定以"神"为本、否定以"物"为本，就是将人作为法律价值本体论的基础；就是否定暴力、奴役、威胁与剥夺，就是将人作为自主的人；就是否定

---

① 参见龙晟《宪法下的人性尊严》，博士学位论文，武汉大学，2007年，第76—78页。

片面、压抑、边缘和萎缩，就是促进人的全面发展；就是否定法律中的单向、压抑和控制，就是使法律成为保障人的多样性和多样生活可能性的有效机制。

（一）西方以人为本在法律中的否定价值的发展

人本主义法学的否定价值最早是由自由主义系统阐述的。传统自由主义认为国家权力是人民委托的，国家权力的目的是为了保障个人自由，而法律是自由的保障。法治是法律的优良品质，反映到法律与权力之间的关系上，法律是对权力的有效制约机制。法治是对专断权力的否定，否定专断权力的最有效方式就是通过法律确认公民的消极自由，划定公民自由与国家权力之间的界限。

传统的自由主义认为自由意志的内涵只能通过形式主义的方式才能定义，它的内容是无法确定的。绝大部分是从消极意义上讨论的，它的语言格式一般可以用"免于某某的限制"来描述的，也就是说传统自由主义理论认为我们不可能有一个关于自由的实质主义的定义。消极自由的意义是通过法律形成对公共权力的防卫权和对抗权，其指称则是每个人的自主活动而不是公共权力。自由是通过自由的边界来定义的，而这种边界如果是通过个别人的意志来界定的，那个人就不可能有自由，现代社会所说的自由是由法律界定边界的自由。守法是自由的前提，这是自苏格拉底以来所确立的古典政治哲学传统，并为古典自然法所承继。

消极自由是通过法律明确划分私人领域与公共领域的界限来实现的，这种划分必须上升到宪政主义相结合。柏林分析了消极自由的支持者之所以支持这种自由的理由：为了公正、幸福、文明、安全或不同程度的平等，人们必须寻求社会的联合。但是，在寻求社会联合的过程中，应该存在最低限度的、神圣不可侵犯的个人自由领域。因为，如果这个私人领域被践踏，个人将会发现他自己处于一种甚至于他的自然能力的最低限度发展也嫌狭小的空间中，而正是他的那些自然能力，使得他有可能追求或者领悟各种各样的人们视为善的、公正的或正义的目的。而个人自由的私人领域与社会性

的公共领域的边界如何划分，个人自由的限度的确定只能是一个形成性的过程。实际上也就只能通过民主的交往方式才能最终确定下来，并最终以法律的方式来确认。这就是密尔为什么在强调个人自由的同时，还要系统论证代议制这种民主工具的重要性的原因。因为，没有代议制这种现代民主工具，个人自由的价值就不能最终转化为法律价值。消极自由是以私人领域与公共领域的法律划分为基础的。

　　考夫曼考察了法律价值的众多形态：它们包括伦理善学说、亚里士多德和康德的最高善学说、社会化学说、功利论等，最后他所得出的实质主义的法律价值理论是负面福利理论和法律运行机制的实质主义基础上的正义程序理论。关于负面福利理论，考夫曼认为，反对正面的功利论的主要观点有二：幸福无法普遍化，除非其意义是内容空洞的；正面的功利论的利益，只对尽可能多的人的幸福，它不在乎少数人的不幸。保护少数人在正面功利论上没有理论的基础，当对多数人的幸福有必要时，少数人的利益就面临危险或可能被牺牲。他认为，每个人避免不幸是能够普遍化的。因为，每个人的不幸是可以由经验检验的。正义的最高要求在于消除或减少苦难，减少苦难是政治的义务，而寻求幸福则由个人去做。在法律价值的定义上，考夫曼赞成以内容为基础的真理或正义程序理论。他认为，正义的最高原则是负面福利原则——宽容原则。在现代复杂社会，人们面临巨大的社会风险，因此，宽容是社会正义的必要要素。宽容就是给予那些生存受到威胁的人以尊重和照顾，使得他们有机会解放自己从而过合乎人类尊严的生活。而人是法权本体论的基础。考夫曼认为："每一个内容的法哲学观念只能是人的观念，因而法权的实际唯理论也只能以整体的人为基础建立。法哲学不是具有逻辑天赋的精英的玩具。如同所有法权都是因人存在而且不能反其道而行之一样，法哲学也必须不断地面对这样的问题，即它在多大程度上可以服务于人类。于是必须不断地一再宣言，法哲学追求的是：对人及人的世界承担责任。概括而言，后现代法哲学——如果确实有一个后现代的话——究竟要表述些什么，它所致力寻求的是什么？后现代法哲学必须要体现为对法权的担心，即对人类的关怀，更进一步说，对所有形式存在的生命的关怀。"法律价值体系化的基础关系是人本身。

（二）中国古代法律人本主义的否定性价值反思

我国古代的法律从总体来讲是人本主义的，"人本主义，或人文主义，是中国古代法制与法文化的哲学基础"。① 但是，中国古代的法律制度为什么没有导向以人的需要为基础，以人性尊严为依归的法治？为什么没有导向以对人的多样性的尊重和对人的多样性生活可能提供制度条件的有效机制？这首先涉及我国历史上的宇宙观、国家观、法律观。

在人与自然的关系上，旧中国信仰的是"天人合一"的宇宙观。天人之际的沟通依赖的是一种内在的理路，人因讲求合天道，所以，人即有了道德上的自主性，亦即人的尊严。② 因此，人的最高精神准则就是与天沟通。在礼源于习俗这种宗教性道德③的早期状态中，中西方的宇宙观是没有太大差别的。由于中国的自然经济，这种天人沟通的方式一直停留在宗教性道德状态，形成了我国儒家一元化的思维方式④，缺乏一个外在的对于人的参照。所以，人们缺乏一种通过外在物而获得自身主体性的意识。同时，由于人的主体性依赖于可供自己独立支配的外在物的支持，权利意识在我国便没有发达的历史，更不可能形成权利哲学理论。人们的自我意识藏匿于这种源于习俗的社会性道德中。"中国圣贤的'修身齐家治国平天下'的学理却在这种'社会性道德'（救世济民）上升为

---

① 张晋藩：《中国法律的传统与现代转型》，法律出版社 2005 年版，第 27 页。

② 林毓生：《热烈与冷静》，上海文艺出版社 1998 年版，第 140 页。

③ 李泽厚：《历史本体论》，生活·读书·新知三联书店 2002 年版，第 49—50页。

④ 林毓生：《热烈与冷静》，上海文艺出版社 1998 年版，第 129、139—142、172页。

'宗教性道德'（个体的安身立命、终极关怀），而又由后者主宰前者的真情实况暴露得最为清楚"①。人与家、人与国、人与天是不可分离的，我国古代的人的形象是一个关系的网络，但这种关系网络所连接的不是个体与个体之间的关系，而是个体与整体之间的关系，个体缺乏独立的地位。

　　人本主义是我国法文化传统的精髓，在此基础上，我国建立了发达的道德文明秩序。有学者认为："它的概念范畴概括了人与人、人与自然、人与自己和人与社会的关系，规定了处理这些关系的标准；它的制度安排结下了以人为中心建立起来的关系网络；它的权威体系不注重文本和制度，而注重个人的道德修养。生活在期间的人，以和睦为荣，以诉讼为耻。"②"但是，中国传统的人本主义是封建性的人本主义，在重公权轻私权、重国家轻个人、重义务轻权利、重宗法尚家族的历史条件下，它的积极作用是有限的，而儒家关于人本主义的理论中也存在着与人本相冲突的消极因素。"③首先，我国古代法以人为本的人是作为"类"存在的，是以家族成员的身份表现其存在价值的，并不具有个体独立的存在价值。其次，在儒家的人本主义理念中，对人的基本要求通过道德上的内省、克制，消除物质上的欲求，达到人与自然、人与社会的和谐，因此，个人没有独立地位，个人权利也难以形成。④儒家的道德是以理想的道德为目标的，这也是构成压迫性力量的重要原因。泰勒认为："最高的精神理想也有给人类加上最沉重负担的危险。人类历史的伟大精神视野也是有毒的圣杯，是无数悲惨甚至暴行的原因。"⑤当个人被嵌

① 李泽厚：《历史本体论》，生活·读书·新知三联书店2002年版，第52页。

② 於兴中：《法治与文明秩序》，中国政法大学出版社2006年版，第28页。

③ 张晋藩：《中国法律的传统与近代转型》，中国政法大学出版社2005年版，第39页。

④ 参见张晋藩《中国法律的传统与近代转型》，中国政法大学出版社2005年版，第39—40页。

⑤ ［加拿大］查尔斯·泰勒：《自我的根源：现代认同的形成》，韩震译，译林出版社2001年版，第815页。

在理想的道德结构中时，个体性是很难发展起来的。

从宏观角度考察，我国古代社会都致力于法制建设，也形成了发达的法律制度和法律文化。但是，在法律与权力的关系中，法律服务于权力的编码形式，服从权力的基本要求，而不是权力服从法律的编码形式，服从于法律的编码要求。实际上，法律人本主义与权力的民本主义之间具有亲和性，它们在取向上是一致的。它的基本逻辑是：执掌权力的人必须"以德配天"，权力作为一种规范化形式由有德性的人执掌，权力的执掌者应有"内圣"的品质，具有"内圣"品质的人就有了"外王"的资质。具有"内圣"品质的人一旦与权力相结合，他们就因配天之德而具有了统治的正当性。当这种配天之德化约为法律规范时，德性与法律就互为表里了。一方面，统治者的德性因法律化而具有稳定的规范化形式与合法性力量；另一方面，法律因统治者的德性而实质化，并成为法律规范的内在价值。因此，将我国古代的法律人本主义描述为统治阶级或统治阶级的人治或德治实际上是没有根本差别的。马克思主义的人本法律观并不否定权力在法律中的价值，因为，法律的组织不可能离开权力而存在。但是，马克思主义的人本法律观否定未经法律终极价值——人权评价和检验的原始形态的权力存在。它认为所有的权力必须经过法律的终极价值——人权的评价和检验才具有正当性与合法性，并且认为所有权力必须符合以人为本的根本要求。马克思主义的人本法律观也不否定德性在法律中的价值，因为法律的内容不可能离开德性而存在。但是，马克思主义的人本法律观否定任何离开以人为本的德性，并认为任何德性必须接受以人为本这一核心价值的评价和检验才能成为法律内在品质的一部分。

从微观角度考察，在我国近代以前，由于观念、制度和各个方向的高度同一性，我国从未出现过真正的二元社会结构，个体地位没有确立，人的权利被整体性、国家主义所扼杀，国家可以恣意剥夺个体的生命、安全、财产和自由，自然不会产生权利意识和正义观念,① 更不用说以抗衡国家权力为目的的自然权利学说了。

实际上,我国古代的法律人本主义具有特权的特征。法律也有权利和义务的配置。但是,从客观法的角度考察,法律总体上是把权利配置给了统治阶级,而把义务配置给了被统治阶级。从主观法的角度考察,统治阶级在立法上采用客观法之外的许多法律形式修改了客观法并成为行政和司法的根据,而人民的权利被压缩到最小化的程度。因此,我国古代的法律人本主义严格来讲否定了以人为本的最核心价值,即以人民为本。

(三) 中国近代法律人本主义否定性价值的反思

我国近代的社会变革是在民主与科学的旗帜下展开的。但是,我们对民主和科学与以人为本之间的关系缺乏深切的洞察。

近代中国的变革,在内是无法进行结构性超越,在外则是受西方列强的侵略,其变革始终没有脱离工具主义的价值取向,社会缺乏权利意识和个人主体性的萌发,所谓"中学为体,西学为用"是注定无法促成法律进化的。

为了正确认识"民主"这个问题,就必须正确处理民主与法治之间的辩证关系。民主除了作为一种多数获得价值合法性的手段外,民主还必须解决自身的诸多缺陷,而这些缺陷是民主本身不能克服的,其必须通过法治来防止。民主最一般的前提是多数人与少数人之间的关系。人们对民主有一种误解,认为民主就是一种多数人对少数人的统治。通过民主,多数人就取得了一种合法使用公共权力迫使少数人服从的正当性。实质上,民主是从平等的逻辑中发展出来的。② 无论是多数还是少数,都没有一种民主的优越性和压迫的权力。

---

① 参见梁治平《法辨:中国法的过去、现在与未来》,中国政法大学出版社2002年版,第136—167页。

② [美] 罗伯特·达尔:《论民主》,李柏光、林猛译,商务印书馆1999年版,第10页。

民主首先要解决的是一个"虚假的多数"问题。社会必须创设条件以保障每一个主体表达的自由和真实。个体在民主的利益表达机制中必须是自主的。如果这种利益表达是虚假的，那么，我们的民主政治将演变为一种"民主的泡沫"和"政治的泡沫"，一旦民主泡沫化，那么，这个国家法治的基础就不会存在。尤其是在间接民主的背景下，代表的素质可能不高，无法代表被代表者的意志；代表为了自己的利益，代表了某些集团或对某些非正当的利益出现一种集体无意识状态，从而异化了代表性，就会形成民主的泡沫。杰斐逊认为："代表的意见并不总是和人民的意志一致。"[①] 因此，民主为法治留下了一个防止多数民主演化为"少数的优越性"的艰巨任务。统治者通过组织化容易形成"少数的优越性"。"即占统治地位的少数有可能特别快地相互理解，并随时形成和有计划地领导一次服务于保持其权力地位的，进行理性安排的社会行为……通过少数的那种社会行为，就能毫不费力地镇压他们的群众行为或共同体行为。"[②] 而在人权立法和保障方面，由于对违法和犯罪的原始的愤懑和反射性保证自己利益的需要；也可能由于某些政党政策的需要，代表性最容易异化或出现集体无意识，而通过一些侵犯人权的法律。吉登斯认为："在许多自由民主制度中我们看到的是政治制度的大规模异化。"[③] 避免这一点的最好方式是在宪法和宪法性文件中对最易被侵犯的人权作出尽可能详细的规定，以防止普通立法保障的不充分。同时，在宪法中明确规定人性尊严不受侵犯和国家的保障义务，既可以防止人权被侵犯，也可以为吸收新的人权类型创造制度化的条件。

民主必须依赖于法治的另外一个问题是我们应该如何理解少数

---

① ［美］杰斐逊：《杰斐逊文集》，朱曾汶译，商务印书馆1999年版，第44页。

② ［德］马克斯·韦伯：《经济与社会》下卷，林远荣译，商务印书馆1997年版，第275—276页。

③ ［英］吉登斯：《超越左与右：激进政治的未来》，社会科学文献出版社2000年版，第113页。

服从多数这一民主原则。少数服从多数是否意味着多数有可以剥夺少数的权利吗？

首先从民主发源于平等这一点出发，多数没有压迫少数人的道德正当性。其次，民主是我们目前能找到的最有可能避免暴政，保障人权的方式。[①] 再次，服从民主多数原则个人不仅获得了一种抗衡国家的权利，而且国家的正当性必须建立在尊重和保障人权的义务之上。洛克认为，如果某种政治形式对于那些选择其他政治形式或选择不要任何政治形式的人们来说是具有合理性的话，那么便不能认为这种政治是专制性和压迫性的。理性的人们必然确认他们负有的守法义务是获得和享有这些利益的必要代价。决定性的利益是受政府保护的公民利益。[②] 最后，尽管也许是最有约束力的原因，尽管民主为"多数的暴政"埋下了种子，"多数人既拥有强大管理国家的实权，又拥有也几乎如此强大的影响舆论的实力"[③]，但是，在现代社会，由于利益不断分化，社会流动加快，同时，在一种条件下某些人是少数，而在另一种条件下，他则可能属于多数，在不同条件下每个人都可能成为少数，也可能成为多数。所以，与"多数的暴政"相对应的"少数"在特定条件下是一部分人，而在普遍的条件下实为每一个人。[④] 如果我们在民主的过程中忽视对少数权利的尊重，如果我们的立法不尊重少数的人权，那么下一个权利受损害者也许就是我们自己。我们必须避免"把所有权力赋予

① ［美］罗伯特·达尔：《论民主》，李柏光、林猛译，商务印书馆1999年版，第52—53页。

② 参见［美］阿兰·S. 罗森鲍姆《宪政的哲学之维》，郑戈、刘茂林译，生活·读书·新知三联书店2001年版，第186页。

③ ［法］托克维尔：《论美国的民主》上卷，董果良译，商务印书馆1988年版，第284页。

④ ［美］布坎南、塔克洛：《同意的计算：立宪民主的逻辑基础》，陈光显译，中国社会科学出版社2000年版，第7页。

少数人，他们就将压迫多数人"① 这种无人权保障的状态。我们必须认识到，当一个社会的少数的人权得不到尊重和保障时，我们社会所有的人的人权将都不会得到尊重和保障。

科学从一开始引入我国就带有意识形态和工具主义的特征。晚清引入西艺的目的是希望西艺能富国强兵，强调的是技术对物质财富增长的价值，并不希望也拒绝科学对传统儒家文化产生负面的影响，我们所需要的是西学的技术理性。"中学为体，西学为用"浓缩了统治者对科学的期待和对科学影响的一般反应。② 这种认识契合对科学认识的一种观点，"功利是最主要的东西；真理似乎是有用的行动的手段，而且也只能根据这种有用的行动来加以检验。"③ 科学等同于一种方法，以及根据这种方法获得的技术，但不考究这种技术获得依赖的价值基础和社会条件。这种观点认为："科学本身就是目的，科学就是为认识而认识的纯认识。"④ 这种认识在涉及科学与社会关系的评价时强调科学的价值中立性。

我国的法学理论受这种科学观的影响很深。突出的表现是认为实体法是一个价值规则体系，而程序法是为实现这种价值体系所需要的技术规范和操作规范，将程序看成一个价值中立的纯方法，一个规程和程式，不考虑支持这种技术规范的价值基础。而这种价值基础是程序本身应有的，以及社会必须供给的。程序不同于程式，"程序的基础是过程和互动关系，其实质是反思理性。程序是相对于实体结果而言的，但程序合成物也包含实体的内容。程序在使实

---

① 参见［美］达尔《民主理论的前沿》，顾昕、朱丹译，生活·读书·新知三联书店、牛津大学出版社1999年版，第6页。

② ［美］郭颖颐：《中国现代思想中的唯科学主义》，雷颐译，江苏人民出版社1998年版，第1—2页。

③ ［英］J. D. 贝尔纳：《科学的社会功能》，陈体芳译，商务印书馆1982年版，第37页。

④ 季卫东：《法律程序的意义：对中国法制建设的另一种思考》，中国法制出版社2004年版，第130—131页。

体内容兼备实质正义和形式正义的层次上获得一种新的内涵"①。我们对法律程序的这种认识排除和弱化了程序对于人权保障的功能和应起的作用。在引入他国程序规定的过程中，我们对程序的技术考虑较多，而缺乏对这种程序或制度的价值考虑，尤其缺乏对程序赖以生存的社会条件在我国的适应性进行衡量。这是我们必须认真考虑和解决的。

人权保障不仅是一个实体问题，也是一个程序问题。季卫东认为，我国程序再铸的前提是国家机构的分权。程序再铸的步骤是：第一步把交涉纳入程序的轨道，以保证当事人立场的对等性交涉内容的合理性。即以此把欲望的个人主义转变成合作的个人主义，把盲动的市民转变成自动的市民；第二步是为了防止由交涉所引起的交易性法制或"制度性屈服"而强化目的性；第三步是加强程序的进一步分化和在此基础上程序作为一个系统的自我完结性，保证严格遵守程序要件。② 这个建议有待国家深入研究。正当法律程序是否定专断权力的重要法律机制。它不仅是一种法律技术，而且捍卫着以人为本的法律精神。

我国道德主义法律模式的失败是以西化、科学技术和意识形态来填充的，在这种传统的拔根和技术的扎根过程中，精神生活的需求在我们的时代变得越来越迫切。以人为本在新时代有它的特定内涵，在法律价值的体系构建中，它是由人是法律之源、人是法律的主体、人是法律的目的、人是法律的关键、人的社会物质生活决定法的内容和发展、人的社会实践是检验法律的唯一标准这一系列基本命题构成的，因此，它们也是我们检讨过去和现在法律是否以人为本的基本命题。

（四）以人为本的否定性价值与当代法治的深化

新中国成立以后，特别是改革开放以来，我国建立了新的法律

----

① 　季卫东：《法律程序的意义：对中国法制建设的另一种思考》，中国法制出版社2004年版，第130—131页。

② 　同上书，第142—148页。

制度，这些法律制度总体上体现了人民当家做主的政治目的，反映了法律以人为本的基本要求。但是仍然有根据以人为本的精神深化我国现代法治的必要性。

1999 年我国宪法修正案明确确立实行依法治国方略，建设社会主义法治国家。特别是在 2004 年，我国的宪法修正案增加了国家尊重和保障人权条款。这无疑是我国人权历史上的一件具有进步意义的大事。人权保障入宪为法律以人为本奠定了坚实的宪法基础，必将进一步促进我国人权保障的发展和完善。

但是，我国人权保障入宪还必须根据以人为本的要求不断实质化和深化。我国 2004 年宪法修正案是在公民的基本权利和义务一章中增加国家尊重和保障人权的。但这一规定仍然存在一些需要完善的地方。

国家尊重和保障人权是一项国家义务，是人民主权的必然逻辑，应该放在总纲第 2 条之后，用以进一步表明我国的国家性质，彰显人民当家做主的根本政治目的。但 2004 年修正案却把这条放在公民的基本权利和义务一章，在逻辑上是不妥当的。因为，公民基本权利依赖国家提供的保障，国家具有积极作为义务，同时亦意味着国家有为促进人权发展和实现创造条件的义务，不限于司法上的尊重和保障，还包括立法、行政等各项措施。① 我国将国家尊重和保障人权置于公民基本权利和义务一章，暗含公民的人权主要以国家保障公民的诉权实现为人权保障途径，弱化了国家的积极保障功能和义务。

而与此不同的是宪法对"敌对势力"和"敌对分子"的规定是放在序言中的；对惩罚犯罪则是放在总纲中的。这种安排明确表明了我国以惩罚犯罪优先的价值取向，不利于人权保障。另外，我国对"敌对势力"、"敌对分子"的规定作了较多阐述，作了内外的区

① ［日］大沼保昭：《人权、国家与文明》，王志安译，生活·读书·新知三联书店 2003 年版，第 213—217 页。

分；对"犯罪活动"、"犯罪分子"则在类型和刑事方式上作了宪法规范自身特点所允许范围内最大可能的分类，而对国家的尊重和保障人权义务则只作了一个逻辑上安排不妥当的宣言性的规定。

这种价值取向只具有司法意义上的有效性而没有目的层次上的正当性。因为，诉权作为一种对抗国家权力的主要手段有其局限性，其不可能成为一种普遍有效的措施。首先，为保证公共权力的有效行使，公共权力的分配是不平等的，政治上权力的不平等配置是公共权力行使的必要条件。尽管行使公共权力的官员只是少数，但其在取得公共权力的配置上则代表政治社会中的"多数"，这样，少数公共权力的行使者就通过政治权力的分配获得了多数人的授权，构成民主的局限。"民主也是国家"①，"任何国家都是对被压迫阶级'实行镇压的特殊力量'。因此，任何国家都不是自由的，都不是人民的。"② 与此同时，少数公共权力的行使者还会因为异化而变成压迫"多数"的力量。所以，用个人权利来对抗公共权力实则是以个人来对抗"多数"。其次，以个人权利对抗公共权力会使个人付出高昂的代价，使其在代价和利益的权衡中丧失其行使诉权的动力。因为在对抗公共权力的具体行为时，个人支付的是私人成本。即使在司法独立的条件下，个人仍有可能支付极大的风险成本。最后，由于我国没有建立对具体行为的违宪审查制度，没有宪法诉愿和宪法诉讼制度，因此，在宪法中没有法律化的规定也就没有人权保障的制度化救济途径。

二、以人为本在法律中的肯定性价值

（一）以人为本在法律中的肯定性价值的构成

法律以人为本首先要确立的就是人和人之间人格上的平等关系。薇依认为："平等是人类灵魂必不可少的一种需求。它在于公

---

① 《列宁选集》第 3 卷，人民出版社 1960 年版，第 185 页。
② 同上书，第 186 页。

开、普遍、有效地承认，并得到各种制度和习俗的正式表达，要给予所有的人以等量的尊重和敬意，因为必须把尊敬给予人本身，且没有程度之别。因此，人与人之间的差异决不意味着给予每个人尊敬之程度的差异，为了不使这些差异被人感觉到带有这种意味，就必须有某种平等与不平等之间的平衡。平等与不平等的某种结合，由责任的平等所构成。"① 平等是人类心灵上的一种直觉的感受，是人的一种精神上的渴望。普罗泰戈拉认为："人是万物的尺度，是存在的事物存在的尺度，也是不存在的事物不存在的尺度。"从认识论的角度来看，"这个学说被理解为指的是每个人都是万物的尺度，于是当人们意见分歧时，就没有可依据的客观真理可以说哪个对、哪个错。这一学说本质上是怀疑主义的，并且其依据的基础是感觉的'欺骗性'。"② 但是，如果我们从人性尊严的角度来看，如果我们把人看成一个文化的存在和一个有意义的精神的存在，那么普罗泰戈拉所宣扬的是个体精神上和人格上的平等。

平等是从个人内在的生命运动中推导出来的，它说明了人的精神生活的重要性。我们的生产和生活该来源于这种生命运动所引发的动机，我们内心的精神生活的内在性同时意味着它对于我们生产和生活的某种超越性和独立性。这是一种深刻的以人为本的立场，超越了传统的各种形式的人本主义立场。如果我们的生产和生活不能得到精神上的幸福感，那么，我们就不可能深切体会到自由、功利带来的快乐，也就是说，也许我们是快乐的，但是我们没有体验过幸福。纯粹的人本主义是以个人主义或社群主义的两个极端表现出来的，无论是哪种形式的纯粹人本主义都会导致对人的内在生命

---

① ［法］西蒙娜·薇依：《扎根：人类责任宣言绪论》，徐卫翔译，生活·读书·新知三联书店2003年版，第12页。

② ［英］罗素：《西方哲学史》上卷，何兆武、李约瑟译，商务印书馆1976年版，第111页。

运动的否定，都会导致对人格平等的不尊重。① 传统人本主义的两种模式都是自反的理论，也是自败的理论。

人性尊严的平等不是一种形而上学的立场，也不是一种实证主义的立场，但是，它的理念是可以证明的。毫无疑问，我们生活的世界是现实的，而现实的世界是由人的行为创造的，平等作为一种生命本原的运动形式，构成了生命直觉的绵延（伯格森），揭示了我们行动生命力的源泉，无论是有意识的行为、无意识的行为还是潜意识的行为（弗洛伊德），都有推动它们发生的原始的生命的推动力；无论是有动机的行为还是无动机的行为（马斯洛），都是在生命运动的一个环节上外在化的表现。生命的意义是一切行动的原动力，也是平等的根据，它是生活的事实可以验证的，但是，它不是为了验证生活的事实而存在，它有更高的精神追求。生产和生活是生命运动的例证，但是，生命运动不是生产和生活的例证。

平等是对不平等的一种抽象，它只是一种纯粹形式的原则。亚里士多德认为："公正的也就是守法的和平等的；不公正的也就是违法的和不平等的。"② 亚里士多德把平等与法律联系在一起，暗示法律是平等的尺度，是保障平等的生命运动的外在形式。既然现实存在不平等，那么，如何使现实的不平等适应平等的要求呢？亚里士多德认为："既然不平等的人与不平等的事都是不平等的，在不平等与不平等之间就意味显然存在一个适度，这就是平等。因为，任何存在着过多过少的行为中也就存在适度。如若不公平包含着不平等，公正就包含着平等。这是不言自明的。既然平等的事是一种适度，公正的事也就是一种适度。"③ 如何在不平等的人和事中间寻找到平等，亚里士多德认为是适度，那么适度的原则是什么

---

① 参见［德］鲁道夫·奥伊肯《生活的意义与价值》，万以译，上海译文出版社2005年版，第30—41页。

② ［古希腊］亚里士多德：《尼各马可伦理学》，廖申白译，商务印书馆2003年版，第128—129页。

③ 同上书，第134页。

呢？拉德布鲁赫认为："分配正义的本质是平等，相同的相同对待，与之相应的是对不同的人和关系不同对待。"① 西季威克认为，类似情况类似处理原则是一种直觉主义的道德原则，它能通过功利主义实现原则的规范化。② 分配正义所确立的原则主要是用于处理不平等领域的平等问题。

我们怎样才能建立一个平等的正义的分配体系呢？罗尔斯认为："第一个原则：每个人对与他人所拥有的最广泛的基本自由体系相容的类似自由体系都应有一种平等的权利；第二个原则：社会的和经济的不平等应这样安排，使它们被合理地期望适合于每一个人的利益，并且依系于地位和职务向所有人开放。"③ 罗尔斯将平等的正义分配原则作了不同于亚里士多德的区分，亚里士多德区分的是平等的人或事以及不平等的人或事中的平等原则，实际上这种区分不仅是形而上学的区分，而且所采取的还是同义反复的、循环定义的方法。罗尔斯将分配正义原则的适用范围划分为两个不同的领域，并确立不同的平等原则。第一个原则适用于确定和保障公民的平等自由。它们大致包括公民政治上的自由；个人的自由和保障个人财产的权利；依法不受任意逮捕和剥夺财产的自由等领域。按第一个原则，这些领域都要求是一律平等的，这是正义社会存在的基本权利。这个领域是公民自由和机会平等的领域。第二个原则大致适用于收入和财富的分配，以及那些利用权力、责任方面的不平等或权力链条上的差距的组织机构的设计。虽然财富和收入的分配无法做到平等，但它必须合乎每个人的利益，同时，权力地位和领导职务也必须是所有人都能进入的。人们通过坚持地位开放而运用第二个原则，同时又在这一条件的约束下，来安排社会的与经济的不

① ［德］G. 拉德布鲁赫：《法哲学》，王朴译，法律出版社2005年版，第73页。
② 参见［英］亨利·西季威克《伦理学方法》第6版序言，廖申白译，中国社会科学出版社1993年版，第19页。
③ ［美］约翰·罗尔斯：《正义论》，何怀宏等译，中国社会科学出版社1988年版，第60—61页。

平等，以便使每个人都获益。① 罗尔斯认为："这两个原则是按先后次序安排的，第一个原则优先于第二个原则。这一次序意味着：对第一个原则所要求的平等自由制度的违反不可能因较大的社会经济利益而得到辩护或补偿。财富和收入的分配及权力的等级制，必须同时符合平等公民的自由和机会的自由。"② 这两个原则的适用范围总体上是以公民及政治权利和经济、社会、文化权利为主线所作的划分，实际上，在观念上，这两种类型的权利之间存在差异。

从以人为本的内在性来看，法律平等意味着对人性尊严的平等尊重。这种尊重包括对他人的平等尊重；意识到他人对自己的同等尊重；以及每一个人追求美好生活的愿望与努力得到同等尊重。从以人为本的外在性来看，平等是一个人与人之间相比较的概念。马克思、恩格斯认为："平等是人在实践领域中对自身的意识，也就是人意识到别人是和自己平等的人，人把别人当做和自己平等的人来对待。平等是法国的用语，它表明人的本质的统一、人类的类意识和类行为、人和人的实际的同一，也就是说它表明人对人的社会的关系或人的关系。"③ 马克思认为平等主要是一个实践性的概念，而内在性的问题主要是一个自由的问题。

法律上的平等是由法律的本质属性所决定的，建立在人的基础上的法哲学表明法律是一种关于人的关系的规范模式。人的法律形象是在复杂的法律关系网络中通过人的行为逐步建立起来的，④ 而人的自由活动的前提条件就是人格的平等。马克思认为："自由就是从事一切对别人没有害处的活动的权利。每个人所能进行的对别人没有害处的活动的界限是由法律规定，正像地界是由界标确定的

---

① 参见［美］约翰·罗尔斯《正义论》，何怀宏等译，中国社会科学出版社 1988年版，第 61 页。

② 同上书，第 61—62 页。

③ 《马克思恩格斯全集》第 2 卷，人民出版社 1957 年版，第 48 页。

④ 参见［德］考夫曼《法律哲学》，刘幸义等译，法律出版社 2004 年版，第404—406 页。

一样。……自由这项人权并不是建立在人与人结合起来的基础上，而是建立在人与人分离的基础上。这项权利就是这种分离的权利，是狭隘的、封闭在自身的个人的权利。"① 这种人格的平等关系是自由的前提条件，没有人格的平等就不可能有个人的自由。平等不仅为自由提供了前提条件，而且也把人和人联合起来了。法律上的平等是法律的其他关系展开的基本条件。

（二）法律以人为本的实质价值

柏拉图主张探讨法律的实质价值，并且是对法律的形式价值提出怀疑的第一位思想家。尽管在晚年柏拉图倡导法治，但是，他仍然认为："法律绝不可能发布一种既约束所有人同时又对每个人都真正有利的命令。法律在任何时候都不可能完全准确地给社会的每个成员做出何谓善德、何谓正义的规定。人的个性的差异、人的活动的多样性、人类事务不断的变化，使得人们无论拥有什么技术都无法制定出在任何时候都可以绝对适用于各种问题的规则。"② 尽管柏拉图是一个理想主义者，但是，他对法律的普遍性所采取的怀疑主义立场证明他是一位法律的现实主义者，也就是说，他没有考察标明法律应然范畴的平等的理念，而主要考察的是现实的人的多样性与现实的法律的不可普遍化的特征。实际上，法律价值是一种关于人的有意义的生活在规范中如何可能的问题的理论体系，意义构成法律理想和法律价值的基础，它表明人通过规范过有意义生活的可能性的范围和限度。意义与现实条件的结合实际上也就是法律的普遍形式与人的特定条件以及人的历史境遇的结合，法律的形式必须在特定的历史境遇中具体化、实质化、"实证化"，才能转化为法律的实质主义。

从平等的角度来看，法律必须把人看成人格平等的人。实际上，每个人的智力、知识、能力、感情、意志力、个性存在

---

① 《马克思恩格斯全集》第 1 卷，人民出版社 1956 年版，第 438 页。
② Plato：The Statesman，transl. J. B. Skemp，New York，1957，p. 294b.

差异；每个人的年龄、性别、社会角色、经济条件、教育背景都存在差异。法律平等的前提是多样性人格的平等尊重，并使这种生命的运动成为规范的内在本质。但是，法律所关注的是这些独特的个性如何转化为平等的法律规范。在个体的生命形式与个体的生产和生活方式之间需要引入一个规范性的概念。人性尊严的平等是规范考察的内在视角，在保证这些生命内在动力的过程中，规范必须保障它们向日常生活的现实开放，超越自然个体比较视角的局限。平等的理念要求以内在视角为基础，但同时要保障这些内在性的外在化与对象化。奥伊肯认为："自然的冲动与能量向精神层面的类似转移适用于整个人类生活。我们可以在形成某种个人特征的经验与事件中看到这种转移……这个运动一旦发端，势必使我们远远超过原先的起点。那些分散的精神因素开始凝聚起来，并发挥共同的影响。我们所向往的目标因而可能脱离狭隘个人主义的利益，不仅如此，甚至可能反对它们。一个有组织的精神王国清楚地显现出来，并且变得越来越激发劳动的热情和牺牲精神。"[1] 人格的平等与人的思想和行为自由组织着法律的精神王国，构造了法律的价值体系。

法律形式主义的两个核心概念——平等与自由只有在与法律的目的联系在一起时才能表明个人行为的内容。卡西尔揭示了人的实质化过程的基本路径，他认为："人的突出特征，人与众不同的标志，既不是形而上学本性也不是他的物理属性，而是人的劳作（Work）。正是这种劳作，正是人的这种活动的体系，规定和划定了'人性'的圆圈……一种'人的哲学'一定是这样一种哲学：它能使我们洞见这些人类活动自身的基本结构，同时又能使我们把

---

① ［德］鲁道夫·奥伊肯：《生活的意义与价值》，万以译，上海译文出版社2005年版，第79页。

这些活动理解为一个有机整体。"① 卡西尔认为人的本质是在活动中逐步确定的。

法律是如何规范人的实践活动的？也就是说，法律如何通过规范保证内在性的人的品质转化为实践活动的动力或目的？我们一般认为法律为个人的行为提供了一个行为的指南，但是，实际上，法律不可能为我们的具体行动提供一个详细的行动方案，也就是说，法律能提供给我们的是一个法律价值体系的行为前提预设，根据法律价值的谱系，我们能够确定行为的外在框架。亚科布斯认为："规范是一种认识图式……这种图式使这些个体性追求服从于一个更高级的模式，而且是为了群体的利益。这种利益是什么，取决于群体之间的竞争状态——它可能是每个人都承担的任务，即考虑到他人，也许直到牺牲自己为止，或者勇敢地与敌人战斗，或者怀着对神的敬畏而生活，或者勤勉地从事某种职业，等等；但是，无论如何——这一点才具有决定意义——这种任务并不处于个体性利益的保留之下。关于这样一种规范性相互理解，必须从以下几个方面予以解释：第一是相互理解的概念本身；第二是关于社会性环境的相互理解；第三是由此推论出的作为规范性相互理解的社会的范围。"② 个人在行为时通过对规范的理解使得欲望的个人主义转化为一种理性的个人追求，行为的目的既是个人内在品质推动的结果，也是规范相互理解的结果。

平等所能确立的是相同事物受到相同的对待，不同事物受到不同对待的形式原则。法律的形式原则必须进一步类型化、具体化为

---

① ［德］恩斯特·卡西尔：《人论》，甘阳译，上海译文出版社 2004 年版，第 95—96 页；另注阿伦特认为 "Vita Activa" 这个词是人的最基本的活动：劳动、工作和行动，它们对应生命的三种基本条件。劳动是人的生命本身；工作是一种现世性；行动主要指人的群体性，特别是政治条件。这些都是人的条件而不是人的本质。阿伦特对实践的理解与我们通常的理解有很大差别。参见 ［美］汉娜·阿伦特：《人的条件》，竺乾威等译，上海人民出版社 1999 年版，第 1—3 页。

② ［德］京特·亚科布斯：《规范·人格体·社会：法哲学前思》，冯军译，法律出版社 2001 年版，第 55 页。

一整套相互和谐的原则体系，这种原则体系就是法律的价值体系，它是人的行为的目的，拉德布鲁赫将它称为法律目的，也有称为社会正义的原则。

拉德布鲁赫认为："在整个经验世界的领域中，只存在着三种可能具有绝对真理性的事物：人类个体人格，人类总体人格和人类的作品。我们可以根据它们的基础，来区分这三种价值：个体价值，集体价值和作品价值。"① 法律价值体系的建立常常是以某一价值为基础建立起来的。已经法律化的价值体系有以个体价值为基础的自由个人主义法律价值体系和以大多数人的最大幸福为基础的功利主义法律价值体系。这两种价值体系都显示出自身的局限。拉德布鲁赫认为："对于个人主义观来说，作品价值和集体价值服务于个人价值。文化只是个人发展的工具，国家和法律是给个人提供保护和援助的机构。对于超个人主义观来说，个人价值和作品价值服务于集体价值，伦理和文化服务于国家和法律。对于超人格观来说，个人价值和集体价值服务于作品价值，伦理像法律和国家一样服务于文化。最后，我们再用几个关键词总结一下，对于个人主义观：自由；对于超个人主义观：国家；对于超人格观：文化。"② 拉德布鲁赫认为，这三种法律的最高价值的任何一项的运动都可以决定法律的实质内容，但是，由于这三项价值不可能独立存在，它们会共同作用于法律过程，因此，这三项价值并非预先和谐地存在，而是相互冲突又相互补充的。法律价值的体系化涉及党派问题，不同党派性在法律价值的体系化中所采取的标准不同。③ 法律的价值体系并不是一次铸成的，而是一个逐步

---

① ［德］G. 拉德布鲁赫：《法哲学》，王朴译，法律出版社 2005 年版，第 53 页。

② 同上书，第 55—56 页。

③ 参见 ［德］G. 拉德布鲁赫《法哲学》，王朴译，法律出版社 2005 年版，第 56—58 页。

形成的过程。这三项价值在相互作用的过程中最终都导向法律上的绝对权——基本人权，任何法律秩序都必须以保障人权为终极目的。① 只是所保障的人权体系中的具体人权在不同背景中的内容有所侧重。

建立一个怎样的法律价值体系涉及协调法律价值冲突的基本原则。协调法律价值冲突的原则主要有两种类型：一类是价值优先性原则；另一类是共识原则。前一类属于形而上学的目的论，后一类属于约定论或论辩伦理。

亚里士多德和康德所确立的是价值优先原则。亚里士多德认为幸福是最高的善，他的伦理学和正义理论都是建立在幸福这一终极目的上的，所以，他的法律价值论被称为目的论。康德认为人永远只能是目的而不能作为手段是一个绝对的道德律令，是法律价值不能超越的最高伦理规范。霍布豪斯认为在个人主义和功利主义之间应该有一个和谐原理。他认为："一种和谐的人格，只有当各种根本性的需求能在一种协调的生活中获得满足时，才能发展。这样的原则同样适用于社会关系。社会用某种压制的方法维持秩序是可能的，而且事实上也是需要的，但是如果所镇压下去的是某个阶级的一些真实而持久的需要的呼声时，那么就会长久的不和谐，而且如果这种需要实际上并不妨碍我们所承认的其他需要而就可以满足时，那么这种压制就是一种不必要的不和谐，因而是错误的……和谐是一种创造原理，其作用不是破坏而是改进。"② 麦金太尔和桑德尔继承和阐述了自亚里士多德以来的目的论传统，他们所采用的方法论一般是形而上学的或者历史主义的。目的论传统成为法律价值优先原则的基础。

---

① 参见［德］考夫曼《法律哲学》，刘幸义等译，法律出版社2004年版，第248页。

② ［英］伦纳德·霍布豪斯：《社会正义论》，孔兆政译，吉林人民出版社2006年版，第9页。

罗尔斯在《正义论》中所表达的是一种自由主义的价值优先原则。① 罗尔斯认为自由在现代社会具有优先的价值："自由的优先性的基础可以概括如下：随着文明条件的改善，文明对我们的善，即我们的进一步的经济和社会利益具有一种边际意义，它减少我们对自由的关切的相对物，这种关切将随着运用自由平等的条件的日益充分的实现而愈加强烈。"② 但是，在《政治自由主义》中，罗尔斯修正了自己的价值体系的形成理论，他从坚持价值的优先原则转向价值的共识理论与优先原则相结合。他认为："关于自由优先的最后一点是，我们并不是在所有条件下都要求这种优先性。然而，出于我们这里的目的考虑，我还是假定，在我将要称之为'合理有利的条件'下，仍然要求有这种优先性。这也就是说，在这样一些社会条件——即使人们已有这种政治意愿，这些社会条件允许有效确立并充分实践这些自由下，还是要求这种优先性……当然，人们是否有这种政治意愿，则是一个完全不同的问题。"③ 罗尔斯在这里将自由的优先原则确立为一个理想的应然的原则，是一种有条件的优先原则，而实际生活中的共识也可能不是自由优先的。这种共识被罗尔斯描述为"重叠共识"，它是在程序中达成的。

哈贝马斯发展了关于法律价值的商谈论辩原则。他认为商谈论辩原则不是实践理性而是交往理性。哈贝马斯认为："交往理性之区别于实践理性，首先是因为它不再被归诸单个主体或国家——社会层次上的宏观主体。相反，使交往理性成为可能的，是把诸多互动连成一体、为生活赋予结构的语言媒介。这种合理性是铭刻在达成理解这个语言目的之上的，形成了一组既提供可能又施加约束的

---

① ［美］约翰·罗尔斯著：《正义论》，何怀宏等译，中国社会科学出版社1988年版，第61—62页。

② 同上书，第545页。

③ ［美］约翰·罗尔斯著：《政治自由主义》，万俊人译，译林出版社2000年版，第315页。

条件……参与者应该无保留地追求他们的语内行为目的，他们的同意是同对于可批判的有效性主张的主体间承认相联系，并表现出准备承担来自共识的那些同以后交往有关的义务。"① 法律商谈论辩原则认为法律的目的性是通过不断的商谈论辩逐步形成的，而不是通过形而上学的方式主观先定的。法律价值的商谈论辩原则是一种反对法律"独语论"的主张，交往行为理论所提供的方法论将各种形式的精英主义的法律话语转化为一种平民主义的法律实践，它使法律成为普通公民具有话语权和行动自由的现实的法哲学基础，但因其没有进一步追问法律中的人性基础，也没有清晰勾画出一个通过法律实现人的全面发展的未来前景，也就是没有对人的未来作一个长期的规划。因此，其理论前提是纯粹的"理想的对话情景"，在它的方法论中，人的全面发展的镜像是模糊的。

阿佩尔认为，无论是西方的互补性系统还是东方的整合系统都不可能使价值之间的冲突统一起来。② 他认为，论辩原则同时先行假设了两个前提：一是某个实在的交往共同体；二是某个理想的交往共同体，这两个交往共同体之间存在差异。③ 阿佩尔认为："'成文法'本身如果没有一种伦理学的默许前提，就是没有规范约束力的，最多只是有效的。但十分具有启发意义的是，一种在社会中丧失了道德信誉的法律制度，往往也终将丧失它的效力。"④ 因此，"从所有哲学论辩的这一（蕴含的）要求中，我们可以为每一个人的长远的道德行为策略推导出两个根本的规整性原则：首先，在人的全部的所作所为中，重要的是保证作为实在交往共同体的人类的生存；其次，要紧的是在实在交往共同体中实现理想交往共同体。

---

① ［德］哈贝马斯：《在事实与规范之间：关于法律和民主法治国的商谈理论》，童世骏译，生活·读书·新知三联书店2003年版，第4—5页。

② 参见［德］卡尔—奥托·阿佩尔《哲学的改造》，孙周兴、陆兴华译，上海译文出版社1997年版，第276—277页。

③ 同上书，第335—336页。

④ 同上书，第274页。

第一个目标是第二个目标的必要条件；而第二个目标赋予第一个目标以意义——这一意义，已经随着任何一个论据被预先推定了"①。论辩理论不仅承认策略互动的意义，而且这种策略互动必须满足人类生存的目的性要求。阿佩尔认为："对人类社会整体，我们能够，并且可以基于生存策略的观点把它们作为一个自我维护系统（也是在吕曼的'复合体还原'意义上）来加以分析。甚至对真理，我们也能够，可以并且必须基于这一点以一种功能主义的方法（规范—分析的方式）来加以解释——因为科学的真理无疑也是人类生存策略中的一个手段……整个生存策略只有通过理想共同体——在其中真理得以达到的——社会性实现的（为论辩所需的）策略，才能获得其意义。换言之，生存策略通过一个长远的解放策略而获得意义。"② 实在的论辩原则受到理想的论辩原则的约束，而理想的论辩原则受到人类存在的目的性的约束，阿佩尔实际上是在承认以人为本的目的论前提条件下来安排论辩的，阿佩尔的论辩规则受到目的论或共识论的制导。

考夫曼考察了法律价值的众多形态：它们包括伦理善学说、亚里士多德和康德的最高善学说、社会化学说、功利论等，最后他所得出的实质主义的法律价值理论是负面福利理论和法律运行机制的实质主义基础上的正义程序理论。关于负面福利理论，考夫曼认为，反对正面的功利论的主要观点有二：幸福无法普遍化，除非其意义是内容空洞的；正面的功利论的利益，只对尽可能多的人的幸福，他不在乎少数人的不幸。保护少数人在正面功利论上没有理论的基础，当对多数人的幸福有必要时，少数人的利益就面临危险或可能被牺牲。③ 他认为，每个人避免不幸是能够普遍化的。因为，

① ［德］卡尔—奥托·阿佩尔：《哲学的改造》，孙周兴、陆兴华译，上海译文出版社1997年版，第337页。

② 同上书，第338页。

③ 参见［德］考夫曼《法律哲学》，刘幸义等译，法律出版社2004年版，第257页。

每个人的不幸是可以由经验检验的。正义的最高要求在于消除或减少苦难，减少苦难是政治的义务，而寻求幸福则由个人去做。① 在法律价值的定义上，考夫曼赞成以内容为基础的真理或正义程序理论。② 他认为，正义的最高原则是负面福利原则——宽容原则。在现代复杂社会，人们面临巨大的社会风险，因此，宽容是社会正义的必要要素。宽容就是给予那些生存受到威胁的人以尊重和照顾，使得他们有机会解放自己从而过合乎人类尊严的生活。③ 而人是法权本体论的基础。考夫曼认为："每一个内容的法哲学观念只能是人的观念，因而法权的实际唯理论也只能以整体的人为基础建立。法哲学不是具有逻辑天赋的精英的玩具。如同所有法权都是因人存在而且不能反其道而行之一样，法哲学也必须不断地面对这样的问题，即它在多大程度上可以服务于人类。于是必须不断地一再宣言，法哲学追求的是：对人及人的世界承担责任。概括而言，后现代法哲学——如果确实有一个后现代的话——究竟要表述些什么，它所致力寻求的是什么？后现代法哲学必须要体现为对法权的关怀，即对人类的关怀，更进一步说，对所有形式存在的生命的关怀。"④ 法律价值体系化的基础关系是人本身。

以人为本是法律价值的基础和源泉，法律价值的体系化只能以人为本。以人为本是法律价值的内在尺度，它决定法律的内在品质以及法律正义性的评价标准，同时也是调整法律价值冲突的根本原则。法律以人为本在现代社会分离出个人理论和共识理论两个相互关联而又相互分离的理论体系，它们都是与特定的社会

---

① 参见［德］考夫曼《法律哲学》，刘幸义等译，法律出版社 2004 年版，第257—259 页。

② 参见［德］考夫曼《后现代法哲学：告别演讲》，米健译，法律出版社 2000 年版，第 41 页。

③ 参见［德］考夫曼《法律哲学》，刘幸义等译，法律出版社 2004 年版，第472—476 页。

④ ［德］考夫曼：《后现代法哲学：告别演讲》，米健译，法律出版社 2000 年版，第 53—54 页。

历史条件联系在一起的。在现代社会日益复杂化和规模化的背景下，两种理论都表现出深嵌其中的缺陷和不完备性。法律以人为本必须超越人本主义和社群主义的局限，以关注人性尊严的普遍性为基础和以关注风险社会被边缘化的人群为中心重构我们时代的法哲学。昂格尔认为，系统理论的建构与法律的编年史是联系在一起的。"调和系统理论与历史认识的关键一环就是类型。类型就是一个有意义的整体，而其内部各因素的统一性就在于意义的统一而不是逻辑的或因果关系的统一"①。对人类个性和人类社会性理解的强弱关系是与特定的历史条件联系在一起的，不同的理解构成时代文化的一部分，也是特定的社会需要所推动的。调和人的个性与社会性的关系"是把人性看做是体现在特定社会生活形态中的一个整体，当然，这一体现从来不是尽善尽美的。所以，人性总是可以超越按某一方向发展人性的任何特定社会形态的限制。然而，只有通过社会生活的历史类型，人性才能被认识，确切些说，才能存在"②。法律实践已经走到了需要超越个人自由和社会共识的十字路口，相互补充和相互冲突的理论都已扎根在我们的社会结构之中。"在一种社会设法调和个人自由与社会凝聚，调和一种内在性秩序的意义和超越性批评的可能性的范围内，它可以解决这种秩序危机。这种调和变得越完善，社会中新出现的相互作用的法律就越是可以揭示人性和社会共存的需要。因此，人们可以从中发现用来评价共识和定义平等的标准。这些标准对每个人的适用性使得凝聚和稳定成为可能。同时，这样一种社会承认，人类组织变化的需要就像人性本身一样，都是可以改变的。如此说来，这样的社会本身就提供了异议和变化。在这种想象的情况中，个人利益理论和共识理论之间的争论将失

---

① ［美］R. M. 昂格尔：《现代社会中的法律》，吴玉章、周汉华译，译林出版社 2001 年版，第 248 页。

② 同上书，第 250 页。

去其理论意义，这仅仅因为这种争论会在实践中得到克服"①。在法律的实践过程中，以以人为本作为根本前提的论辩会形成一个未来法律价值体系化的前景。传统的"完备性理论"中以人为本的要素会在理性论辩过程中被吸收，时代的以人为本的要素会在法律实践中扎下根来，我们对法律以人为本这一核心命题深信不疑。但是，只有法律实践才能丰富法律价值体系的细部特征。以人为本是意义的法哲学的基础，也是联系两种法律基本理论的纽带，更重要的是它本身已经表明了法律的终极目的。从本质上讲，以人为本是一种超越传统的实践哲学，这是它的重要的哲学品质，它在法律实践过程中逐步会形成以人为本的法律价值体系。

以人为本是一种马克思主义价值观、历史观与世界观的统一，以人为本揭示了人类生活的本质以及人类依靠自身过美好生活的信念；它揭示了人在法律中的本体地位，法律因人而有意义，而不是人因法律而有意义，人是法律之本；以人为本否定任何对人产生异化的法律，它激发人们对法律的反思，它激发法律反思理性的生长，促进法律的进化；以人为本是法律价值的基础和精神实质，它构建法律价值的基本结构，使法律成为激发人的解放的重要力量，促进人的全面发展；以人为本向法律的实践领域开放，不断丰富法律的价值，促进法律对应理性的成长，增加法律的适应性；以人为本将法律的理想和法律的现实通过人类有意义的精神生活的结合而成为人类改造自身和世界的优良工具，展示了人类美好生活的前景，从而为当代中国法学基础理论开辟了广阔的道路。

---

① ［美］R. M. 昂格尔：《现代社会中的法律》，吴玉章、周汉华译，译林出版社 2001 年版，第 253 页。

第五章　以人为本与社会主义法治理论体系的构建

以人为本作为指导当代中国社会主义建设的基本纲领与原则，其对法学基础理论的促进作用是极为深入的。它作为基本共识与精神实质，是中国共产党的领导、人民当家做主与依法治国三者有机统一的纽带，直接影响到当代中国法治建设基本制度与路径的选择，还催生了"社会主义法治理念"这一指明我国法治方向的基本纲领。它在为法学基础理论创新提供方法论与价值基础的同时，还影响到相关的众多领域，为法学基础理论的学术价值与实践价值的良性互动创造条件。

第一节　以人为本与社会主义法治理论体系的根本原则

新中国成立60年来，我国法治建设历经磨难与坎坷，但终究顺利地走上了正轨并取得了巨大的成就。在回顾这段不寻常的历史时，我们不得不思考，什么是当代中国社会主义法治建设的根本制度与原则？纵观历史，任何一个法治模式的兴起与发展，都有特定的、与众不同的基本制度与原则。对这些基本原则与制度的呵护与发展的力度与效果，是决定这些法治模式兴衰成败的关键所在。应该来说，过去60年来我国结合国情的法治制度创新很多，但哪些是最根本的？是区别当代中国的法治模式与其他法治模式的呢？为了回答这一重大理论问题，我们可以借助"以人为本"这一理论武器，探索现行的一些基本制度的内在精神实质，进而发现，中国共产党的领导、人民当家做主与依法治国的有机统一①是社会主义民主法治建设的根本原则。

一、政治制度根本原则的历史考察

　　历史是一面镜子。任何一个国家政权、任何一项政治制度，大都有一个根本原则在起支配作用，而这个根本原则正确与否，能否顺应时代潮流，以及它在实践中贯彻得怎样，直接关系到该项政治制度的兴衰成败。以中国古代为例，秦始皇奉行法家治国方略，坚持"以法为本，法、术、势相结合"这个根本原则，为新兴地主阶级建立了最早的中央集权封建王朝。而当时法家的代表人物就是韩非，曾一度得到秦始皇的赞赏。据说秦始皇读了韩非的著作《孤愤》和《五蠹》之后极为感慨："嗟呼！寡人得见此人与之游，死不恨矣！"②他甚至不惜调动十万大军特地为取得韩非而发动了一场对韩国的战争。韩非乃韩国的公子，他总揽"诸侯异政，百家异说"之得失，集法家治国思想之大成，著书立说，影响极为广泛，世称《韩非子》。他主张的政治制度的根本原则，可以概括为三个字："法、术、势"。其中，"以法为本"是这个根本原则的核心，它源自法家先驱管仲提出的"以法治国"，韩非对这一思想作了发挥和创新，提出和阐释了"法不阿贵"、"刑不上大夫，赏善不遗匹夫"等著名观点，丰富和发展了"以法为本"的内涵，并确定了一系列法律加以实施。至于"势"，源于慎到的"势治"思想。韩非认为，势即权势是必要的，但必须从属于法，并明确指出："抱法处势则治，背法去势则乱。"③在他看来，"势"

---

①　下面简称"三者统一"。

②　转引自《中国大百科全书》（法学），中国大百科全书出版社1984年第1版，第270页。

③　《韩非子·难势》。

有两种：一是"自然之势"，二是"人设之势"，他主张的或强调的是后者。他既要求"法"离不开"势"，更要求"势"离不开"法"。在"术"的问题上，韩非总结和发展了申不害"术"的思想，并认为"术"也是重要的，是推行法治的重要条件和技术，既包括"循名责实"的"阳术"，也包括"潜御群臣"的"阴术"。他强调后者，反复提出："术者，基于胸中，以偶众端，而潜御群臣者也。"① 就是说，君主要有一套驾驭群臣的治国之"术"，使臣下既不能篡夺国炳，又不敢阳奉阴违，从而实现"事在四方，要在中央，圣人执要，四方来效"的中央集权的政治制度。总之，韩非的功绩在于使法家思想理论化、系统化、制度化，特别是他提出的封建中央实权体制的根本原则："法、术、势"，对秦始皇统一中国起了很大作用。但是，由于秦王朝严刑峻法，失去民心，导致过快灭亡的结局。这无疑是个严重的教训。不过，韩非法治思想的影响，尤其作为政治制度根本原则的"法、术、势"却成为我国古代的法律文化遗产而流传下来，即使是西汉时期汉武帝"罢黜百家，独尊儒术"以后，仍然对政局产生一定作用，出现过长期"儒法合流"的局面。当然，作为汉王朝政治制度的根本原则已产生重大变化，董仲舒提出的"君权神授"、"天人合一"和"大一统"则奉为此后历代王朝的信条，他们企图使帝王神圣化，来证明封建政权的正当性与合法性，以致使中国封建政治制度得以"苟延残喘"。辛亥革命和五四运动之所以伟大，就在于从根本上动摇和摧毁了封建专制政治制度的根基。这也从反面说明了政治制度根本原则的重要性。

在西方，在古希腊、古罗马时期，思想家和政治家对政治制度的根本原则同样是重视的，他们把治国重心放在立法上。亚里士多德有句治国的名言："法治应包含两重意义：已成立的法律获得普

---

① 《韩非子·难三》。

遍的服从；而大家服从的法律又应该本身是制得良好的法律。"①
他还对"良法"的标准提出了看法，认为符合正义的法就是"良
法"，而正义又与政体有密切联系，法律必须依政体而制定，"符
合正宗政体制定的法律就一定符合正义；而符合变态或乖戾的政体
制定的法律就是不符合正义"。古罗马政治家、法学家西塞罗赞同
亚氏的观点，但他作了自然法学的解读："这个法不管是在罗马或
雅典，不管是现在或将来，都没有什么不同，对一切国家和一切时
代都具有不变的效力。"他又说："我们区别好与不好的法律只能
凭自然标准。"② 尽管他们关于"良法"的标准值得商榷，但他们
对"良法"持肯定的态度无疑是有益的，特别是他们把"良法"
作为政治制度的一个根本原则在当时是有进步意义的。

　　近代以来，西方资本主义国家相继建立了民主政治，尽管
它们赖以建立的民主理论多种多样，民主模式也各有特色，但
是它们的根本原则是一致的，这就是"分权制衡"、"多党政
治"。尽管这个根本原则经过 300 多年的演变，也有人提出过
反对意见，但总的说来，这一根本原则不断得到了巩固和完
善。考察"分权制衡"的历史，首先得从英国思想家、政治家
洛克说起。他在《政府论》一书中，对首先获得资产阶级革命
成功的英国的政治制度作了一个总结，他从自然法学演绎来看
"两权分立"的根本原则，明确指出："如果同一批人同时拥有
制定和执行法律的权力，这就会给人们的弱点以绝大的诱惑，
使他动辄要攫取权力，借以使他们服从他们制定的法律，并且
在制定和执行法律时，使法律适合于他们自己的私人利益；因
而，他们就会与社会其余人员有不同的利益，违反了社会和政

---

① ［古希腊］亚里士多德：《政治学》，吴寿彭译，商务印书馆 1965 年第 1 版，第
199 页。

② ［古罗马］西塞罗：《论共和国·论法律》，王焕生译，中国政法大学出版社
1997 年第 1 版，第 202 页。

府的目的。"① 当然，洛克在确立英国民主政治的根本原则时，无疑是有重大缺陷的：一是名义上讲的是"三权"，而实质上都是"两权分立"，因为对外权属于行政权范围，不宜单例；二是没有提到"司法权"，导致了英国在一段时期内搞"两权分立"，并出现过"议会专权"的倾向。法国思想家孟德斯鸠看出了洛克分权理论的毛病，于是便在《论法的精神》一书明确提出了"三权分立"并作了阐释：立法权代表国家意志，应属人民集体所有，由他们选择代表组成立法机关行使；行政权执行国家意志，应掌握在国王手中；司法权必须独立，由法院行使。很显然，孟氏的"三权分立"显然较洛克的"两权分立"前进一大步；但把行政权交给国王是明显的不对；尽管他明确反对暴君，但他对行政权的归属处理如此草率，理属不当。人们不会忘记孟德斯鸠的是他从人性出发，阐明了一条真理："一切有权力的人都容易滥用权力，这是一条万古不易的经验，有权力的人使用权力一直到有界限的地方才会停止。"② 同时，他还提出权力之间的互相制约问题，强调：没有制约的权力，必然导致腐败。孟氏的"三权分立"理论，在美国人手中得以实现，汉密尔顿、麦迪逊等人在《联邦党人文集》中作了详细的论述，后来又明确地写在 1787 年的美国宪法上，形成了立体式的"分权制衡"的理论和体制，不仅在横向上使立法权、行政权和司法权相互制约，并保持权力大体平衡，而且在纵向上即联邦与各州的权力上亦保持相互制约。至此，"分权制衡"作为西方资本主义国家民主政治的根本原则，业已形成严整的理论体系和操作性很强的实践模式。应该说，它经过数百年的运行，历经从实践到理论、从理论到实践的多次反

---

① ［英］洛克：《政府论》下，霍菊农、叶启芳译，商务印书馆 1983 年第 1 版，第 45 页。

② ［法］孟德斯鸠：《论法的精神》上册，陕西人民出版社 2006 年版。

复，已经适合于西方资本主义世界的国情并取得了一定效果。但是，这个根本原则是不适应中国和一些发展中国家的，因为它不符合中国的国情和实际情况，它从根本上否定了人民有最高决定权和最后监督权，从而从根本上否定我国的最高权力机关——全国人民代表大会，实际上也就否定了中国共产党的执政权。这当然被中国人民所否定，何况它根本不符合中国国情，会给中国人民带来毁灭性的灾难。

通过对政治制度根本原则的历史考察，我们从中至少可以得出两个基本结论：

第一，任何一个国家政权、任何一种政治制度特别是民主政治制度，往往都有一个起支配作用的根本原则，而它的正确与否以及运行情况，直接关系到国家政权和政治制度的兴衰成败。

第二，政治制度根本原则的确立，必须从本国实际出发，并随着历史的发展而不断完善，否则根本原则再好，也会导致衰败的结局。同时，脱离实际，不注重国情，政治制度的根本原则是确立不了的。

二、中国特色社会主义法治理论体系根本原则的形成和发展

中国特色社会主义民主政治的根本原则是：坚持中国共产党的领导，人民当家做主和依法治国的有机统一。它是中共十五大正式确定，中共十六大、十七大再次重申和阐释的。事实上，这一根本原则的提出则是对新中国民主与法制建设的科学总结，也是对社会主义国家兴衰成败的惨痛教训的科学总结，它历经了一个较长的形成、发展和完善的过程。

早在新民主主义革命时期，在毛泽东、周恩来等老一辈无产阶级革命家的心目中，就有了"民主立国"的思想，且不说中国共产党的决议和宣言中已经明确确立了把人民当家做主的新国家作为新民主主义革命的奋斗目标，仅就1947年在延安的一次座谈会上，

毛泽东同志在回答黄炎培先生关于"历史周期率"的提问时，就明确地讲到"民主"问题。他说："我们已经找到新路能跳出这个周期率，这条新路就是民主。只有让人民来监督政府，政府才不敢松懈。只有人民起来负责，就不会人亡政息。"[①] 新中国成立前夕，即 1949 年 6 月底，毛泽东同志专为纪念中国共产党的生日，也是为新中国成立奠定理论基础，特地出版了《论人民民主专政》一书，其中重点论述了新中国的国体，强调了人民当家做主的客观需要和国家的人民性，他在回顾中国革命的历史后写道："就是这样，西方资产阶级的文明，资产阶级的民主主义，资产阶级共和国的方案，在中国人民的心目中，一齐破了产。资产阶级的民主主义让位给工人阶级领导的人民民主主义，资产阶级共和国让位给人民共和国。"又说："人民的国家是保护人民的。有了人民的国家，人民才有可能在全国范围内和全体规模上，用民主的方法，教育自己和改造自己。"[②] 随着中国人民解放战争的节节胜利，1949 年 9 月召开了中国人民政治协商会议，共商国是，研究和讨论的问题很多，其中的重要问题之一就是新中国的名称（即国名）问题，明确表明了人民当家做主的性质。当时，有四种观点：一曰"中华民主国"，二曰"中华共和国"，三曰"中华民主共和国"，四曰"中华人民共和国"。最后多数人同意第四种意见，正如董必武同志代表政协所作的《中华人民共和国中央人民政府委员会组织法的草拟情况和基本内容》的报告中所提出的："我们采用了最后这个名称，因为共和国说明了我们的国体，'人民'二字在今天新民主主义中国是指工、农、小资产阶级和民族资产阶级及爱国人士，它有确定的解释，已经把人民民主专政的意思表达出来，不必再把

---

① 转引自黄炎培《延安归来》，载《八十年来》，文史资料出版社 1952 年版，第 148—149 页。

② 《毛泽东选集》第 4 卷，人民出版社 1991 年第 2 版，第 1471 页。

'民主'二字重复了。"① 上述事实表明，"民主立国"已经成为全国人民的共识，人民当家做主无论在法律上或事实上，业已确立无疑。当然，还可以从中央人民政府委员会的成员即在六个副主席中，便有三个属于非中共党员中看出来；在政务院四个副总理中便有两位属于民主人士；至于在政府各部委中，就有数十位是非中共党员。其中，令人感慨的是，黄炎培先生已年逾花甲，经历过北洋军阀和南京国民党政府，曾先后两次请他做官，均被拒绝。1949年新中国成立时，拟任命他为副总理，他依然不接受。当他亲眼目睹人民政府确实是人民当家做主时，欣然受命。就是说，当时的人民政府确实是为了人民，体现了人民当家做主的原则和精神。至于法治与人治问题，尽管当时没有直接讨论或作出决定，但法治作为治国方略的趋势，是十分明显的：第一，新中国是依法建立的，即依照《中国人民政治协商会议共同纲领》（临时宪法）、《中央人民政府委员会组织法》和《中国人民政治协商会议组织法》三大法律而组建的。第二，当时已颁布《婚姻法》、《工会法》、《土地改革法》和《惩治反革命条例》、《惩治贪污条例》等法律，1954年又颁布了《中华人民共和国宪法》等法律，法律秩序井然。第三，废除了国民党政府的"六法全书"，确定新中国的司法原则。就是说，在新中国成立初期，在"三统一"这个根本原则上已经有了良好的开端，并在现实生活中取得了良好的效果。人们对当年那种良好的党风、民风和人民相互友好的关系，至今难以忘怀。

当历史推进到1956年时，这本来正值中共八大胜利召开，这次具有历史意义的党的代表大会，不仅民主气氛浓，而且在理论上取得了重大成果，如确定了中国社会的主要矛盾已不是阶级斗争，而是先进的生产关系与落后的生产力之间的矛盾，党号召全国人民"向大自然开战"。正当全国人民意气风发向民主法治前进的时候，即在八大召开后不久，国际共产主义运动发生了突然事件，即1956

---

① 《董必武法学文选》，法律出版社2001年版，第18—19页。

年10月的匈牙利事件，紧接着波兰又出现波兹南事件；当然，更严重的是苏共召开了二十大，国际共产主义运动遇到空前的挑战。面对上述情况，年轻的中国共产党思想准备不够，党和国家领导人理论准备也不够，再加上"左"的错误的干扰，于是来了一个大转弯，1957年开始反右，1958年在中央政治局北戴河会议确定人治的治国方略，1959年反右倾、拔白旗，1960年出现天灾人祸混在一起的灾难，最后导致"文化大革命"的发生，"三统一"受到严重破坏，不仅人民当家做主与法治思想付之东流，而且给全民族带来一场浩劫。这段痛心的历史表明：在中国这块红色的土地上，一旦"三统一"遭破坏，不仅社会主义民主政治不复存在，而且必将给民族和人民带来不幸。好在我们中国共产党是伟大的党，我国人民是伟大的人民，经过艰难的斗争终于粉碎了"四人帮"，并于1978年底召开了中共十一届三中全会。在这个历史转折点上，使全党和全国的工作重点由阶级斗争为纲转到以生产建设为中心上来，并作出了加强民主与法制建设的重要决定，尤其是邓小平关于《解放思想、实事求是、团结一致向前看》这个实质上的大会主题报告，引导全国人民看清了前进的方向，使"三统一"思想重新回到党和国家领导人的决策之中。经过从实践到认识、从认识到实践的多次反复，无论是从中国在民主与法制过程中走过的曲折道路，还是在20世纪80年代末的苏联解体和东欧剧变的一些社会主义国家的惨痛教训，特别是以改革开放以来取得的巨大成就中，中国共产党和国家领导人都清醒地看到，"三统一"是中国特色社会主义民主政治发展的客观要求，也是建设社会主义法治国家的必然选择，于是在党的十五大报告中认真总结了这一重要经验，明确提出：要发展中国特色社会主义民主政治，"必须坚持党的领导，人民当家做主和依法治国的统一"。此后，中共十六大、十七大又重申了这一根本原则，将一个根本原则在党代会的历史文献中连续三次阐释，并且时间上相距十年之久，这在历史上是极为少见的，这足以证实"三统一"的重要性和迫切性。中共十五大在提出"依法治国，建设社会主义法治国家"

的同时，强调了"三统一"；中共十六大科学地论证了党的执政方式转变的必然性，并阐明了依法执政与民主执政、科学执政的内在联系，提出了依法执政的具体要求，直接将依法执政与依法治国结合起来，使坚持与完善党的领导落到实处；中共十七大在前两次代表大会特别关注社会主义民主政治，切实做到人民当家做主的基础上，重点论证了"人民民主是社会主义的生命，发展社会主义民主政治是我们党始终不渝的奋斗目标"。较前两次中共党代会更进一步，强调"坚持党的领导，人民当家做主，依法治国有机统一"，坚定不移地走中国特色社会主义发展道路。

三者的统一作为社会主义法治的根本原则，既是我国民主与法治建设经验与教训的总结，也是历史的必然和时代的要求。因为一个国家治国理念的确立绝不是主观的任性，而必须与该国的社会制度、历史传统、价值观念和文化底蕴联系起来。

在"三统一"这一根本原则中，中国共产党的领导是人民当家做主和依法治国沿着中国特色社会主义道路循序渐进的根本保证。因为中国共产党是中国特色社会主义事业的领导核心，人民需要党妥善协调各方面的利益关系，需要党调动各种积极因素，特别需要党指明前进的方向和克服各种困难；更何况党的路线、方针和政策代表人民的根本利益，是人民当家做主和依法治国的灵魂。离开中国共产党的领导，人民当家做主和依法治国就会成为一句空话，社会主义民主政治必将付之东流。

在"三统一"里，人民当家做主是社会主义民主政治的本质要求，是中国共产党的领导和依法治国的坚实基础与根本目标。与资产阶级民主不同，以人民当家做主为目的的社会主义民主，是人类历史上第一次实现最大多数人有序参与的民主，是人民民主生动的展现，因此，如果偏离了人民当家做主这一事实，中国共产党就会变质，国家就会改变颜色，依法治国只能是纸上谈兵。因为共产党是代表最大多数人利益的党，"执政为民"是党的执政理念，共产党执政的实质就是领导人民当家做主；因为依法治国就是要使社会主义民主制度化、法律化、法治化，并做到"不因领导人的改变而改变，不因领导人的看法和注意力的改变而改变"①。就是说，中国共产党的领导与依法治国，都不能偏离人民当家做主这一根本目的。

依法治国是"三统一"中不可缺少的重要部分，是坚持中国共产党的领导和人民当家做主的根本途径，是中国共产党领导人民治国的基本方略，是当代中国半个多世纪以来民主与法制建设的科学总结，是中华民族的伟大创举。中国人民过去吃过"人治"的苦头，也尝到了"依法治国"的甜头，因为无论是坚持中国共产党的领导，还是实现人民当家做主，都需要"依法治国"这个凝结人类共同智慧的基本方略。正是这个治国方略，可以坚持和改善中国共产党的领导，转变党的执政方式，把依法执政与民主执政、科学执政有机结合起来，从而提高党的执政能力，也正是这个治国方略，有广大人民的积极参与，有利于作出正确的决策，从而把人民当家做主落到实处。

实践证明，凡是贯彻和体现这个根本原则时，我国就兴旺、就前进、甚至创造奇迹；反之，凡是忽视和破坏这个根本原则时，我国就出问题、甚至倒退。新中国成立初期，"三者统一"原则开始萌芽，出现全面复兴的局面，至今人们对 20 世纪 50 年代的党风、民风和社会稳定的秩序，还念念不忘！"文化大革命"踢开党委闹革命、砸烂"公检法"，迫害无辜百姓和国家干部，使冤假错案多如牛毛，使古老而文明的中华民族遭到空前浩劫，这无疑是破坏"三者统一"的恶果。

改革开放以来，特别是正式确认"三者统一"以来，中华民族的振兴已举世瞩目；尤其在近年来发生的金融危机中，我国出手早、出拳重，赢得举世的赞美，显示中国特色社会主义制度的优越性，也是贯彻"三者统一"的必然结果。相比之下，拉美、东亚、

---

① 《邓小平文选》第 2 卷，人民出版社 1994 年第 2 版，第 146 页。

非洲、南欧等一些国家或地区尽管盲目模仿西方国家的做法建立了以多党制、自由选举等为基础的民主制度，但在社会、经济的广大领域，并没有取得较大的进步，相反却仍然保留着前政权时期的权威主义控制模式。"公正的选举民主并没有在这些国家中出现。中亚地区的国家在民主选举中普遍出现了严重的选举舞弊问题"，普通大众往往被排除在民主过程以外。在选举结果公布以后，"失利的一方并不会就此接受，而是破坏原来的协定，以选举不符合公正、平等为口号，聚集民众反对选举，要求重新举行选举"，① 这进而导致了广大民众对选举的普遍不信任、对政治的普遍不信任，甚至容易丧失和平发展的环境，引起政权危机。

总之，"三统一"是历史的选择、人民的选择，是全民族的共同愿望，不仅顺应世界潮流，而且是民心所向。"三统一"是中国特色社会主义的脊梁，是当代中国民主政治的精髓和根本原则。

三、坚持"以人为本"，实现"三者统一"

坚持和完善"三统一"这个根本原则，必须全面贯彻科学发展观，认真落实"以人为本"这个核心。"以人为本"既是对人类优秀文化遗产的科学总结，也是构建社会主义和谐社会本身的迫切需要，更是中国特色社会主义民主政治的价值基础。社会主义民主政治根基于"以人为本"，发展于"以人为本"，也服务于"以人为本"。因为"以人为本"是社会主义民主政治力量的源泉，富有极大的活力和丰富的内容，其内涵是"人民"，其外延是"人人"，即社会的全体成员。这里讲的"人民"，在社会主义条件下，包括全体社会主义劳动者、社会主义建设者、拥护社会主义的爱国者和拥护祖国统一的爱国者，占全国总人口的 99.98%。因此，"以人为本"就是以人民根本利益为本，以人的全面发展为本，具体来

---

① 陈尧：《新权威主义政权的民主转型》，上海人民出版社 2006 年版，第 260—261 页。

说，在政治关系上，正如宪法明确确认的那样："中华人民共和国的一切权力属于人民"；在经济关系上，正如政府工作报告所说的，就是以民生为本。这两者的内在联系表明，建基于"以人为本"这个价值基础之上的"三统一"，一定会永葆社会主义之青春，必然会展现中国社会主义民主政治之光辉！

坚持和完善"三统一"，既要促进"马克思主义中国化"继续开花结果，使马克思主义这个普遍真理与中国的改革开放实践结合得更紧；也要推动中国经验马克思主义化，特别是使中国民主政治的经验马克思主义化。俗话说，只有民族的东西，才能成为世界的东西。中国革命与建设，特别是30年来中国改革开放的成果，业已举世瞩目，令人刮目相看。现在的问题是如何总结经验，并把这些行之有效的经验加以概括、抽象、升华，使之马克思主义化。这是当代中国人义不容辞的光荣义务和神圣责任。只有把马克思主义中国化和中国经验马克思主义化，中国的社会主义民主政治才有牢固的理论基石，才能立于不败之地，才能使"三统一"大放异彩。

实现三者的有机统一，也是时代对我们的要求。中国特色社会主义建设事业正处在关键时期，各种矛盾正在凸显，更需要三者有机的配合和统一，以便及时研究新情况，探索新课题，解决新问题，从而使中共十七大提出的"人民民主是社会主义的生命"的科学论断得到全面贯彻，使社会公平正义得以实现，使社会更加和谐。为此，首先就要坚持和改善中国共产党的领导。社会主义法治建设的重要问题是正确认识和处理好党法关系，我们认为应从如下几个方面去把握：一是按照中国共产党"总揽全局，协调各方"的原则，规范党委与人大、政府、政协以及人民团体的关系，保障权力的运用能够真正体现人民的意志和人民的监督，使社会主义法律真正体现党的正确主张与人民意志的统一。二是充分发扬党内民主，用党内民主带动人民民主，实现决策科学化、民主化和法治化。三是不断提高中国共产党的执政水平，切实实行依法执政、民主执政、科学执政。四是发挥中国共产党的领导核心作用，集中力量办大事，支持各方独立负责，步调一致地开展工作。总之，要按中共十七大要求，加强党的建设，使坚持党的领导、发扬人民民主、依法治国的有机统一，在全面建设小康社会的伟大进程中，焕发出更加绚丽的光彩。

实现三者的有机统一，必须正确认识和掌握一条重要的马克思主义原理，那就是：制度带有根本性、全局性、稳定性和可靠性。正如邓小平同志早就指出的："制度好可以使坏人无法任意横行，制度不好可以使好人无法做好事，甚至会走向反面"；又说："领导制度、组织制度带有根本性、全局性、稳定性和可靠性。这种制度问题，关系到党和国家是否改变颜色，必须引起全党的高度重视。"① 因此，在社会主义这个根本制度不动摇的前提下，改革某些与社会主义经济基础不相适应的具体制度是必要的；但必须立足于中国国情，绝不能照搬西方那一套，从而使我国政治体制和运行机制更有中国特色。

实现三者的有机统一，必须重点研究"人民当家做主"的具体实现形式。应该说，早在 1949 年新中国成立的时候就已经确立了"人民当家做主"的事实，并在 1954 年宪法中明确规定："中华人民共和国一切权力属于人民。"从此，社会主义民主或人民民主便成为我国的国家制度。这是马克思主义国家学说中国化的伟大胜利。马克思对民主问题极为重视，先后在《黑格尔法哲学批判》、《共产党宣言》、《法兰西内战》等巨著中，对民主作了科学而深刻的论述。首先，他强调指出："在民主制中，国家制度本身就是一个规定，即人民的自我规定。在君主制中是国家制度的人民；在民主制中则是人民的国家制度。"② 他接着又提到："在民主制中任何一个环节都不具有本身意义以外的意义。每一个环节都是

---

① 《邓小平文选》第 2 卷，人民出版社 1994 年版，第 333 页。
② 《马克思恩格斯全集》第 1 卷，人民出版社 1956 年版，第 281 页。

全体民众的现实的环节。"① 马克思关于民主的一般理论在于中国实践相结合的过程中，形成了中国特色的人民代表大会制度。人民代表大会制是我国的根本政治制度，它直接关系中国特色社会主义民主政治的成败。应该说，改革开放 30 年来，人民代表大会制度的成效是极为显著的，它不但早已不是过去被人贬为"橡皮图章"了，而且还进行卓有成效的工作，如废除了国家领导人的终身制，确立了任期制；在省级以下人民代表大会设立了常委会，扩大了其职权，设立了专职委员，并规定人大常委不能兼任一府两院任何职务等。但人民代表大会（简称人大）的权威尚未达到宪法和法律规定的高度，还有不少地方需要在实践中提高，如差额选举尚待完善，农民代表尚待增多，专门委员会的作用尚待加强，人事任免、权力监督尚待加强，人大工作尚需提高质量与效率等。胡锦涛同志早就说过，"三统一"要统一于人民代表大会制度，因为它是国家最高权力机关，只有它才能集中体现坚持中国共产党的领导，如国家的大方针由共产党提出，党和国家领导人由党推荐、国家的宪法和法律的制定与执行，由党的路线、方针和政策来指导等。同时，也只有人民代表大会才能体现出"一切权力属于人民"，才能使人民实现当家做主。

为此，就需要发扬民主，研究和具体实施各种民主形式：如选举民主、协商民主、自治民主和谈判民主。（1）选举民主。通过"人民代表人民选，选好代表为人民"的途径，选举民主业已成为我国的根本政治制度——人民代表大会制度的基础。在选举过程中，坚持普遍性、平等性和秘密投票等原则，并不断完善各个具体环节，使人民代表真正体现和代表人民的意志和利益，通过全国人民代表大会和地方各级人民代表大会，行使人民管理国家和社会的权力，从理论与实践相结合上实现人民当家做主。当然，还需要从制度上、程序上进一步完善。（2）协商民主。这是社会主义民主

① 《马克思恩格斯全集》第 1 卷，人民出版社 1956 年版，第 280 页。

实现形式的优势，早在 1949 年便召开了中国人民政治协商会议，通过反复政治协商和选举，成立了以毛泽东为主席的中央人民政府。半个多世纪以来，尽管"文化大革命"带来过严重挫折，但总的来说是健康的、卓有成效的，现在正在进一步完善，使之制度化、法制化，并扩大其范围，使我国基本政治制度之一的中国共产党领导的多党合作与政治协商制度进一步发展。（3）自治民主。我国是统一的多民族国家，实行的是民族区域自治政策，坚持各民族一律平等，为确保少数民族的权利与利益，按照我国宪法规定，各少数民族自治地方 [包括自治区、自治州（旗）、自治县] 实行民族区域自治民主。与此同时，在农村的村民委员会、城镇的居民委员会都实行群众自治，这种范围广泛的基层民主，极大地调动了广大农民和城市居民当家做主的积极性。另外，基于历史原因，宪法规定国家设立特别行政区，实行"一国两制"，高度自治。这种特殊的自治民主，为解决历史遗留问题树立了典范。（4）谈判民主。这是我国社会主义民主实现形式的一种创造。谈判民主源于古希腊和一些中世纪的城市共和国，后来又演变为国际上解决争端的一种方式。我国又创造性运用于国内。如地方县级政府以下的各级调解委员会，人民法院的庭上调解和庭外调解与和解以及刑事诉讼中的"辩诉交易"，国家机关的"听证制度"，都属于谈判民主的范围。我国这种别具一格的谈判民主，在国际上产生了较大影响，也生动地推动了社会主义民主的发展。当然，上述民主实现形式是一个统一的整体，互相配合、互相补充，也需要进一步完善。在我们这样一个 13 亿人口的大国，必须实行各种民主形式，互相补充、互相结合，才能形成活泼的政治局面。在坚持和完善我国根本政治制度的同时，还要坚持完善中国共产党领导的多党合作与政治协商制度，坚持和完善民族区域自治制度这两个基本政治制度。

　　通过长期的探索和实践，特别是对在民主问题经验教训的总结，我们认为，讲民主，要防止无政府主义的倾向，要与法治同行，因为民主的实现，实际上就是对法律的遵守，因为民主的形式与内容，都是由法制确认的。中国的经验是：①民主是公民的一种政治权利，也是国家的一项政治制度；②民主要符合一国的实际情况，要同生产发展的水平，人民的承受能力相适应；③民主是一个过程；④民主必须与法治相结合。如果认真总结和升华这些经验，并使之马克思主义化，将是人类、特别是发展中国家的重要财富。

实现三者的有机统一，必须在依法治国上下工夫。依法治国是社会主义法治理念的核心内容，也是三者统一的最好形式，离开依法治国，民主就失去保障，甚至导致无政府主义；离开依法治国，转变中国共产党的领导方式和执政方式就会失去基础，依法执政就难于实施。在依法治国这一事关国家兴衰的方略上，我们既要研究法治国家的共性，更要注重它的个性。要继承和吸收人类法治文明的优秀成果，合理借鉴古代和西方法治理念中有用的东西，更主要的是立足国情，将法治文明的共性寓于中国特色社会主义法治理念的"个性"之中。哪些是人类法治文明的"共性"呢？概括起来在形式上有这样几条：一是良法治国，二是法律平等，三是法律权威，四是权力制约，五是保障人权。这些"共性"应体现在中国特色社会主义法治理念的"个性"里，即共产党领导、以人为本、依法办事、权力制约、服务大局、保障人权。依法治国贯穿于社会主义整个历史阶段，是一项长期的不断深化的建设工程，需要全国人民持之以恒的坚持和共同努力，需要不断探索实践过程的新问题和新课题，通过从实践到认识、从认识到实践的多次反复，依法治国必将放射更加灿烂的光彩！

依法执政是中国共产党转变执政方式的一种重要尝试，它是党实现执掌政权的一种最佳的方式，也是依法治国对党的基本要求，更是人民当家做主对党的领导的基本态度。当然，它也是坚持和完善"三统一"的一项重要制度。早在中共十二大通过的党章中就规定了"党必须在宪法和法律范围内活动"，此后便长期固定在党章之中。依法执政是依法治国的关键内容，是因为社会主义中国的领导核心是中国共产党，作为领导党在政权中的表现就是依法执政。因此，依法执政必须制度化、秩序化、法治化。这样做，既能表明共产党执政的正当性与合法性，更能使"三统一"的制度化得到具体落实。当然，这是一个比较复杂的问题，也是必须弄清的问题。首先，要明确认识到，依法执政是党的执政方式转变的必然选择。过去，在计划经济时期，党的执政方式在相当长的时间内，基本上是党政不分，党采取直接领导或执政的方式；现在，在市场经济时期，在社会主义这个相当长的历史阶段，哪怕仍然甚至长期处在社会主义初级阶段，在经济全球化时代，党的执政方式只能是也必然是依法执政。这既是社会主义市场经济的需要，政治文明建设的需要，依法治国的需要，也是时代的要求，这是一条不变的规律，是历史发展的必然选择。其次，我们必须清醒认识到，这里讲的"依法"，当然是依照"国家的法律"，包括两个不可分割的内容：第一，执政本身要依法。就是说，共产党执政不是自封的，是国家宪法明文规定，在宪法序言中讲得非常明确，这就表明了中国共产党作为当代中国执政党的合法与正当性。第二，执政程序要依法。在中共十六大、十七大报告中提到了这个问题。本书要研究的是：阐明依法执政如何体现"三统一"：一是依法执政是坚持党的领导的生动体现；二是依法执政是人民当家做主的生动体现；三是依法执政是依法治国的关键步骤。就第一点来讲，中国共产党的领导是具体的，应通过一定渠道和方式；其方针、路线、政策应上升为国家意志，通过法律的形式表现出来，也就是说，中国共产党领导人民制定法律，又领导人民遵守法律，从而使党的领导建立在人民信仰和遵守法律的基础上。就第二点来讲，中国共产党是代表最大多数人的利益的，正如中共十五大、十六大报告所说的，共产党执政就是领导和支持人民当家做主，最广泛地动员和组织人民管理国家和社会事务，管理经济和文化事业，维护和实现人民群众的根本利益。胡锦涛同志在中共十七大报告中再次强调："要坚持党总揽全局、协调各方的领导核心作用"，"坚持国家一切权力属于人民，从各个层次、各个领域扩大公民有序政治参与，最广泛地动员和组织人民依法管理国家和社会事务，管理经济和文化事业"；"坚持社会主义政治制度和特点，推动社会主义民主政治制度化、规范化、程序化"。[①] 至于第三点，与其说依法执政是依法治国的关键步骤，还不如说依法执政就是依法治国的题中之意，是它的必然内容；难道有什么比执政者守法更重要？事实上，这也是实现中国共产党的领导的必然要求，依法治国本身就是中共中央提出与推动的，有谁比党更重视这个标志人类文明的治国方略呢？毫无疑问，中国共产党和国家领导人对依法执政是极为重视的，也非常明确这两者的内在联系，并在中共十七大报告中强调把依法执政与民主执政、科学执政有机结合起来。因此，坚持和完善"三统一"，必须注重它的制度建设，要使它制度化、法治化，把"三统一"落到实处。

总之，"三统一"作为中国特色社会主义民主政治的根本原则，是经过从实践到认识、从认识到实践的多次反复而形成的，既是对当代中国民主政治建设的科学总结，又体现民族精神与时代精神的有机统一，是符合中国国情、行之有效的根本原则，集中反映了中国特色社会主义民主政治的发展规律。"三统一"是一个整体，不可分割，而且相互联系、相互补充。缺少任何一个方面，必然使社会主义民主政治受到损害。我们应该从整体上去认识和把握，绝不能有任何动摇。它既是马克思主义中国化的生动展现，也是当代中国民主与法治经验马克思主义化的集中反映。要坚持和完善中国特色社会主义民主政治根本原则，必须全面贯彻科学发展观，特别是要把它的核心以人为本落实到各个基层，坚持一切工作要以人民根本利益和人的全面发展为出发点与落脚点。

---

① 胡锦涛：《高举中国特色社会主义伟大旗帜，为夺取全面建设小康社会新胜利而奋斗——在中国共产党第十七次全国代表大会上的报告》，人民出版社1987年第1版，第28—29页。

第二节　以人为本与社会主义法治理念

自中央提出和在全国贯彻"以人为本"的科学发展观以来，我国经济、社会各方面都发生了极为深刻的变化，在法学基础领域最显著的成果就是社会主义法治理念的形成。这一划时代的伟大创举，得到中共十七大的肯定，并号召全国人民"树立社会主义法治理念"，全面推动了建设中国特色社会主义法治国家的进程。

社会主义法治理念的形成绝不是偶然的法律现象，而有其深厚的根源。其中当然包括了中央的正确领导与全国的共同努力这些根本原因，但与近几年来对"以人为本"的科学发展观的全面贯彻、特别是在法学基础理论领域内对这一指导思想的落实有直接关系。正如我们在第三、四两章中所讲的"'以人为本'为法学基础理论的创新提供了方法论"，"'以人为本'奠定了法学基础理论的价值基础"。也正如我们在第一章中回顾与反思我国法学基础理论创新过程中所体会的那样，凡是我们自觉或不自觉地在法学基础理论中坚持了"以人为本"这个原则，我们就会不断取得创新的成果；反之，就会出现平庸、甚至挫折的情况。

在这里，我们需要强调的是，"以人为本"不仅是个方法论的问题，也不单纯是个价值基础的问题，而且在于它是社会主义法律的精髓所在。社会主义法律不仅根源于"以人为本"，同时也必须服从于"以人为本"，更要服务于"以人为本"。这就是说，"以人为本"实际上是马克思主义世界观、价值观、历史观和方法论的统一，是唯物史观在法学基础理论领域的生动体现。在社会主义法律制度下，只要贯彻"以人为本"这个原则，就必然在创新中不断取得新的成果。社会主义法治理念正是这个法则在法学基础理论中的具体运用。正是坚持了"以人为本"，才使"执法为民"成为社会主义法治理念的本质要求；正是坚持了"以人为本"，才能使"坚持党的领导、人民当家做主和依法治国的有机统一"成为中国特色社会主义法治理论的根本原则。

为了深刻理解和全面体现社会主义法治理念，为了今后更好地贯彻"以人为本"的科学发展观，我们特别对社会主义法治理念这一以人为本与法学基础理论相结合的重大创新成果做如下阐释：

社会主义法治理念是马克思主义法学中国化的最新成果，也是当代中国法治经验马克思主义化的集中体现。如果说以毛泽东同志的《论人民民主专政》和1954年《中华人民共和国宪法》为代表，实现了马克思主义法学中国化第一次大飞跃，树立了第一个里程碑；以邓小平同志关于《解放思想，实事求是，团结一致向前看》的讲话和1982年宪法为代表，实现了马克思主义法学中国化第二次大飞跃，树立了第二个里程碑；以江泽民同志关于"三个代表"重要思想、"依法治国"的重要讲话和1993年、1999年宪法修正案为代表，实现了马克思主义法学中国化第三次大飞跃，树立了第三个里程碑的话；那么，以胡锦涛同志关于"科学发展观"的重要讲话与他亲自批示的、并在中共十七大报告中重申的社会主义法治理念和2004年宪法修正案为代表，则是实现了马克思主义法学的第四次大飞跃，树立了第四个里程碑。

社会主义法治理念博大精深，内容极为丰富，可以从四个方面来理解：

一、社会主义法治理念的由来与辨析

"理念"一词，属于哲学范畴，始见于著名哲学家柏拉图的著作。他在《理想国》第十卷中使用"理念"多次，首次把"理念"说成是对事物本质的揭示；[①] 并把古希腊文"理念"的原意，由"可见的事物"变成"可知的事物"，[②] 即由感性认识升华为理性认识。紧接着，柏拉图在其另一部著作《蒂迈欧篇》中进一步

---

① 参见柏拉图《理想国》，商务印书馆2003年版，第388页。
② 同上书，第287页。

论述了"理念",并阐明了理念、摹本、载体三者的内在联系。他从唯心主义出发,认为理念是"我们先是设想了永远自身同一的理性原型"。① 柏拉图对理念的认识,被后世哲学家们所沿用和关注。德国古典哲学的代表人物之一康德对此还作了深入研究,把理念分成"纯粹理性理念"和"实践理性理念"两大类,并著有"三大批判"而享誉于世。当然,他并没有越出柏拉图的轨道,仍然把"理念"看成是停留在"彼岸"的东西。后来,古典哲学集大成者黑格尔对康德的观点加以改造和发挥,在其名著《小逻辑》中第三部分以"理念"为题,对它作了系统的唯心主义阐释与说明,并给"理念"下了一个定义:"理念是概念和客观性的统一,是真的东西,由于得了这样的结果,所以它不仅仅是看做一个目标,一个逐渐接近其自身又永远停留在彼岸的目标,而是:一切现实的东西,唯有它具有理念并表现为理念的情况下才有。"② 当然,唯心主义局限了他的智慧,导致了他混淆两个不同的概念,即混淆了"法的理念"与"法的概念"。黑格尔在同一著作中,一会儿说:"法作为理念的自由,"③ 一会儿又说:"自由意志的定在,就叫做法;"④ 因此,我们在深入研究社会主义法治理念时,必须辨析如下几个相关概念:

1. 法的理念与法的概念

作为一代宗师的黑格尔对法学的发展是有贡献的,他的名著《法哲学原理》一书至今还有一定参考价值,尤其是对法与自由的内在联系的揭示,对法学的发展起了推动作用。但黑格尔混同法的理念与法的概念这两个重要的范畴,给人们的认识带来一定困难。正是在这个问题上,台湾学者史尚宽先生作了明确的回答,他指

① 柏拉图:《蒂迈欧篇》,上海人民出版社1995年版,第33页。
② 黑格尔:《法哲学原理》,商务印书馆1961年版,第1页。
③ 同上。
④ 同上书,第36页。

出："法律之理念，为指法律的意欲，使制定理想之法律及圆满的运用法律之原理。"① 史先生的这一定义给人们辨析法的理念与法的概念带来了启示。具体说，这是两个既相互联系又相互区别的概念：第一，法的理念是高层次的认知形态，它不仅涵盖了法的概念，而且是对法的精神、法的信仰、法的原则和法律制度的宏观把握。而法的概念仅仅是对法的本质属性的揭示。第二，正如史尚宽先生所说："法律之概念，谓'法律为何者'；法律之理念谓'法律应如何'。"② 这就是说，法的概念回答的是"法是什么?"而法的理念回答的是"法律应该怎样?"一个是实然，一个是应然。第三，法的理念范围更广、层次更高，是一种宏观把握和整体性认知。第四，法的概念是静态的，而法的理念是动态的，它既是一种理智、一种思想，也是一种价值观、一种方法论。因此，法的理念意义更大；如果没有正确的法的理念，一国的法制建设就会迷失方向，甚至会造成混乱。社会主义法的理念，当然也包括法的概念，都必须以唯物史观为理想基础，正如马克思早就指出的那样："法的关系正像国家的形式一样，既不能从它们本身来理解，也不能从所谓人类精神的一般发展来理解。相反，它们根源于物质的生活关系。"③ 正因为法的概念与法的理念有着必然的、内在的联系，我们是否可以这样说：法的理念是法的概念的深化、抽象和升华。关于这一点，著名法学家拉德布鲁赫说过这样一句话："法律概念直接指向了法律理念。"④

2. 法治理念与法的理念

毫无疑问，法治理念与法的理念的关系正如法治与法的关系一样，两者不可分割，而前者以后者为基础和前提；但毕竟是两

---

① 史尚宽：《法律之理念与实验主义法学之综合》，载刁荣华主编《中西法律思想论集》，台湾汉林出版社 1984 年版，第 262 页。
② 同上书，第 263 页。
③ 《马克思恩格斯选集》第 2 卷，人民出版社 1995 年版，第 32 页。
④ 拉德布鲁赫：《法哲学》，商务印书馆 1961 年版，第 35 页。

个不同的理念，有一定区别。第一，内容不同，并因时代、经济和其他种种因素而导致内容上的差异。如法的理念，在不同时期或不同国家中，则表述不大一样；古罗马法以正义公平为法的理念，法国在资产阶级革命中和以后则将"自由、平等、博爱"写在法的理念的旗帜上，英国的边沁则把"安全"、"幸福"为法的理念，还有自由主义者和共和主义者则以鼓吹"自由"与"共和"为法的理念的核心原则，等等。基于同样的原因，法治理念也在不断发展、演进和变化。在古代，法治理念的重心在于人们对法本身的态度和要求，亚里士多德关于"法具有两重含义"的定义便是古代法治理念最典型的表述。而现代各国法治理念的内容要广泛得多，不仅重视法的制定，关注法的实施，而且强调法的有效性，强调一个国家的法律秩序，强调法的应然和实然的统一。第二，层次不同。两者都是对法的精神的整体把握和客观认知，但法治理念层次更高，范围更广，它不仅涉及法治的精神、法治的信仰，而且涉及法治的制度安排、法治对全社会产生的实际效果。就是说，法治理念不仅涵盖了法的理念，而且把法的有效性升华为法治的理念的重要内容。第三，法治理念是个整体概念，它涉及立法、守法、执法、司法和护法各个环节，而法的理念则局限于法的现象以及由此而产生各种社会现象的理性认知，是一个单个的概念，因此，法治理念更为重要，尤其在建设法治国家的过程中，其意义和作用更为广泛，它的正确与否，直接影响国家的兴衰、民族的存亡。

3. 社会主义法治理念与资本主义法治理念

当今世界，有两种法治理念，即社会主义法治理念与资本主义法治理念。当然，也有个别人提到民主社会主义的法治理念，但我们认为它不是一种独立的法治理念。民主社会主义起源于19世纪末，它已经由最初信奉马克思主义，逐步演变成指导思想的多元化，并把社会主义制度由追求的目标演变为一种价值取向，对资本主义制度主张用民主监督、社会保障来缓和其矛盾。因此，其理论基础和政治主张业已不属于社会主义范畴，而属于资本主义。

社会主义法治理念与资本主义法治理念既有一定的历史联系，也有本质的区别。无论从法的继承性，还是从事实上看，社会主义法治理念都要通过分析，正确借鉴资本主义法治理念个别有益的东西，特别是那些属于人类法治文明共同智慧的结晶的理念，如良法理念、法律权威理念、依法办事理念等，尽管这些理念因认识的局限和阶级本质的要求而仅限于停留在彼岸世界而不可能实现，但对社会主义法治理念来说是必须吸收的。

毫无疑问，在弘扬和树立社会主义法治理念中，我们首先看到的应该是它同资本主义法治理念的本质差别，概括起来主要是五个方面：一是理论基础不同；二是核心内容不同；三是价值取向不同；四是历史使命不同；五是制度设置不同。鉴于这些问题有专题进行研究，这里就其主要的、根本性的问题即理论基础问题谈些看法。

在理论基础上，社会主义法治理念与资本主义法治理念是泾渭分明、根本不同的。正如列宁早就明确指出的，法律问题同国家问题一样，"是一个最复杂最困难的问题，可以说，也是一个被资产阶级学者作家和哲学家弄得最混乱的问题"①。之所以被他们"弄得糊涂不堪"，根本原因在于它们的理论基础是唯心史观，在于它们的世界观、历史观和价值观存在局限和问题。社会主义法治理论以唯物史观为理论基础，深刻揭示了法的产生、本质和发展规律，为形成中国社会主义法治提供前提和发展方向。早在 1843 年马克思在《黑格尔法哲学批判》中首次论述了法的根源，特别是在《德意志意识形态》这部标志唯物史观的形成的划时代的巨著中，用了一节的篇幅阐述了国家与法同经济的内在联系。后来，恩格斯在《反杜林论》对此又作了生动而通俗的概括："每一时代的社会经济结构形成现实基础，每一个历史时期的由法的设施和政治设施以及宗教的、哲学的和其他的观念形式

---

① 《列宁选集》第 4 卷，人民出版社 1960 年版，第 41 页。

所构成的全部上层建筑，归根到底都应由这个基础来说明。"①
这就是说，法决定于经济基础，服从并服务于经济基础，有什么
样的经济基础，便有什么样的国家与法。马克思主义这一重大发
现，不仅标志哲学史的伟大革命，也是法学发展史一次破天荒的
历史变革。因此，我们在理解与探索社会主义法治理念时，必须
以唯物史观为理论基础，要把法作为一种历史现象来研究，不仅
要从法的本身，而且要从法的根源即经济关系去探究法的奥秘：
法是适应和服从客观经济规律的，从这个根本意义上讲，法具有
明显的客观属性，同时法又是一种意志，在阶级对立社会里表现
为统治阶级的意志；在社会主义制度下，表现为人民的意志，其
主观性肯定存在，就是说，法具有两重性，但客观性是主要的，
正如马克思指出："社会不是以法律为基础的，那是法学家的幻
想。相反的，法律应该以社会为基础。法律应该是社会共同的，
由一定的物质生产方式所产生的利益和需要的表现，而不是单个
的个别恣意横行。"② 当然，按照唯物史观关于经济基础与上层
建筑辩证关系的原理，作为上层建筑重要组成部分的法，对经济
基础起了重要的反作用，恩格斯晚年在历史唯物主义的通讯中详
尽地指出了这个问题，并揭示了上层建筑各个部分的"交互作
用"。按照唯物史观，我们在研究和探索社会主义法治理念时，
首先必须立足中国国情，必须尊重客观经济规律；其次，要历史
地、辩证地看待（包括分析、批判和借鉴）历史上的法律现象和
法律理念，必须正确分析和合理借鉴资本主义法律和法治理念，
就是说要取其精华，弃其糟粕。当然，更重要的是实现马克思主
义法学中国化。

　　与社会主义法治理念不同，资本主义法治理念及一切剥削阶级
法的理念，则以唯心史观为理论基础，它们把法律现象说成是永恒

---

① 《马克思恩格斯选集》第 3 卷，人民出版社 1995 年版，第 365 页。
② 《马克思恩格斯全集》第 6 卷，人民出版社 1965 年版，第 291—292 页。

的、超阶级的东西，看成是与经济关系没有联系或联系不大的主观意志或规范模式，有时表现为主观唯物主义倾向，有时又主张客观唯心主义。以自然法学为例：古希腊、古罗马的自然法学，把法归结于"自然理性"，最后便捧出了神，这在柏拉图、亚里士多德和西塞罗的著作中是常见的。到中世纪时期，神学家们如托马斯·阿奎那等也讲自然法，便公开地把法看成是神的意志，这无疑是主观唯心主义的典型。而古典自然法学家则推崇客观唯心主义，把法归结为"人类理性"。他们认为自然法是客观存在的永恒的东西，而制定法必须服从自然法，否则，制定法就不是法。近代以来，两种倾向兼而有之，法国法学家新自然法学代表之一的马里旦，便公开信奉神，被人们称为"经院自然法学"。就是说，西方法学尤其是资本主义法治理念，都是建立在唯心史观的基础之上。就是经济分析法学也不例外，他们不是强调经济与法律的内在联系，而是提出要用经济学的观点与方法来研究法律现象，仍然属于唯心史观的范畴。正因为资本主义法治理念建基于唯心史观之上，因此，在看待法律现象中大都颠倒了本末关系，把《拿破仑民法典》归结于拿破仑个人对法律的重视和他领导的法学家的才华，而忽视当时的客观经济关系。正如马克思所指出，拿破仑法典正是适应商品经济而产生的世界性法律。正因为如此，资本主义法治理念的理论基础，便导致了抽象的概念，把自由、平等、博爱均说成抽象的、超阶级的东西，把民主说成是绝对的权利，而不管社会、经济与历史发展阶段等具体情况，并从"性本恶"出发，使他们的法治理念的核心内容成为"分权制衡"和"多党政治，轮流执政"，并从根本上使"人民主权"成为虚幻的共同体。

通过对上述相关概念的辨析，我们可以清楚地看到：基于唯物史观的社会主义法治理念，不仅继承和弘扬了人类法治文明的精华，特别是不仅实现马克思主义法学中国化新的飞跃，而且实现中国法治经验马克思主义化的新的飞跃，社会主义法治理念是发展中的马克思主义指导的，是对社会主义法治精神、法治信仰、法治原则和法治制度的宏观把握和整体性的认识。它体现了民族的风格和时代的精神，标志着对社会主义法治建设规律的深刻认识，弘扬了中国特色社会主义法治理论的中国风格和中国气魄。

事实上，社会主义法治理念是中国共产党人和全国各族人民，当然也包括法学界、法律界在内共同智慧的结晶，是长期探索和反复实践社会主义法治的科学总结和升华。新中国成立后，遵循毛泽东同志早就提出的"马克思主义中国化"的总要求和总命题，在民主与法制的长期实践中反复求索，经过半个多世纪的长期努力，历经了多次曲折，终于使社会主义民主与法制建设得以确认。尤其是中共十一届三中全会，不仅使当代中国历史产生了重大转折，而且迎来了民主与法制建设的春天，为社会主义法治理念开辟了广阔的道路。早在 20 世纪末，法学界就涌现了一些探索法治理念的勇士，如李双元教授、蒋新苗教授等先后在《法学研究》和《湖南师范大学学报》，对法治理念进行了有益的探索。21 世纪初，吕世伦教授还出版名叫《法理念探索》一书，初次提到了"法理念"的定义。此后，还有不少学者著文从不同侧面、甚至从部门角度研究了法理念问题。如《宪法学理念》等。但尚未有人明确提出和阐释社会主义法治理念。社会主义法治理念是中央政法委在请示报告中要求对全国政法干部进行法治教育时，由胡锦涛同志亲自批示的，已于 2006年开展了这个具有中国风格、中国气魄和中国特色的社会主义法治教育，并在政法部门取得了显著成效。实践已经证明中共中央这一重大举措的正确性，也表明社会主义法治理念具有强大生命力，它不仅可以大大提高我国政法干部的素质，提高办案的质量；而且使公平正义成为我国政法工作的灵魂，使执法为民铸成了政法干部的赤胆忠心，使人民的根本利益作为政法工作的出发点与落脚点。正因为社会主义法治理念有这样理性的感召力、精神的支配力和现实的成效，中共中央决定要深入研究社会主义法治理念，使其进党校、进行政学院，再进普通高校，使之成为全国人民的共同理念和规范，正如中共十七大报告所明确指出的那样："坚持依法治国基本方略，树立社会主义法治理念，实现国家各项工作法治化。"①

二、社会主义法治理念的基本内容

社会主义法治理念是马克思主义与中国特色社会主义实践有机结合的产物，是中国国情与时代精神相互融合的最新成果；它科学地回答"什么是社会主义法治国家"、"如何建设社会主义法治国家"、"为什么要建设社会主义法治国家"这样的重大和理论的实践问题。

社会主义法治理念内涵丰富，包括"依法治国、执法为民、公平正义、服务大局、党的领导"。这五个方面的内容，它们相辅相成，是一个不可分割的整体。

1. 依法治国。这是中国共产党领导人民治国理政的基本方略，是社会主义法治的核心内容。依法治国，就是广大人民群众在中国共产党的领导下，依照宪法和法律的规定，通过各种途径和形式，管理国家事务，管理经济文化事业，管理社会事务，保证国家各项工作都依法进行，逐步实现社会主义民主制度化、法律化，使这种制度不因领导人的改变而改变，不因领导人的看法和注意力的改变而改变。依法治国这一理念，主要包括人民主权、法律平等、依法办事、法律权威和权力制约等内容。

2. 执法为民。这是社会主义法治的本质要求，是中国共产党"执政为民"理念的生动体现，也是"一切权力属于人民"的宪法原则的具体贯彻。以人为本是执法为民的根本出发点，坚持以人为本，就是在执法目的上要以维护广大人民根本利益为本；在执法标准上要以人民满意为本；在执法方式上必须依靠人民，实行司法机关与人民群众相结合的原则。总之，以人为本，保障人权是执法为民的基本方针。

3. 公平正义。这是社会主义法治的价值追求，也是构建社会

①《中国共产党第十七次全国代表大会报告》，新华社 2007 年 10 月 24 日电。

主义和谐的基石。社会公平正义在法律上的朴素含义一般包括惩恶扬善、是非分明、办事公道、态度公允、利益平衡、多寡相匀等内容。事实上，公平正义是社会主义法治建设的根本目标，也是衡量法治实现程度的重要标尺。改革开放以来，公平正义业已成为广大人民的强烈愿望，也是我国国家机关活动的生命线，要求科学立法、依法行政、公正司法，使法律真正成为人民利益、社会公平正义的保护神。

4. 服务大局。这是社会主义法治的重要使命，也是我国政法工作的生命线。大局具有根本性，法治必须服务国家大局，这是法律发展的一般规律。要服务大局必须认识大局，牢牢把握大局，并围绕大局开展各项法律活动。总之，法治不能偏离国家大局这个方向。在实际工作中，自己要把握大局的统领性，也要把握大局的层次性，还要受地方保护主义的干扰。

5. 党的领导。中国共产党的领导，这是社会主义法治的根本保证。要划清社会主义法治与资产阶级法治的界限，我国宪法在序言中早已确立中国共产党的领导地位与执政地位，社会主义法治是前无古人的伟大事业，必须有中国共产党的领导才可能实现，这是历史的选择、人民的选择，也是时代的要求。当然，中国共产党的领导主要是思想领导、政治领导和组织领导，而不是具体去干预具体案件的审理；就是说，司法机关依照法律，独立行使审判权和检察权。

三、社会主义法治理念的基本特征

我们在谈到社会主义法治理念和资本主义法治理念的区别时，业已初步从某些侧面揭示了社会主义法治理念的某些特征，但不全面。通过前面对社会主义法治理念的丰富内涵和有机构成的分析，从法哲学的角度，可以将其基本特征作如下概括：

（一）社会主义法治理念是马克思主义法学中国化与中国法治经验的马克思主义化的统一

从马克思主义法学中国化的过程来看，社会主义法治理念正是运用马克思主义法学原理解决中国法治建设实际问题的典范。大家知道，马克思主义法学认为法、法治作为上层建筑的重要组成部分，必须围绕经济建设这个中心，并服从和服务于经济建设这个中心；而社会主义法治理念的重要内容就是服务大局，这个大局就是中国特色社会主义事业，其根本内容就是"一个中心，两个基本点"。就是说，一方面，社会主义法治理念是以唯物史观为理论基础的，始终坚持社会主义法治理念，决定于、服从于和服务于社会主义经济基础。同时，也只有从经济基础的深度才能探索社会主义法治理念的奥秘。另一方面，社会主义法治理念又是中国法治经验马克思主义化的体现。以"执政为民"为例，这是社会主义法治理念的本质要求，其来源以人为本的科学发展观和"立党为公，执政为民"这一理念，很显然，这完全可以用马克思主义的观点来加以阐释。马克思早就说过："法典就是人民自由的圣经"，费尔巴哈的"人本学"曾经是马克思批判黑格尔法哲学的重要思想武器之一，马克思有过接受、批判和超越费尔巴哈人本主义的过程，并详细论述马克思主义的人本主义思想。就是说，从社会主义法治理念的内容来看，可以毫不夸张地说，它是中国法治经验马克思主义化的生动体现。由此可见，马克思主义法学中国化和中国法治经验的马克思主义化的辩证统一，是社会主义法治理念最基本的特征。正是这个特征使之成为中国特色社会主义理论体系不可分割的组成部分。

（二）社会主义法治理念是民族化和时代化的统一

历史早已证明：只有民族化的东西，才能屹立于世界之林。所谓民族化，是指在空间上，要因地制宜，具有本民族的特色，立足于本国国情。我国的国情在法制领域具体表现为：①当代中国社会所处的历史阶段——社会主义初级阶段；②国体为人民民主专政，政体为人民代表大会，人民根本利益是考虑问题的出发点与落脚点；③政党制度为中国共产党领导的多党合作制度；④中国经历过两千多年的专制统治，人民群众法律意识不高，"人治"思想的残余还大量存在；⑤中国有优秀的文化传统，等等。正是基于以上因素的考虑，社会主义法治理念才把"党的领导"作为根本保证，把"服务大局"作为重要使命；并把坚持党的领导、人民当家做主和依法治国的统一作为社会主义法治理念的本质内涵。特别是"坚持共产党的领导"这一理念，则是民族化的重要标志，因为这是中国各族人民的正确选择，是历史的选择，也是全国人民的根本利益所在。当然，法治领域的民族化，还要把法学上某些语言转化为喜闻乐见的民族语言，深入浅出地阐明马克思主义法学原理，阐明人类法治文明的共同智慧，形成具有中国特色的话语体系。

当然，民族化必须同时代化结合起来。马克思主义的理论品格就是与时俱进。就是说，时代化要求在时间方面，要根据不同时代特点、不同的历史阶段来实际运用和发展马克思主义法学理论，形成体现时代精神的理念，也就是不断推进马克思主义法学理论的创新。社会主义法治理念正体现了这一特征，如它把当代中国最具有时代精神的"公平正义"作为它的重要组成部分，作为其价值追求，这对于正在建设的和谐社会主义具有重大意义。又如社会主义法治理念把"执法为民"作为本质要求，这是"立党为公，执政为民"的执政理念和以人为本的科学发展观在法学领域的应用与体现，其时代精神非常醒目！我们完全有理由相信，通过中共十七大报告中关于"树立社会主义法治理念"的号召，通过法学界、法律界的反复实践、不断探索，社会主义法治理念民族化与时代化的统一这一基本特征，将以更加夺目的光辉展现在世人面前。

（三）社会主义法治理念是权利与义务的统一

权利和义务是法学的基本范畴，也是法的基本内容。社会主义法治理念强调权利和义务的统一。早在 1871 年，马克思在《国际工人协会共同章程》中就指出："工人阶级的解放斗争不是要争取阶级特权和垄断权，而是争取平等的权利与义务。"事实上，绝大多数法学家在理论上都是主张权利义务的一致性，但在阶级对立社会里，这只能是一种幻想，因为历史清楚地表明：总是统治阶级，即奴隶主、农奴主和资本家，垄断着各种权利或者说绝大部分权利,而奴隶、农奴和工人都一直处于无权地位或只有很少一部分的权利。只有在人民当家做主的社会主义社会,才能有使权利义务一致的可能,并逐渐地使这种可能变成现实,正如我国宪法所确立的那样:"中华人民共和国一切权力属于人民。"但是社会主义是一个很长的历史时期,在初级阶段,由于生产力还不发达,由于贪污腐败的行为还存在,以及其他的种种原因,权利与义务脱节的情况还是存在的,尽管是属于个别情况或某些方面,因此还需要继续发展生产力、消除腐败、缩小城乡的"二元结构"等。

社会主义法治理念强调权利与义务的统一,这是对客观规律的科学揭示。因为权利与义务本来就是对立统一的两个侧面。在社会主义制度下,权利与义务是对应的,也是对等的,应该是相互配合的,并且是共存的、不可分割的。权利与义务是与生俱来的,必然"一荣俱荣,一损俱损"。只讲义务,不讲权利,义务本位的时代已经一去不复返了。只讲权利,不讲义务;或多讲权利少讲义务,将会导致秩序混乱,法制无存,最后连"权利"也会在各种权利的碰撞中被"粉碎"。人是社会中的人,社会是人组成的社会,人尤其是社会主义制度的公民,应该具有"三性":一是"理性",主要表现对人权的维护,对权利的追求;二是"德性",主要表现对社会和国家的义务与责任;三是"灵性",表现对客观世界的适应与改造,闪光点是"创新"。在营建社会和谐的氛围中,强调权利与义务的统一更有现实意义。

权利与义务的统一,这是社会主义制度的本质要求,实际上也是民主与法制、自由与法律的统一。不讲权利,实质上就是不讲民主,邓小平说得非常明白:"没有民主就没有社会主义,就没有社会主义现代化。"因此,必须讲权利,讲民主,否则就不是社会主义。同样,也必须讲义务,因为法律义务是法律规定的,或契约约定的,而遵守法律和履行契约是每个公民应尽的义务;因此,不讲义务就是不讲法制,就是不讲社会主义道德和社会公德,无政府主义就会泛滥,社会秩序就难以维持,和谐社会就不可能实现,最后必将导致社会主义制度的崩溃。在自由与法律的关系上，从另一个侧面反映了权利与义务的关系。讲自由，当然涉及权利，何况自由本身就是一种权利，但任何自由都要成为现实，必须由法律来确定，从而得到法律的保护，因此马克思早就说过："法典就是人民自由的圣经。"同样，自由离开了法律，则因失去保护伞而变得毫无意义。因此，洛克、孟德斯鸠等人都说过类似的话："自由就是做法律所许可的一切事情的权利。"①

权利与义务的统一，这是社会主义法治理念的重要特征，也是人们的理想境界！

（四）社会主义法治理念是科学性与公正性的统一

任何科学都是对一定客观规律的揭示，作为治国理政的学问的社会主义法治理念，无疑是对客观规律的反映和体现。这本来就是马克思主义法学中最基本的原理。早在 1843 年马克思就明确指出："立法者应该把自己看作一个自然科学家，他不是在制造法律，而仅仅是在表述法律。……如果这个立法者用自己的臆想来代替事物的本质，那末我们就应责备他的极端性。"② 马克思在这里讲的是法律与客观规律的必然联系，即使是剥削阶级法因认识的局限和阶级的偏见不可能做到这一点，但在一定时期，它们的法也要符合客观规律，否则，法律就不可能发挥作用。基于马克思所揭示的法律的客观性，作为对法治精神、法治信仰、法治制度和法治原则的最高认知形态的社会主义法治理念，无疑也必须符合客观规律，反映客观和揭示客观规律，使自己具有科学性。

社会主义法治理念作为中国法律发展经验的科学总结具有可能性、必要性和必然性。之所以可能，是因为社会主义法治理念反映和体现的是人民的根本利益，保障的是人的权利；而人民的根本利益与社会发展的要求是一致的，而社会发展正是客观规律发展的必

---

① 参见孟德斯鸠《论法的精神》上册，商务印书馆 1982 年版，第 111—117 页。
② 《马克思恩格斯全集》第 1 卷，人民出版社 1956 年版，第 183 页。

然要求，保障人权正是社会进步的客观规律的表现。社会主义法治理念之所以具有反映客观规律性的必要，是因为它是中国特色社会主义理论体系的重要组成部分，是推进依法治国的强大的理论武器；如果不具有客观规律便不可能完成其历史使命。正是由于社会主义法治理念具有客观规律性的可能性、必要性，再加上它本身就是在对中国特色社会主义法治规律深刻认识和把握的基础上形成的，因此，社会主义法治理念具有客观规律性是必然的结论。

法的公正性，这几乎是法学家的共识，古罗马著名法学家赛尔苏斯早就说过："法是善良公正之术。"[①] 其实，在阶级社会里，"公正"是有阶级性的，没有超阶级的公正。公正从来就是一种主观评价，是法的最高价值形态。因此，恩格斯说："公平始终只是现存经济关系在其保守方面或在革命方面的观念化、神圣化的表现。"他进一步指出："关于永恒公平的观念不仅是因时因地而变，甚至也因人而异。"[②] 公平正义是社会主义法治理念的价值取向。在社会主义制度下，在现有生产力发展水平的情况下，"各尽所能，按劳分配"符合实体正义与程序正义的要求的，特别是在构建社会主义和谐社会的过程中，把公平正义提到了新的高度，社会主义法治理念理所当然地包含这一内容，并把公平正义作为自己的灵魂予以弘扬。就是说，社会主义法治理念必须体现与反映公平正义。

社会主义法治理念不仅体现科学性与正义性，而且也强调两者的统一。事实上这是完全可能的，也是必要的。一般来讲，正义的东西往往是科学的，科学的东西在多数情况下是正义的。任何符合客观规律的事物，往往代表或反映新生事物；而新生事物往往是进步的，否则就不会产生，即使产生了也不会长久。在社会主义制度下，由于广大人民根本利益的一致性，由于法律体现最大多数人民

---

① 博登海默：《法理学——法哲学及其方法》，蒋兆康译，华夏出版社1987年版，第254页。

② 《马克思恩格斯选集》第2卷，人民出版社1972年版，第539页。

的意志和利益，因此，科学性与正义性是统一的，社会主义法治理念当然就要体现这种一致性，而这两者的有机结合与统一，必将推动社会主义法治的发展，为国家和人民带来幸福，使整个社会实现和谐，使中国特色社会主义更有活力。

四、社会主义法治理念在治国理政中的历史地位和作用

社会主义法治理念的提出，是中共中央从中国特色社会主义事业全局出发，坚持以马克思主义法学为指导，在认真总结我国法治建设实践经验，正确借鉴人类法治文明的优秀成果的基础上作出的重大决策，是马克思主义中国化的最新成果，标志着对中国特色社会主义法治国家的规律的深刻认识。

社会主义法治理念是对社会主义法治精神、法治信仰、法治原则和法治制度的宏观把握和理性认知。既是理智的思想，也是一种方法、一种态度，在治国理政中占有极为重要地位。

第一，社会主义法治理念是马克思主义法学中国化又一重要标志。大家知道，在马克思主义法学中国化的光辉历程中，有过四次大的飞跃，树立了四个里程碑：其一，以毛泽东同志的《论人民民主专政》和1954年宪法为代表，直接将马克思主义法学的普遍原理，与中国新民民主主义社会的政权与法制建设相结合，使新生的人民政权生机勃勃，使刚刚建立的人民民主法制充满活力，实现马克思主义法学中国化的第一次大飞跃，树立第一个伟大的里程碑。在这个碑上，铭刻着四个大字："民主建国。"人们永远不会忘记新中国成立初期欣欣向荣的景象。尽管这种美好的回忆曾一度被政治运动、特别是"文化大革命"那场民族的浩劫所冲淡，但中国人民还是深深怀念那个时代给人民带来的实惠和安宁。其二，以邓小平同志的《解放思想、实事求是，团结一致向前看》这个中共十一届三中全会实际上的主题报告和1982年宪法为代表，准确地把马克思主义法学的普遍原理与中国社会主义民主与法制实践结合起来，实

现了马克思主义法学中国化第二次大飞跃，树立了第二个伟大的里程碑，其上铭刻着"改革开放"四个大字，这是共和国的伟大转折点，迎来了民主与法制建设的春天，开启了中国特色社会主义法治的航船。30 年来，我国法治建设的巨大成就，使这个里程碑永放光辉！其三，以江泽民同志关于"三个代表"的重要讲话和 1993 年、1999 年两个宪法修正案为代表，实现马克思主义法学中国化第三次大飞跃，树立了第三个里程碑，其上也铭刻着四个大字："依法治国。"这是中华民族历史上的伟大创举，使中国特色社会主义法治的航船更加乘风破浪前进！其四，以胡锦涛同志关于科学发展观的多次讲话，和他亲自批示的社会主义法治理念的贯彻，实现马克思主义法学中国化第四次大飞跃，树立了第四个里程碑，其上铭刻着八个大字："社会主义法治理念。"从而，使中国特色社会主义法治建设有了坚实的思想基础和明确的前进方向。

第二，社会主义法治理念是中国特色理论体系的重要组成部分。早在 1982 年，邓小平同志就提出中国特色社会主义的基本思想，经以他为代表的中国共产党人的多年奋斗，汇集了全国人民的共同智慧，使这一理论业已成为完整的体系。既包括邓小平理论、"三个代表"重要思想和科学的发展观等，也包括经济建设、政治建设、文化建设和社会建设的理论。而法治建设则是政治建设的核心部分，政治文明的重中之重就是法治文明。作为中国特色社会主义法治的理论，其表现就是社会主义法治理念。它以唯物史观为理论基础，以有中国特色的话语体系、中国风格的法治原则和中国气派的法治制度而屹立于世界。社会主义法治理念是高层次的认知形态，是当今世界最先进、最富有活力的法治理论。正是这个理论在指导并将继续指导中国特色社会主义法治的伟大实践，其成果业已令人瞩目。

第三，社会主义法治理念是我国建设社会主义法治国家的指导思想。社会主义法治理念立足于中国国情，历经从实践到认识、从认识到实践的多次反复而形成的。这种来源于实践而高于实践的高层次的认知形态，科学地回答了我们需要建设什么样的法治国家和怎样建设社会主义法治国家这两个极为重要的问题，能具体解决建设社会主义国家过程中的各种具体现实问题。因此，在建设法治国家的具体环节中、具体制度设置中以及遇到的新课题的时候，都必须以社会主义法治理念为指导。

社会主义法治理念在治国理政中的地位如此之高、影响如此之大，其发挥的作用是不言而喻的，大致可以概括为如下几点：

1. 导向作用

在科学研究中，人们常常牢记科学巨匠爱因斯坦这句至理名言："提出问题比解决问题更重要。"社会主义法治理念的提出绝不是偶然的，而是中国法制建设正反经验的科学总结。它不仅总结了过去，而且更重要的是开拓了未来。

实践证明：社会主义法治理念内涵丰富，立意深远，不仅为我国社会主义法治建设指明了前进方向，选择了正确途径，确认了价值取向，确立了奋斗目标，而且为社会主义法治的深入发展作了科学的制度设置，设计了具体的方案，从而不断取得了新的成果。我们在深入建设社会主义法治国家的实践中一定要牢记社会主义法治的本质内涵——坚持中国共产党的领导、人民当家做主和依法治国的统一，始终把握中国特色社会主义这一根本道路，始终把握"以人为本"是社会主义法治这一本质要求。

社会主义法治理念的导向作用实际上是社会主义法律本质的反映。社会主义法律确定人的行为模式和法律后果，它告诉人们哪些行为可以做，哪些行为应该做，哪些行为不能做；作为这一客观事实的理性把握的社会主义法治理念，无疑对人的行为起到十分明显的导向作用。"可为"是一种选择性的引导，"应为"是一种肯定的引导，"不为"是一种禁止性的引导。当然，社会主义法治理念的引导是一种高层次的引导，是方向与道路的引导。这个方向就是社会主义法治国家，这条道路就是立足中国国情，具有中国特色的社会主义法治道路。

　　社会主义法治理念的方向指引极为重要，它既是中国历史经验的科学总结，也是人类社会发展特别是法治国家发展规律的科学预测，不仅表明建设中国特色社会主义法治国家的必然性，也指出其实现的可能性和具体实施的方略和方案，意义极为深远。

　　2. 鉴别作用

　　法的本身就是一种尺度、一种标准，我国古代法家把法看做是"墨绳"，我国有条审判原则叫做"以事实为依据，以法律为准绳"。就是说法律能鉴别是非善恶。作为对法治精神、法治制度、法治信仰、法治原则的宏观把握的社会主义法治理念，就是这种鉴别的标准。经济利益法则也影响着人们的人生观和价值观。更何况多年来与外国法律思想和制度的接触、交流，一方面使我们有效地借鉴吸收了其有益的部分，促进了我国立法和执法水平的提高。但另一方面，西方各种法治思想给我们的法治观念带来的消极影响也不可忽视：有的片面崇尚西方的法律思想与法律制度，而不顾中国国情加以套用；同时，我们也要清醒地看到"左"的流毒以及"人治"的观点、特权思想在某些人心目中仍然存在……很显然，这与建设社会主义法治国家是不相容的。而思想观念问题一般是难以分清与辨别的，因此，应该有一个标准，有一个权衡的思想武器，它就是社会主义法治理念。通过弘扬、实践这一理念，我们便可以清楚地看到：在西方法律思想与制度中，哪些是人类法治文明的东西，哪些是剥削阶级专用的东西；哪些是虽然有一定道理，但不适应中国国情或者不适应当代中国的需要的东西；哪些属于人治主义的糟粕和封建主义残余。就是说，通过社会主义法治理念这一试金石的鉴别，就会使我们的国家机关和工作人员，特别是能促进法学教学与科研人员、执法与司法人员，坚持马克思主义法学的指导地位，更加忠于人民、忠于国家、忠于法律。

　　3. 创新作用

　　要实现振兴中华的大业，必须树立创新精神。因为创新是民族的灵魂，是社会发展的必由之路。创新的内涵极为丰富，而理论创新是关键，它包括科学技术的理论创新，也包括哲学社会科学的理论创新。社会主义法治理念的形成，就是理论创新的典范，它以唯物史观为理论基础，有独特的理论架构、中国特色的话语体系、立足国情的丰富内容，在人类法治文明史上独树一帜。为此，全国人民弘扬社会主义法治理念，树立社会主义法治理念，并在立法、守法、执法、司法和护法的实践中，不断创新，推进建设社会主义法治国家的进程。

从社会主义法治理念的形成和深化的过程来看，理论创新是一个不断探索、不断总结、不断实践的过程，它充分表明：理论创新来之不易，尤其是建设法治国家中的理论创新，必须坚持如下原则：①必须坚持和体现马克思主义的指导地位，不断实现马克思主义法学中国化；②坚持和体现人民民主专政的国体与人民代表大会制度的政体，使它们在实践中不断完善；③坚持和体现立足中国国情，研究中国问题，写中国文章，实现法学理论与法制实践的紧密结合；④坚持和体现中国共产党的领导，转变党对国家的领导方式和执政方式，使依法执政落到实践；⑤坚持和体现"古为今用"、"洋为中用"的原则，继承人类法治文明的精华，合理借鉴外国的法律思想与制度，反对法学"西方中心主义"，反对"三权分立"这类不符合中国国情的原则与制度，反对"左"的、人治主义的错误观念。

理论创新是一项艰巨的工作，又是历史赋予的光荣使命，也是法学界、法律界义不容辞的历史责任，中国法学必须理论创新，实现法治必须制度创新。通过创新，在社会主义法治理念的引导下，形成有中国特色社会主义法学研究范式。

4. 中介作用

社会主义法治理念来源于实践，又反作用于实践。这一普遍原理表明：任何一部法律和法律制度都是以法的理念为基础、为指导的。史尚宽教授特别强调法的理念对立法和执法所起的重要作用，并指出："立法不依法之理念，则为恶法，窒碍难行。解释法律不以依此推导原理，即死法，无以适应社会之进展。"① 社会主义法治理念对立法和执法的作用无疑是极为明显的，如果后者离开前提的指导，不仅是"恶法"与"死法"的问题，而且甚至会出现整个法律制度的变质；用一句常用的词语来讲，就将使我国的法律制度改变颜色。当然，社会主义法治理念毕竟是个认知形态，它必须通过中介与外化，通过法治理念转化为法律规范和法律适用，才能达到实际效果。因此，我们可以这样说：无论是在立法或法的实施过程，法治理念都发挥了极为重要的中介作用，使理念的外化从思想上印证到现实生活中形成的法律规范和法的实施的活动。

5. 方法论作用

社会主义法治理念既是一种高层次的理性的认知形态，也是一种理性的认识与研究方法，发挥着方法论的作用。大家知道，一个学科的重大突破，首先是方法论的突破；一项重大的理论创新，首先是方法论的创新。社会主义法治理念的形成与提出，标志着我国法学研究方法论上的重大突破。这个方法论既传承了传统方法的各种优点，更有它独到之处：研究中国问题，总结中国经验，写中国文章，从而获取中国特色的科学成果。历史早已证明：只有民族的东西，才能成为世界的东西。多少名著特别是法学名著中的思想，无不是立足于一个国家、一个民族的实践而升华为普遍的或某一类型的原理的。同时，社会主义法治理念的形成，在方法论还有一个显著特点，那就是多学科的交叉，它应该吸取哲学、法学（主要的）、政治学、社会学的优秀成果，从不同角度和层面分析法治现象，对法治精神、法治信仰、法治原则和法治制度作出概括而形成原理。

社会主义法治理念是前无古人的伟大构思，它以中国特色、中国风格、中国气魄而屹立于世界法学之林。它远远超出了作为古代

---

① 史尚宽：《法律之理念与实验主义法学之综合》，载刁荣华主编《中西法律思想论集》，台湾汉林出版社1984年版，第272页。

文明标志的罗马法和作为近代文明象征的《拿破仑法典》的高度，而成为现代文明的新起点。

第三节　以人为本与中国特色社会主义法治道路

在中国法学会第六次全国代表大会上，中共中央五个常委莅临了大会，并在祝词中强调指出："在实践中，我们已经形成了一条符合中国国情，反映人民意志、顺应时代潮流的中国特色社会主义法治道路。"这条道路是中国特色社会主义道路的重要组成部分，充分体现了中国特色社会主义理论体系的精神实质。因此，对它的深刻理解与科学阐释，将是我国法学界与法律界的共同使命。

中国特色社会主义法治道路所涵盖的内容极为丰富，涉及的问题博大精深，很难用简洁的语言予以表达，其科学含义可以概括为：中国特色社会主义法治道路是以社会主义法治理念为指导，以"三者统一"①为根本原则、政府主导的、渐进的、自上而下与自下而上相结合的，在社会主义初级阶段，由中国共产党领导的，广大人民参与的依法治国的步骤、方式、过程和路径的总称。

一、近代中国法治道路选择中的五次否定

自清末以来，随着社会的转型，近代中国便开始了对法治道路的漫长探索，历经坎坷，其中有失败的苦恼和胜利的喜悦，在风雨里走过了五次否定。

第一次否定是以康有为、梁启超为代表的戊戌变法及其后继者立宪派对封建专制之人治体制的否定，走的是一条资产阶级的君主立宪的道路，并将前途指向资产阶级法治。这些"勇士"们力图通过改良来实现其设议院、开国会，定宪法的美梦。他们反复呐

---

① 即中国共产党的领导、人民当家做主和依法治国的有机统一，源于胡锦涛同志在中共十七大所作的报告。

喊："法治主义是今日救世的唯一主义"，① 公开提出"凡立宪国民之活动于政界也，其第一义，须确认宪法，共信宪法为神圣不可侵犯，虽君主尤不敢违宪之举动，国中无论何人，其有违宪者，尽人得而诛之也。"② 当然，戊戌变法的失败在当时是必然的，在后党势力强大和不适应中国国情的历史背景下，最后只能以一曲悲歌而告终。但其继承者仍然在顽强斗争，并在新的条件下，发动了三次声势浩大的请愿运动，迫使清王朝公布预备立宪，并于 1908 年颁布了《钦定宪法大纲》。尽管这离"君主立宪"的资产阶级法治道路还相距很远，但我们也应看到"君主立宪"对统治阶级来说也是一把双刃剑：一方面反动统治可以用它来欺骗人民，使其政权得以苟延残喘；另一方面它也可以使"君主专制"受到严重挑战。不过，在当时的中国，企图搞什么"君主立宪"，实际上是不可能的。唯一的出路就是通过暴力革命来解决问题。

第二次否定就是以孙中山为代表发动的"辛亥革命"，他们否定了改良主义，否定了"君主立宪"的美梦，而是用革命的手段强力推翻清王朝的统治，在中国建立了唯一的资产阶级共和国，力图走一条全盘西化的资产阶级法治道路。毫无疑问，辛亥革命是伟大的，赶走了中国历史上最后一个皇帝，明确提出了"主权在民"的口号，倡导"五权宪法"，提出"共和政治，法律为纲"③ 的主张，组建了中华民国临时政府，孙中山先生还出任中国第一位大总统。尽管是临时的，其意义仍然极为深远。然而，中山先生所走的资产阶级法治道路不但走不通，而且连革命胜利的成果也被袁世凯窃走了。这看起来是偶然的，其实有深刻的原因，最根本的有三条：一是中国资产阶级很软弱，没有力量领导这一场革命到最后胜利；二是西方列强想把中国变成殖民地，极力阻止中国走资产阶级

---

① 梁启超：《饮冰室合集·文集之十五》，中华书局 1989 年版，第 41 页。
② 同上书，第 51 页。
③ 《孙中山全集》第 4 卷，中华书局 1984 年版，第 240 页。

道路，更谈不上搞什么法治了；三是在中国走资产阶级法治道路行不通，因为它不符合中国国情。就是说，在中国无论是"君主立宪"还是共和制，无论是日本式法治还是美国式法治，都是注定以失败而告终。当然，后来的国民政府继续按孙中山的"五权宪法"（"三权分立"在中国的变种）的要求力图再走资产阶级法治道路，但历史是无情的，它们实际上走的是一条法西斯式的独裁道路，当然被中国人民所唾弃。

第三次否定就是以毛泽东为代表的中国共产党人领导全国人民对国民党反动政府奉行的法西斯独裁道路的否定。其根本标志就是中华人民共和国的成立。她不仅开辟了中国历史的新纪元，而且使中国找到了一条适合国情的正确道路。正如毛泽东同志在《论人民民主专政》所说的那样："总结我们的经验，集中到一点，就是工人阶级（经过共产党）领导的以工农联盟为基础的人民民主专政。"① 正是这个人民政权，为中国特色社会主义法治道路奠定了政治前提。事实上，早在新中国成立前夕，中共中央就发布了《关于废除国民党"六法全书"和确定解放区司法原则的重要指示》，接着毛泽东同志又在《关于时局的声明》中公开提出"废除伪宪法"、"废除伪法统"，指出了和平谈判的"八项条件"的重要内容。新中国成立后，立即废除国民党的"六法全书"，从根本上与旧法划清了界限并创制了人民的法律。中央人民政府还是根据中国人民协商通过的"三大法律"（即《共同纲领》、《中央人民政府委员会组织法》和《中国人民政治协商组织法》）成立的。并在这个基础上，相继颁布了《婚姻法》、《工会法》、《土地革命法》、《惩治反革命分子条例》、《惩治贪污条例》等重要法律。尤其是1954 年，先后由全国人民代表大会制定了《中华人民共和国宪法》和《人民法院组织法》、《人民检察院组织法》，从而开启了走向社会主义法治的大门，在实践中已经开始探索如何建设社会主义这个

① 《毛泽东选集》第 4 卷，人民出版社 1991 年版，第 1480 页。

重大问题，毛泽东同志在《论十大关系》中明确提出了"走自己的路"和"独立自主"、"自力更生"这样一些具有中国特色的命题。尤其是1956年中共八大的召开，正式回答中国社会当时的主要矛盾问题，并把加强人民民主与法制提上了重要议题。董必武同志在会上的发言引起了全国人民的关注。他明确提出了"依法办事是加强人民民主法制的中心环节"这个重要命题，并对"依法办事"做了科学的解释，那就是"有法可依，有法必依"，从而为中国社会主义法治提供了理论基础和中国式话语。尽管当时尚未提出，也于客观上不可能提出"中国特色社会主义道路"这一伟大构想，但业已孕育着这样的思想。当然，我们也必须看到，在当时的历史背景下，我们只好选择"一边倒"（即倒向苏联）的战略，这不可避免地为法制建设带来了隐患；更为严重的是从1957年"反右"斗争起，准确地说从1958年中共中央在政治局会议的主要负责人确定了"人治"的治国方略开始，一连串的"政治运动"，必然导致了十年动乱的产生，这无疑是一个严重的教训。

第四次否定，就是"四人帮"在"文化大革命"中，企图篡党夺权，用法西斯的"全面专政"对新中国开辟的社会主义道路加以否定，其中主要包括对社会主义民主与法制建设的否定。这实质上就是走希特勒式法西斯道路。在"文化大革命"中，他们踢开党委闹革命，发动武斗，公开砸烂"公检法"，停止民主党派与人民政协的一切工作，修改宪法，取消人民的宪法权利；更可恶的是，残害逼迫革命干部，从国家主席、开国元勋、政法干部到知识分子，不少人都惨死在他们的屠刀之下。在这条法西斯的人治道路上，中华民族遭受空前浩劫，生机勃勃的社会主义制度、社会和经济建设陷入崩溃的边缘。在那"无法无天"的法西斯专政中，政法战线是重灾区，冤假错案多如牛毛，其中一个典型的恶法《公安六条》，使无数无辜者深受其害，"恶毒攻击罪"这一条"罪名"，使成千上万的人民成为刀下鬼；将人分成等级，"黑五类"使多少青少年从出生起就成为了专政的对象……毫无疑问，"四人帮"这种倒行逆施的罪恶行径，必然遭到伟大的中国各族人民的强烈反对。在老一辈无产阶级革命家的带领下，终于在 1976 年一举粉碎了"四人帮"。

第五次否定是 1978 年 12 月底召开的中共十一届三中全会，全盘否定了"四人帮"法西斯式的人治道路，使中国进入一个伟大的转折点，把中国共产党和国家的工作重心由过去以阶级斗争为纲转移到以经济建设为中心上来，并同时开辟了中国特色社会主义法治的崭新道路。它不是简单地恢复解放初期民主与法制建设的秩序，而是在这个基础上来了一个新飞跃、新起点。具体表现为：第一，"会议对民主和法制问题进行了认真的讨论"，明确要求"宪法规定的公民权利，必须坚决保护，任何人不得侵犯"。第二，强调了"法律的极大权威"，"为了保障人民民主，必须加强社会主义法制，使民主制度化、法制化，使这种制度和法律具有稳定性、连续性和极大权威"①。第三，确立了社会主义法制的基本原则，要求国家机关做到"有法可依、有法必依、执法必严、违法必究"。第四，要求执法机关和执法人员"忠于人民利益，忠于事实真相，要保证人民在自己的法律面前人人平等。不允许任何人有超越法律之上的特权"②。特别要指出的是，作为三中全会实际的主题报告，邓小平在同月 13 日的重要讲话《解放思想、实事求是、团结一致向前看》，已经提出了依法治国的基本思想，奠定了中国特色社会主义法治道路的理论基础。他明确指出："必须使民主制度化、法律化，使这种制度和法律不因领导人的改变而改变，不因领导人注意力的改变而改变。"公报中的基本思想大都来源于这篇重要讲话。因此，这个讲话是中国特色社会主义法治道路开辟的标志。

---

① 中共中央文献研究室编：《三中全会以来重要文献选编》，人民出版社 1982 年版，第 10—11 页。
② 同上。

1982 年我国对宪法进行大的修改，形成现行宪法的最初文本。这是 1954 年宪法的继续、发展和创新，是改革开放新时期治国安邦的总章程，其中铭刻"中国特色"烙印，可以说是中国特色社会主义法治道路的重要里程碑。此后，邓小平关于废除领导干部终身制的讲话，关于"中国特色社会主义"命题提出、关于政治体制改革答记者问、关于在全体人民中树立法制观念的讲话和中共十二大、十三大上的重要文献和法治建设的实践，进一步丰富和扩展了中国特色社会主义法治道路的内涵。1976 年中共中央正式提出了"依法治国，建设社会主义法治国家"的战略构想，1977 年写进中共十五大文件，1979 年正式入宪，成为了全国人民的行为准则和奋斗目标。

随后我国对 1982 年宪法进行了四次修改。特别值得一提的是，第四次修宪体现了鲜明的人本法治理念。在我国 31 条宪法修正案中，涉及经济事务的最多，达 16 条。其中，前两次修正中更关注宏观经济制度，后两次修正中更侧重公民的经济权利。这四次宪法修改所表现出的对强调公民人权尤其是经济权利的趋势体现的是人本的法治理念，势必对社会主义法治的进一步完善产生深远的影响。

宪法第 20 条与第 22 条修正案对公共权力的范围进行了限制，要求国家在征用集体土地或征收公民私有财产时，即使是出自公共利益的需要，也应该给予相应的补偿。联系到近几年我国政府对依法执政与依法行政的高度重视以及《行政许可法》等一系列约束和规范公权力的法律法规的出台，可以发现，规范公权力的行为，保护公民的权利、凸显公民的主体地位已经成为了社会主义法治理念的重要目标与任务。

宪法第 22 条修正案扩大了对公民个人财产的保护范围与力度，公民合法的私有财产不仅仅限于收入、储蓄与房屋，并不受侵犯。中共十七大报告对我国的收入分配又有了新的突破，要求国家"创造条件让更多群众拥有财产性收入"，这进一步肯定了宪法修正案中扩大公民合法财产的范围、鼓励多种要素参与分配的原则。修改后的条款在中国宪法史上具有划时代的意义，它第一次授予了公民彻底的个人处置权，进而为公民摆脱对物的依赖奠定了基础。

尤其值得重视的是，宪法第 24 条修正案要求"国家尊重和保障人权"，这在中国的宪法史上有里程碑式的意义。尊重人权意味着人权相对于公权力的优位性，而保障人权还要求国家为公民人权的享有与切实行使创造条件。通过保障人权与尊重人权的并重，"服务型政府"与"人本法治"的立场呼之欲出。相比之下，一些西方资本主义国家的宪法也尊重人权，但保障人权不足。由于该条款并没有明示国家将以何种方式在何种程度上尊重与保障人权，到底是一视同仁尊重与保障所有人的人权，还是只为少数强者的权利服务，或者是保障广大弱势群体的人权呢？这应该联系宪法的序言与我国修宪的大背景来解释。修宪后的宪法序言明确强调"协调发展"的重要性，而近几年的一系列改革方案都是着力于提高低收入者的收入水平，缓解地区之间、产业之间与部分成员之间收入差距扩大的趋势，力求实现社会公平。可以认为，国家尊重和保障的是广大人民群众与弱势群体的人权。

通过历次宪法修正案的内容与原旨可以发现，我国的宪法正在不断为公民摆脱对财产或公权力的依附创造条件，"以人为本"在社会主义法治理念中的分量越来越重。

通过上述回顾，特别是对五次否定的分析。我们可以明显地得出结论：中国特色社会主义法治道路来之不易，是近两百年来中国人民斗争经验的科学总结，是中国人民在长期的奋斗中所做出的最佳选择，是马克思主义法学中国化的重大成果，是新时期新时代的必然要求。

由此可见，法治道路的选择与该国国情有着必然的联系。关于这一点，就是以往的资产阶级学者都看得很清楚，法国人孟德斯鸠在《论法的精神》一书中明确提到过，中国近代史上的康有为、严复在谈到戊戌变法的教训时深刻指出："追思戊戌时，鄙人创议立宪，实鄙人不察国情之巨谬也，程度未至而超越为之，犹小儿未能行而逾墙飞瓦也。"① 世上没有最好的法治道路，只有最符合国情的法治道路。法治一旦符合国情，其优越性就得以发挥，犹如树苗植于土壤一样；硕果累累！所以符合国情的法治道路就是最好的法治道路，这就是历史的辩证法。

二、中国特色社会主义法治道路的科学内涵

中国特色社会主义法治道路经过创始阶段、发展阶段和系统阶段、业已形成较为完整的理论体系。首先，要明确看到，它是中国特色社会主义道路的重要内容，是中国特色社会主义理论的组成部分，共同铸就了中国特色社会主义事业的宏伟大厦。

法治道路实质上是个法治模式问题。纵观世界各国，法治模式多种多样，有英国的自然演进，有法国的暴力推进，有美国的多元综合，有德国的法西斯欺骗（第二次世界大战前的德国法治模式），还有第二次世界大战后的日本引进消化以及伊斯兰国家的宗教主导等法治模式。但无论何种法治模式，都需要合理界定政府权力与公民权利的界限，以便既有效地保障公民的权利，又不妨碍国家权力的有效运行。毕竟当代的政治哲学理论认为，国家应该为公民提供治安、社会保障等基本的公共服务，国家权力运行的低效率，无疑会制约公民权利发展的程度。

作为西方主流意识形态的自由主义只强调个人的自由与权利，国家被认为是侵犯个人自由的主要源泉，因此，民主政治的目的与使命之一在于如何限制国家权力。实际上，"自由主义与国家的关系错综复杂，除了这一人所共知的一面，还有一个不大彰显因而不大为常人所知的特征，即高度强调现代国家的重要性"②。自由主

---

① 康有为：《康有为政论集》，中华书局1982年版，第882页。
② 李强：《宪政自由主义与国家建构》，载《宪政主义与现代国家》，生活·读书·新知三联书店2003年版，第23页。

义在主张限制国家权力的同时，强调市场经济与市民社会需要一个有效的现代国家，强调国家在提供公共物品、保障一定程度的社会正义、在国际交往中保护本民族利益的重要作用。

学术界普遍忽视的是，强有力的国家政权是民主政治良性运行的前提。"社会创立一个机关来保护自己的共同利益，免遭内部和外部的侵犯。这种机关就是国家政权"①。现代意义上的国家，除了应该具备领土、合法性与必要的暴力机关外，还不得不具备"非人格化的权力结构"，缺乏了这种结构，国家难以形成权力制约体系，要求领导人与公共权力对人民负责的民主制也就无从谈起。然而在有些国家与地区里，"在政治权利、政治义务和政治责任与宗教信仰以及传统性特权集团的要求紧密联系的情况下，非人格化的、主权性的政治秩序观念———一种受到法定限制的、在领土范围内具有最高管辖权限的权力结构———是无法成为主流的"②。这反映的问题是，在国家结构不完善、建国的任务还没有完成的情况下，冒昧地推广选举民主，很可能会流于形式。

当代中国是处在社会主义的初级阶段，社会主义市场经济正在完善之中；更重要的是我们的国情、国体和政体与西方国家有本质不同，我们不能、也不可能走西方国家的法治道路。就是说，既不能像英国那样通过资本主义市场经济的发展与完善，"自发"形成资产阶级法治国家；也不能像法国那样通过暴力革命，构建资本主义法治国家；因为中国通过社会主义制度自我发展与完善，在现有国体与政体的基础建设社会主义法治国家。同时，中国也不能像美国那样，在综合借鉴英法经验的同时，形成"三权分立"为基本原则的"宪法主治"的资产阶级法治国家。当然更不能像日本那样，在确定"战败国"的前提下，依靠当年

---

① 《马克思恩格斯选集》第四册，人民出版社1965年版，第253页。
② ［英］戴维·赫尔德：《民主与全球秩序——从现代国家到世界主义治理》，胡伟等译，上海人民出版社2003年版，第51页。

美国的扶植而搞什么法治。至于德国当年的什么"法治国"，即20世纪30年代初希特勒搞的那一套，作为社会主义的中国无疑是坚决反对的，绝不能有任何模仿，因为那只能是德国的特殊产物，更何况法西斯的欺骗与独裁早已被人们所唾弃！

基于中国国情，我们必须也只能选择政府主导、上下结合、稳定推进的路径。政府主导，就是由中国共产党执政的人民政权，党领导广大人民依据宪法与法律管理国家事务，管理政治文化事业，管理社会事务。我国已经制定并实施"法治政府"的十年规划，业已取得显著成效。上下结合，就是全国人民自下而上与国家自上而下相结合，如基层的自治与中央政治体制改革，转变政府职能，建立服务型政府等有机结合起来。稳定推进，就是将法治进程与改革、发展、稳定结合起来；没有一个稳定的良好的社会环境和社会秩序，法治建设将寸步难行。这就是说既要有广大群众参与，又要有组织、有步骤上下结合进行。

中国特色社会主义法治道路内容丰富，还涉及时代背景、客观环境，特别是同整个国家的思想建设、政治建设、经济建设、社会建设、党的建设同步进行，何况它本身就是政治建设的重要部分。由于时间和篇幅的限制，本书无法进一步展开。需要特别注意的是民主问题。无论从历史上看，还是结合现实分析，法治是民主政治的载体，也是保障；民主政治是法治的前提和基础。法治的完善，离不开民主的弘扬，特别是民主的制度化和法治化，也是邓小平同志反复强调的重要问题，我们应重点完善社会主义民主的实现形式。世界上民主的实现形式很多，我国从实际出发，已采用了选举民主、协商民主、自治民主或称基层民主；一些行政机关、司法机关近年来开始采用谈判民主，如听证会、协商性司法等制度，业已收到良好的效果。当然，中国特色社会主义民主的基本形式是两种：选举民主、协商民主，因为任何民主都要借鉴或采取这两种形式。

中国特色社会主义法治道路业已走过20余年，前进路上成就显著，但道路并非平坦，可我们坚信毛泽东同志那句名言：道路是曲折的，前途是光明的。

三、以人为本，坚持和完善中国特色社会主义法治道路

历经长期的探索，通过从实践到认识、从认识到实践的多次反复，中国人民在中国共产党的领导下终于找到了一条符合中国国情体现人民意志，顺应时代潮流，具有中国特色、中国风格、中国气派的社会主义法治道路，这无疑是个伟大的创举。但我们必须看到：这条道路还只是初具规模，有待于在实践中进一步完善，有待于在理论与实践中深入探求。这无疑会涉及社会主义法治的理论基础、价值基础和制度基础的夯实，其中关键在于，法学界、法律界和全国人民共同深入贯彻和实践科学发展观，紧紧抓住以人为本这个核心。

马克思主义继承和发展了人类文明的优秀成果，并将其时代精神结合起来，以唯物史观为理论基础，组建了马克思主义关于人的本质、人与法律的内在联系的理论。中国共产党把马克思主义关于人的理论与中国实践相结合起来，并在新的历史时期，创立了科学发展观，胡锦涛同志在中共十七大报告中又作了科学的阐释，其中特别强调了"以人为本"这个核心，这对于坚持和完善中国特色社会主义道路具有直接的指导意义。

社会主义法治道路不仅是区别于资本主义法治道路的，还区别于所有非"以人为本"的法治道路。在我国的基本国情与现阶段的时代背景下，中国特色社会主义法治道路的实质就是体现、满足和保护人民的根本利益；它在法律运行的各个环节，使其合乎人格、讲究人道、体恤人情、保障人权。

人本的法治意味着重视公民的主体地位，摆脱公权力对公民个体生活的肆意侵害，为公民摆脱物质生活条件的束缚、实现全面发展与彻底解放创造条件。"当人开始生产自己的生活资料的时候，这一步是由他们的肉体组织所决定的，人本身就开始把自己和动物

区别开来"①。人类历史上的法治模式多种多样，但人的主体地位很少成为法治关注的重心。一些法治模式看上去强调个体间的自由与平等，但却实际上带来了人的不自由与发展的异化，主要在于这些法治模式往往是从一些抽象的教条中推导出来的，在一些具体规定上脱离了普通公民的真实需要。

在立法上，贯彻"以人为本"就是民主立法、科学立法。为了保障立法的民主性与科学性，我们应该充分发挥人民群众的作用。在民主的立法体制下，个体是必须得到尊重的人，个体的意见与诉求值得立法者认真对待。这意味着人的价值更能得到充分的体现，人的潜能更能得到充分的拓展，人的核心地位更能凸显。这不仅在客观上有利于公民的发展，同时也有利于立法质量的稳步提高。

唯物主义认识论认为，正确的认识只能在实践中产生。实践的主体是人民群众，只有通过人民群众的实践活动才能获得经验。人民群众的物质生产活动是无产阶级政党和国家机构形成正确认识、实行科学决策的基础和前提。发展民主的过程正是人民群众的实践过程，是正确认识活动不可或缺的要素。毛泽东同志曾问：人的正确认识从哪儿来？老人家的结论是，正确认识只能通过民主集中制和群众路线，从人民群众的实践中总结出来。1943 年他明确提出"从群众中来到群众中去"的方法是中国共产党领导人民群众的根本方法。"我们历来主张革命要依靠人民群众，大家动手，反对只依靠少数人发号施令"②。邓小平同志针对"文化大革命"对群众路线的破坏，大声疾呼必须恢复党的群众路线的传统。他强调："群众路线和群众观点是我们的传家宝。……如果哪个党组织严重脱离群众而不能坚决改正，那就丧失了力量的源泉，就一定要失

---

① 《马克思恩格斯选集》第 1 卷，人民出版社 1995 年版，第 67 页。
② 《毛泽东选集》第 4 卷，人民出版社 1991 年版，第 1318 页。

败，就会被人民抛弃。"① 哈耶克认为，一种文明之所以停滞不前，并不是因为进一步发展的各种可能性已被完全试尽，而是因为人们根据其现有的知识成功地控制了其所有的行动及其当下的境势，以至于完全扼杀了促使新知识出现的机会②。一个人可以尝试做任何事情的重要性，远远大于任何人可以做同样的事情的重要性。因此，通过以人为本的立法制度设计，"将群众的意见集中起来，又到群众中去作宣传解释，化为群众的意见……如此无限循环"③，才能保证我国的立法质量稳步提高。

事实上，我国在以人为本的法治道路上已做了大量工作，取得了明显成效。这不仅表现我国在充分发挥民主集中制的基础上，在数量，而且体现在质量上，基本上建立了以宪法为核心的中国社会主义法律体系。但是，按"以人为本"的要求，还有待进一步完善和提升，以"保障人权"为例，尽管已将"尊重和保障人权"写入宪法，这无疑是一个伟大的进步。但关于如何"尊重"、如何"保障"的具体法律还有待制定，诸如能否制定一部《人权保障法》这样事关全局的法律或案例。这些都有待立法机关进一步关注。还有更重要的方面，就是立法机关（在我国，同时也是权力机关）人员的素质，特别是法律素质有待提高；立法者缺乏法律知识，将直接影响法律的质量。现在的问题是如何具体将以人为本的理念和实质，体现在所有具体法律之中。

以人为本也对执法提出了新要求。20 世纪以来的现代法治模式中，行政机关的自由裁量权越来越大。权力逐渐表现出软化与隐蔽化的特征。在一些场合，公民之所以受到了非人道待遇，不是因为他们的权利被法律剥夺了，而是法律的执行不够人性化，一些精

---

① 《邓小平文选》第 2 卷，人民出版社 1994 年版，第 368 页。

② ［美］哈耶克：《通往奴役之路》，王明毅等译，中国社会科学出版社 1999 年版。

③ 《毛泽东选集》第 3 卷，人民出版社 1991 年版，第 899 页。

妙的社会控制技术在无形地侵犯公民的自由空间，例如福柯关于现代社会的权力技术的系列论述就充分论证了这些问题。对此，光依赖立法是解决不了这类问题的。在执法上，包括行政执法和司法，无论具体的法律程序还是适用法律，都要全面贯彻以人为本，如近年来行政执法中人性执法和司法中的协商性司法，都是具体体现以人为本的例证。

这里首先要更新执法理念，要按照中共十七大报告重申的"严格、公正、文明"和由此引申出来的"理性、平和、规范"的理念要求，落实到具体的工作之中。在司法方面，要把和谐和协商性贯彻始终，认真对待当事人、相对人犯罪嫌疑人、被告人，要尊重他们的人格，尤其要公正适用法律，既保证实现实体公正，也要保障程序公正，司法人员的言行举止，不仅要严肃，同时也要文明。在刑事执行机关，要以无产阶级教育人、改造人、拯救人的宽大胸怀，动之以情、晓之以理。促进犯罪分子在劳动中改造自己成为新人。目前，要解决的迫切问题是执法人员的素质，不仅包括法律素质、政治素质，还包括品德素质、作风素质；要使每个执法人员明确：执法工作不仅直接关系中国特色社会主义道路的兴衰，而且直接关系人民政权和整个社会的稳定。因此，执法人员践行科学发展观，胸怀大局，牢记以人为本。使人在中国特色社会主义法治道路上受到尊重、爱护和发展，使人得到升华！

在护法上，要加强法律监督。我们国家是世界上法律监督机构和团体最多的国家，既有国家监督，如人大监督，行政内部监督，如审计、监管，专门法律机关的监督，主要是指人民检察机关，还有社会监督、人民政协的监督、民主党派的监督和新闻媒体的监督及人民的直接监督，更有党的专门监督，如党的纪律监督委员会、上级党组织对下级党组织和党员的监督等。毫无疑问，这种以党的监督和人大的监督为首的多元监督，业已形成一个庞大的法律监督体系，并在实践中取得了明显成效。目前的关键问题是法律监督机构也必须贯彻"以人为本"，要牢记监督的目的。固然是为维护正常的法律秩序，但其最终的目的仍然是为了维护人民的根本利益，是为了人的全面发展。因此，法律监督必须依法，监督不是彰显个人威信，而是为了法律的正确实施，必须把人民利益、国家利益放在首位，监督者首先要守法。只有依法监督才是"有效、有力"的监督。目前，存在三个方面的问题：一是有些机关的监督不力，使违法犯罪分子有机可乘，有的甚至是集体违法与犯罪；二是监督方式不对，个别地方形成打人、骂人甚至是刑讯逼供的情况；三是监督机关之间的配合不够，尚未形成强大的合力。这三个问题与尚未贯彻"以人为本"有关，应在目前的学习中认真研究和解决这些问题。

在守法上，近几年来，由于普法教育的深入，特别是"依法治国，建设社会主义法治国家"入宪以来，人民的守法观念大大加强，尤其是政法机关和行政执法机关在遵守法律上大有改观。然而，"以人为本"对公民守法提出了更高的要求。守法绝不仅仅是消极被动地不违反法律的规定，而是积极地参与法治运行的一个步骤，是法治国家公民的一种生活与实践方式。

现代社会的法律技术越来越精细化地划分了公民权利与义务的界限，传统的守法理论仅要求公民不违法即履行了对国家与社会的义务。然而，随着物质需求的不断增长，等价交换的观念深入人心，社会上有些人可能会一味地为了满足个人欲望去追求物质利益，逐渐丧失理想与信念，甚至异化为物质的奴隶。结果，"人的尊严变成了交换价值"，"人和人之间除了赤裸裸的利害关系，除了冷酷无情的'现金交易'，就再也没有任何别的联系了"。尽管民众的自由空间不断地扩大，但"自由变得与自私自利难以区别，并且由于冷漠、疏远和道德沦丧而变得腐化堕落"，"幸福则是通过不利于其精神品质的物质满足来衡量的"①。因此，如果民众仅

---

① ［美］本杰明·巴伯：《强势民主》，彭斌等译，吉林人民出版社 2006 年版，第 25 页。

仅停留在不违法的层次，忽视了参与公共生活的重要性，社会公众的权利、自由与相互关系会逐渐发生异化的，社会风气也会日益物质化，这无疑是不利于公民的全面发展与彻底解放的。

守法的观念背后，是公民有资格、有能力自我管理并主动遵守法律的逻辑。在以人为本的政治实践中，应该倡导一种积极的守法观念。公民不是物质的奴隶，不是仅仅满足于吃喝等低层次欲望就够了，而是有理想与信念的主体，应该参与到规则的完善和反馈的活动中来。"大凡市民社会的法秩序没有作为法主体的个人守法精神是不能维持的"①。可能有学者认为我国一些民众的法治观念淡漠，难以对他们提出太高的要求，然而，守法作为公民自治的表现形式，作为一种习惯与态度"有可能在一个参与性环境中得到培养"②。应该通过构建协商性的守法机制，使公民在遵守法律的同时，有足够的制度空间反馈自身在个案中的感受以及对相关制度的改进性建议。

当然，守法不仅是全民的事业，而且关键在于执法机关、人员和领导干部带头守法。他们的守法不仅涉及本人，有时还涉及一个单位、一个群体，国家必须高度关注。因此，首先必须把好"进口关"，凡公务员者必须通过公务员考试，凡司法人员者必须通过司法考试，特别是领导干部的选任与委任都要通过正当的民主手段。"以人为本"在人事上首要是注重干部的人品，当然能力也是重要因素。要杜绝"买官、卖官"的丑恶现象。领导干部的首要任务就是带领干部、群众遵守法律和执行法律，要克服重政策、轻法律的倾向，更要防止"一言堂"、"家长制"的现象出现。这不仅与中国共产党的方针和政策不符，而且直接关系到中国特色社会

---

① ［日］川岛武宜：《现代化与法》，申政武等译，中国政法大学出版社 1994 年版，第 19 页。

② ［美］佩特曼：《参与和民主理论》，陈晓译，上海人民出版社 2006 年版，第 98 页。

主义法治道路对以人为本的价值追求。

众所周知，在当今时代，法治道路的选择与坚持，是事关民族危亡、国家兴衰的根本大事；我们国家历经了近两百年的风雨，在千难万苦中形成了中国特色社会主义法治道路。坚持这条道路，完善这条道路，必然成为法学界、法律界和全国人民的神圣职责！

第四节　以人为本与社会主义法理学学科结构

以人为本与法学基础理论业已在创新上取得了重大成果，但这仅仅是开始。以人为本意味着当代法学范式的重大转变，随着社会主义法治理念的不断深化，法学的众多领域都将受到其深远的影响。对于法学基础理论创新来说，下列两个方面的重大意义是不容忽视的。

一、以人为本提供了法学方法论与价值论的评判标准

人们往往把法律方法论作狭义的理解，过于强调其在解决现实问题中的工具性价值，并习惯将解决具体问题的种种方法等同于方法论体系[①]，这在理论上严重制约和影响着法律方法论的发展。随着台湾学者杨仁寿先生的《法学方法论》以及德国学者拉伦兹的《法学方法论》引入大陆，"法学方法论"更是蜕化成一种法律适用的方法，法律解释、利益衡量、漏洞补充等无形中成为了"法学方法论"的主干。这种思路目前在我国学界比较流行。例如，近年来积极倡导法学方法的一些学者认为，"侧重法律方法之规范法学尤为必要"，"规范法学之根本，不在阐明法律本质，乃在揭

---

① 在权威教科书里，法学方法论被认为是唯物辩证法、社会调查法、历史考查法、分析比较法、语义分析方法等的集合体。其实这都不过是社会科学的一般方法，或在法学研究与法律实施过程中可能用到的具体方法，而不是法学方法论本身。

示法律知识，创造法律方法，构建司法技巧"[1]。法律思维可以分为"关于法律的思考"和"根据法律的思考"两种方式[2]。前者强调从多维视角出发，特别是从法律与社会的关系出发，运用各个科学门类的知识体系，综合地、全方位地考察法律现象；后者强调法律思维必须从现行法律及其实际运行状态出发，运用逻辑的、经验的方法解释法律的存在形式和内容。

不可否认，从各国有关学说看，法学方法论首先关注的是法律方法，尤其是法官如何判决的法律方法，但这些内容并不是法学方法论的全部或核心内容，法学方法论的内涵远远超过了这些。

可能有学者错误地认为，"揭示法律知识"具有直接的实践指向，一旦为法律人所掌握则会产生直接的法律影响，而"阐明法律本质"的功用仅仅停留在提升人们的法律认识能力上，和法律实践没有太大联系。然而，无论是"关于法律的思考"和"根据法律的思考"的区分，还是"阐明法律本质"和"揭示法律知识"的区分，都是把法律活动割裂为探究法律本质和使用法律知识两部分。但实际上，二者都是法律工作者法律实践的重要组成部分，对任何一方面的忽视都可能带来另一方面的误解，不应该也不可能将它们截然分开。是否准确把握法律本质与是否有效掌握科学的法律方法一样，都会带来法律活动结果的巨大差别。例如，坚信法律不过是单纯阶级斗争工具的法官能够正确理解手中的法条，把握定罪量刑的尺度？对法条和法律实施过程缺乏了解的学究能够闭门空想出法律的本质？人为割裂法学理论和法律实践，不去关注法律的本质，既容易在具体法律活动中一叶障目不见泰山，又可能会对当代中国法治变革的大趋势缺乏认识，进而在使用具体法律方法解释现实问题上一筹莫展。

---

① 谢晖：《法律方法：法律认知之根本》，《法学论坛》2003 年第 1 期。
② 参见葛洪义《法律与理性——法的现代性问题解读》，法律出版社 2001 年版，第 33—34 页。

不容否认，法学是兼有理论性和实践性的学科，法学方法论是关于如何在实践中对冲突的法律价值进行判断和选择的艺术，一个缺乏价值判断的法律体系既不是实践的，也不是现实的。忽略了价值评价，在法律的领域内将寸步难行。

认为法官们只要运用形式逻辑的三段论推理就可以解决一切法律问题的错误想法在目前国内法学界广为流传，但法律不仅仅是一个按照形式逻辑建构的"概念金字塔"，不仅仅是对法律条文的简单诠释，或政治与政策的知识化、法律化。在看似僵硬的法条、术语或概念背后，价值判断无处不在。具体法学方法的使用可以是多元的，法学工作者可能有的侧重规范研究，有的侧重实证分析，有的侧重价值判断，有的侧重社会调查，还有的综合运用多种方法，但他们都不可能回避法律规则和法律概念背后的法律原则、政策或价值判断。

现代社会是多元价值观念互相竞争的社会，随着人们生活范围的扩大和个人自由的增加，分析问题的视角越来越多样化、复杂化，很难在法律解释问题上达成一致的共识。在法律的价值体系中，自由与平等、公平与效率、程序与正义之间，本来就存在着内部张力，法官的价值偏好，往往影响到他们对法律的理解和解释。虽然古往今来众多法学家都在为追求法律的客观性和精确性而努力，并在法律解释的一些技术性方法上取得了一定的进展，但不容否认，价值判断与选择是法官工作必不可少的一部分。"价值多元共存虽然是一个事实状态，但是在一些领域，人类始终无法彻底回避价值判断。法律思维就是这样的一个领域，在确定的时间和确定的空间，并在确定的框架内做出一个确定的判断是法律判断的宿命。"① 也许在司法实践过程中，一些法官和律师似乎认为自己并没有专门思考过法律的本质，就已经知道一些具体案件应该适用什么样的法律。但这

① 林来梵等：《关于"法律学方法论"——为了一个概念的辩说》，《法学》2004年第2期。

种情况主要是由于这些法官或律师在长期专业训练的潜移默化过程中把握了法律的本质。寄希望仅仅单纯地学习法条和法律解释推理的方法来解决纷繁复杂的法律问题是荒谬可笑的。

法律学方法论要解决的最终问题之一，就是为法律上的价值冲突和价值判断提供一种"客观"的标准。为达至或接近这一标准，各种方法论理论精彩纷呈，虽然没有哪种方法论能终结此项探索，但在这样的探索中，法学和法学方法论不断得到发展并走向成熟。都说法律是社会最后一道防线和最后的救济手段，法官或者法律工作者在对当事人权利进行实质性的处分时，为什么自信自己的决定一定正确？凭什么非民选的法官敢于违背社会大众的意愿或顶着舆论的压力，独立作出判决，甚至有时还对民选的政府作出一些不利性决定？可能正当程序、法治传统等都起到重要作用，但主要原因是法学方法论作为反映社会主导价值观念的体现，为法官进行价值选择时提供终极的判断标准，维系着法律人的自信和自尊。

法院是不得不在特定的时间内给当事人之间的争议提供一个解决方案的。尽管很难在多种法律价值之间排出它们的等级，但在面临价值冲突与选择时，我们不得不依据法学方法论及时做出相应的价值取舍。可见，法学方法论是关于"法学与法律应该是怎样的"这一永恒问题的观点、态度和立场，准确把握了法学方法论，一切法律问题将迎刃而解。以人为本作为马克思主义中国化的最新成果，是在辩证唯物主义的指导下，充分借鉴人类法治文明的客观规律，在当代中国法治转型的伟大实践中形成的，本身就能够为法律价值的整合与选择提供判断标准。

二、以人为本丰富了法理学的科学内涵

以人为本对马克思主义法理学的影响是全面而又深远的。当它在法学的方法论与价值论上有所创新的同时，客观上也必然会在一定程度上丰富法理学的本体论、范畴论、运行论、关联论等多方面的内容；还可以用以指导部门法研究的创新与深化。对于后者，我

们在《人本法律观研究》中已经详细论及，下面将详细解释以人为本对法理学相关领域的可能影响。

（一）以人为本与法理学的本体论

传统法理学由于长期以来受苏联相关革命与斗争学说的影响，认为法律是统治阶级意志的体现，是阶级矛盾不可调和的产物。如果说在革命时期，强调法律的斗争性与专政性本无可厚非，但在和平建设时期，把法律、法院、监狱等都视为阶级专政的工具，虽有利于增强这些事务的威严，但难以促使民众发自内心地接受与拥护它们，并视之为依法治国实施方略中必不可少、有待进一步完善的部分。

客观地讲，法律既有阶级斗争的职能又具有社会管理的职能，既具有意志性又具有社会性。近年来的法理学教材一般都认识到这一点，但在对待法律的本质上，却依然在传统的框架内修补，甚至有学者认为法律具有多重本质，分别是国家意志性、阶级意志性与物质制约。关于法律具有多重本质的解释固然能丰富传统观点，解释新兴的社会现象，却难以准确地阐明法律与普遍民众日常生活的关系，众所周知，真正有效的法律不是刻在大理石上，而是铭记在人民的心中，只有群众认识到法律与他们的生活质量、生存和发展的机会及空间息息相关，他们才能够尊重法律、信仰法律、视法律为他们生命的保护神。

界定法律本质的目的是希望正确地认识法律现象，并以其为标准确立法律发展的方向，修改与完善现存法律体系中不协调的地方。因此，与自然科学不同，社会科学里对待本质的探究既要解释已经发生的问题，又要对未发生的问题提供明确的价值导向，因而对本质的探讨是设计过去与未来之间的桥梁，是融合客观真理、历史经验、现实目标与时代使命为一体的创新。

在当代中国，随着社会主义法治体系的初步建立以及中国综合国力与国际地位的日益提高，目前最紧要的时代任务不是进行阶级斗争、巩固国家政权，而是在国家政权已经固若金汤的背景下，进一步改善民众的生活质量，促进最广大人民群众的全面发展与彻底解放。针对这样的时代任务，笔者的设想是，从马克思关于人的本质与发展理论来解释法律的本质，视法律为促进人的全面发展的规范体系。

当然，法律的本质问题由来已久，牵涉到方方面面的理论与学说，轻易抛弃传统观点无疑是不可取的，草率地提出新理论更需谨慎。本书在此处初步提出设想，留待以后再详细论证。

（二）以人为本与法理学的范畴论

传统法理学理论一般认为法学的基本范畴包括权利、义务与权力、良法与恶法等，这些基本范畴对于形成法理学的话语体系与分析范式，无疑起到了不容忽视的作用。但由于我国法学基础理论体系还不太完善，这些范畴的内涵、功能与作用等一系列问题，借鉴、传播西方法学相关理论的成果较多，而用这些理论分析当前中国具体问题的成果较少。有时候一些学者甚至脱离中国的具体国情与社会主义本质，盲目地强调与国际经验接轨。例如，一些学者依据西方的良法理论，过于强调法律的程序性与形式正义性，忽视了一个明显的事实：在中国一些法治建设不太健全与完善的基层地区，形式正义必须和实质正义紧密地联系在一起，否则容易破坏当地一些看上去形式不合法但符合当地实际情况并得到民众普遍认可的惯例，进而使地方的秩序处于混乱之中。因此，在法理学的范畴论上，既要关注基本范畴的理论构成，又要关注这些范畴的论述方式、内涵外延以及应用场所。

在权利与义务这对范畴上，本书第一章在评价"权利本位论"的历史影响时，已经对其适用的范围进行了初步界定。权利作为法学的基本范畴，已经得到法学各个部门与领域的认可，在社会生活中权利的不断丰富与完善以及义务范围的不断缩小被普遍认为是一种进步，几乎获得了不正自明的正当性。尽管在绝大部分情况下权利意味着公民的自由，但随着现代社会里人与人、物与物之间的联系日益密切，整个社会系统的内在风险也越来越大，单纯地强调权利对义务或权力的优先性难以应对现实问题。真正值得关心的，不是要不要权利的问题，而是要何种程序与形式的权利更能促进社会正义与和谐的问题，以及权利的证成方式，权利位阶①、权利冲突与配置②、权利的经济分析等具体的实践问题。以国内几所著名大学的法学院为例，生存权、发展权、社会保障权、监督权、劳动权、平等权、教育权与受教育权、考试权、环境权等众多权利都被写成博士论文与法学专著，关于各种权利的一般理论已经得到普及，目前更值得关心的是这些权利是否符合我国国情与人民群众的根本利益的问题，对此，引入以人为本，可以为此类的讨论提供相应的规范引导与价值证成。

在良法与恶法这对范畴上，引入以人为本有利于正确地理解其内涵。尽管人类历史上关于良法与恶法的理论论争与实践经验不计其数，但近代以来的法学话语体系过于强调西方发达国家的经验，忽视了非西方文化圈对法律的理解。西方发达国家在近代以来的发家史，在一定程度上是血淋淋的掠夺、欺骗、压迫与对外扩张史。它们以自由贸易为口号，以坚船利炮为后盾，在世界范围内抢占资源、市场与殖民地。资本主义的法律即是服务于这些目的的，往往过分地强调形式上的公平竞争与机会平等，忽视了对中下层人民实际生活质量的呵护。尽管 20 世纪以来，随着社会保障与福利立法在世界范围内兴起，西方法律体系内部的掠夺性有所缓解，对中下层民众的关注与保护与以前相比大大地改善，但西方法律的精神实

---

① 当年权利本位的领军人物之一张文显教授在强调权利位阶的重要性。例如，"个体权利、集体权利、国家权力、人类权利构成了完整的权利体系。其中何种权利是基础，各种权利在该权利体系中的地位，时需要深入研究的问题。我们认为，在权利体系中，各种权利的地位（位阶）是变化的，而不是一成不变的，都是相对的，不是绝对的。"张文显：《马克思主义法理学——理论、方法和前沿》，高等教育出版社 2003 年版，第 298 页。

② 刘作翔：《权利冲突的几个理论问题》，《中国法学》2002 年第 2 期；关今华：《权利冲突的制约、均衡和言论自由优先配置质疑》，《法学研究》2000 年第 3 期；林来梵等：《论权利冲突中的权利位阶——规范法学视角下的透析》，《浙江大学学报》（人文社会科学版）2003 年第 6 期。

质并没有变化，基于这种精神实质的良法与恶法的标准也没有变化。总体而言，当代西方法律体系依然过于强调主体的理性，自治能力与责任能力。基于这种虚拟的"理性人"，西方良法的标准是抽象的自由、平等与形式正义。不容否认，这些标准在一定程度上是具有合理性的，相对于那些野蛮、粗暴、混乱、标准不统一的法律来说，无疑具有历史进步意义，但这些标准也许是良法的必要条件而非充分条件。究其原因，西方法律体系中假设的"理性人"观念是根植于西方法律传统，不一定适用于法律文化圈的历史与现实，更不是这些文化圈模仿与追求的对象。

社会主义法律体系中的良法，是要在适当满足这些形式化的标准之后，以人的全面发展与解放为目标和价值追求，对法的实质性内容提出进一步的要求。同时，由于中国目前发展不太平衡，不同地处民众的法律观念以及对法律的要求差距较大，因此，当代中国良法标准应该还是具有一定的弹性以适应这种复杂的现实。具体说，对于当代中国一元二级三层次的立法体系来说，评价某一类型立法是否为良法的标准有所差别。以人为本的进一步细化与运用可以在这些问题上提供理论支持。

在我们接下来的研究计划中，以人性、人权、人道、人伦、人格为核心内容初步揭示了人本法律观的基本范畴，这些范畴如何与法理学的范畴论相适应与对接，是我们下一步即将深入探讨的问题。

（三）以人为本与法理学运行论

法理学的运行论指立法、执法、司法、守法、法律监督与解释等涉及法律运行各个环节的相关问题。对于这些问题，以人为本具有一定的指导意义。

在立法问题上，为了实现立法的正统性、民主性、科学性、实效性，都离不开以人为本，观测实施以人为本，有利于促进立法理念的更新、立法机构的优化、立法主体多元化与立法程序的人性化。

对于执法来说，传统法理学理论往往只强调执法活动的合法性、及时性与效率性，忽视了人性化执法的要求。对于法治政府的建设来说，能否做到前者是最基本的要求，能否做到后者，是在当前中国的社会背景与法治状况下，改善执政党的执政能力与政府的行政效率，增强这些机构有效性与合法性的重要途径。在中国的文化传统中，官与民之间的等级差别和界限泾渭分明，执政者与各级政府的任务是顺意天意安抚小民的，为人民服务的观念几乎从未有过。因此，正如前面所论述的中国历史上曾出现了民本主义或人本主义的思潮，各个朝代也一度具有种种法律与典章制度，但这些法律制度的精神实质往往是出于国家管理的目的，不一定是为了服务于人的全面发展的要求，其具体规则也很难实现人性化的设计。

当代中国的法治建设虽然在一定程度上肃清了这些历史遗留问题，但在多年来计划经济管理模式中形式的思维的影响下，目前还存在一些行政法规以及行政机关的习惯性行为没有达到人性化执法的要求，如何克服这个问题是当前我国行政执法建设的重中之重。可见，在这个问题上以人为本无疑是具有很强的针对性与理论意义。

在守法的问题上，以人为本能很好地解释民众守法的理由。传统的守法理论往往从习惯、畏惧、法律的强制力、道德的要求等多方面来论证公民守法的义务。这些理论的共同点是确立某些外在规则的正当性以及遵从这些规则的必要性，但很难明确地指出履行这些义务对公民自身的发展来说有何种意义，带来何种收益，因此，这些理论有时说教味道太浓，难以引起公民发自内心的认可与共鸣。以人为本从促进公民的全面发展与解放的角度来看待法律，因而法律不是公民的异己之物，而是公民生活中必不可少之物，是他们实现个体自由的条件之一，只有这样，法律才是基于人、服务于人的，才能得到公民自觉地遵守与维护。

在法律的监督与解释问题上，如何设计更加人性化、更有利于民众参与的监督机制与作出解释，也是有待进一步深入探索的问题。

（四）以人为本与法理学的关联论

法理学的关联论是讨论法与其他重要社会现象的相互关系，例如，法与民主、道德、政策、科学技术等。这些领域与社会现象中不断涌现出新的问题，客观上在拓展着法理学的边界。例如，随着科学技术的不断发展、高科技犯罪的规制、对一些科技活动的监督与审查立法等，在不断地挑战立法者与法学家的智慧。

以人为本作为价值观与方法论是根植于马克思主义哲学的理论成果，是对当代中国法律现象的本质认识，完全可以运用到法理学的关联论中去。甚至可以说，在关联论这些边缘学科与新兴问题上，以人为本的作用显得更加突出。因为在这些问题中人们往往容易对法律的本质、功能、作用与局限性产生困惑，借助以人为本能准确把握法律的本质，科学地确立合法与非法、规制与促进的界限。例如，当一些科学工作者欲从事高度风险、后果可能不可控制的研究时，法律如何确立其权利、义务与责任？当一项科学研究可能带来巨大的医学或经济价值，但有可能彻底颠覆传统哲学与伦理学对人性与人类尊严的理解时，立法者该持有怎样的立场？尽管"克隆人"作为基因技术与生命科学研究的最前沿成果，有不容忽视的、甚至可以说是不可替代的医学上价值，但考虑到这项技术可能不符合家庭为基本单位的人类生存与发展的目的，西方主要国家基本上是通过法律禁止这方面的研究与临床试验。可以说，这是以人为本在法律与科技问题上很好的体现。

在法理学关联论上，不得不提到正确对待"社科法学"的问题。所谓社科法学，依据某著名法学家的解释，是"不满足于对法条、概念的解释，他们试图探讨支撑法条背后的社会历史根据，探讨制定法在中国社会生活中的实际运行状况以及构成这些状况的诸多社会条件"，"他们更多地借用了其他社会科学与人文科学的理论资源与研究方法，试图通过一些更为具体的问题的分析来把握法律"。① 可见，社科法学更多的是从研究方法上来定义的，就笔者的理解与阅读范围来看，目前的社科法学大部分是在从事法律社会学的研究②，他们借助多学科的方法来研究法理学关联论是具有一定积极意义的。因此，社科法学对当代中国法学的冲击力是巨大的，不仅有助于当代中国法学界在写作习惯、论证方式、研究方法、阅读范围以及学理资源等多方面形成飞跃，彻底摆脱法学幼稚的困境，还几乎重新定义了法学理论的必读书目，在广大青年学生中产生了无可估量的影响。然而，社科法学在目前被视为是新的研究范式、知识体系的同时，其内在的价值取向是中立的，或者说它本身没有明确的价值取向，而是受从事这项研究的法律人的价值判断与研究兴趣所支配的。因此，光强调社科法学是不够的，必须把正确的问题意识、研究目的与方法结合起来才能对中国的法治发展产生更大的影响。因此，社科法学本身是不排斥以人为本的，并且只有在以人为本的精神与原则的指导下才能真正对我国法治实践产生具有积极意义的成果。

总体说来，以人为本在法理学关联论上的运用，主要体现于这些法律相关部门适用法律时，引入以人为本的标准，使法律不至于异化为单纯的规则体系或冷冰冰的控制机器，而是促进人权、人格、人的尊严不断提升。

三、以人为本实现了法理学社会价值与学术价值的有机统一

当代中国法学理论的学理价值与社会价值往往交织在一起。学理价值是一种法学理论有资格被称为理论的最基本要求。这不仅意味着该理论论证充分、逻辑严密，还要求它或继承学术传统或回应

---

① 苏力：《也许正在发生：转型中国的法学》，法律出版社 2004 年版，第 12—13 页。

② 苏力：《法律与文学》，生活·读书·新知三联书店 2006 年版。

学术热点问题，也就是说它至少要有其问题意识与理论品位，能为法学知识的增量作出一定的贡献。空穴来风、无病呻吟的理论只不过是玩弄文字游戏的伪学术。社会价值是该理论对社会实践的影响，法学理论不仅停留在教授的科研项目与课题中，还要体现在法学课堂上，并波及与影响到法律工作者或普通社会公众。法学理论研究者的使命不仅是写一些专家学者才看得懂的著作或培养几个法学科博士生，作为一个群体他们还应该极力推动整个社会法学知识的普及与深化，为法律实务领域提供基本的分析视角、观点与建议。可能不同的理论对二者的侧重点不同，但成熟的法学理论体系应兼顾二者，既要不断深化学术性，又要产生良好的实践效果。忽视了理论的学理性，该理论难免最终沦为政治宣传或骗人的谎言；忽视了理论的社会价值，该理论可能仍具有生命力，甚至其学术性并未受到太大的影响，但其最终往往由于曲高和寡①而难以得到广泛认同。

　　本书第一章所列举的那些理论成果往往都具有鲜明的时代特色，是针对当代具体的核心法律问题有感而发。"程序论"与"法律方法论"的兴起与繁荣，实际上是顺应了长期以来我国社会公众对法律正当程序与依法审判的要求。"法律现代化"与"权利本位"兴起的意义在20世纪的中国发展史里表现得更加明显，中国历经多次努力与挫折，最终还是没有完全走上法律现代化的道路，个人的权利与主体性有待进一步加强，当代的论者不仅是为了解决现实的法律问题，更深层的目的是回应中国法律与现代国家构建的历史性需要。至于"以人为本"，则是更准确地阐释了中国法律发展的历史性使命与方向，并力图回应人的主体性现代社会的法律中容易被异化的倾向。

　　中国法学目前有关"批判、反思与重构"之类的研究成果并

---

① 例如江山先生创立的精妙法学理论体系。本人在对江先生的工作深表敬佩与景仰的同时只能感叹自己天资欠佳，难以登堂入室把握其精华。

不少见，但有一些常常以偏概全、断章取义、吹毛求疵，过于重视在论战中驳倒对手，而忽视对所批判的理论深入讨论与"同情式理解"。在评价法学理论范式时，一些学者习惯从该理论"遗忘了什么"、"忽视了什么"或"混淆了什么"入手，认为只要找到或批判了该理论的一些缺陷，就从根本上驳倒了该理论。然而，学术探索是个漫长的不断修正与完善的过程，我们都是站在前人的终点上前进，从它们的错误中探索经验，从它们的创新处获得立论基础，我们不应该对一些理论范式求全责备，相反应从学术脉络与谱系里探讨某些法学理论范式成功解决的问题与有待进一步深化的地方。一个理论体系得以确立，或者是具有某种问题意识，提出了后来人无法回避且必须回答的问题，或者是在研究领域、方法或具体观点上获得突破，并进而引领了学术热点或理论范式的转换。总之，只要该理论还具有较大的学术价值与社会价值，就依然可能是有价值的理论成果。

法学理论的政治性是当代中国法学范式常常遭受攻击的地方。政治性在当代中国似乎是个贬义词，如果说哪位教授的科研成果政治性太强，似乎就暗示该学者是御用文人，不惜以理论逻辑与学术良心为代价，一味迎合决策者与社会舆论。一些德高望重著述等身的学术前辈有时被一些年轻学者或者有海外留学生活经历的学者视为一味跟形势的"老古董"或保守派，他们的一些很有价值的学术研究成果被视为不过是对国家政策与文件的简单翻版与阐释，缺乏独立性。甚至有激进学者认为，只要中国法学界没有彻底剪断政治的脐带，就不能获得真正的发展。这些观点的偏激之处在于没有认识到中国当代法学理论政治性与独立性的辩证关系。

实际上，政治一词本属中性，意味着对社会公共事务的管理与控制。在政治领域，决策者不得不在没有掌握决策所需要的全部信息之前，对突发事件和公共事务做出决定，所以政治是高难度的艺术，为了获取政治上的成功收益，决策者有时不得不使用欺骗、引诱等人们日常的道德感所不赞成的方式。正是这样，许多人对政治活动或"政治性"习惯性地表示反感，然而，"政治性"指对政治领域里的事务与趋势做出反应的特性。政治的必要性与正当性决定了"政治性"的必要性与正当性。如果没有强大的政治领域，单凭市民社会里一个个如原子般孤立的个人如何能承受外界的风风雨雨与天灾人祸呢？从任何法学探索都是对现实政治的回应的角度看，既然已经选择了法学就难以回避法学的政治性。

例如，"权利本位论"在普及权利观念，培养市场经济与现代民主政治要求的主体意识的同时，带来的一个负面影响是，法理学的初学者都容易忽视权力。当然，这并不是"权利本位论"的初衷，权利本位论者自己并没有否定权力的意义与作用，但在"权利本位"逐渐演化为"权利话语"，"法治"几乎被视为一种不证自明的真理弥漫到社会的每一个角落时，对权利的盲从，对权力的抵制开始流行。

在中国人均 GDP 超过 2000 美元，在国内要不断促进社会和谐，在国际事务中要不断发挥更积极的作用的当下，如何确认合适的权力行使方式，更好地促进中国在国际利益分配格局中的地位与影响力，是接下来几十年内至关重要的问题。"历史表明，以往的真正世界的财富和技术增长中心的转移，本质上不是靠贸易谈判，而是靠国家政治和国家暴力来实现的"[①]。有人认为，为了促进经济增长，应该尽量给外资以优惠甚至超国民待遇，更好地保障他们的投资权利。对外资的超国民待遇意味着对国民的歧视待遇，当一国的决策者在自己的土地上对自己国家的绝大多数人民实行歧视待遇时，无论经济增长速度有多快，都不意味着发展政策的成功，却只反映一个国家和民族的悲哀。相反，国家应该通过产业促进和对外投资法案，扶持民族产业，鼓励它们积极去开拓国际市场，并积极发展军工业，扩充军备，巩固国防，以便在国际重要能源的争夺与分配过

---

① 张文木：《世界地缘政治中的国家安全利益分析》，山东人民出版社 2004 年版，第 59 页。

程中占有一席之地。这不是鼓吹强权政治或否定权利，而是从权力与权利相互促进与补充的角度看待权力，是在坚信国际政治实质即权力角逐的判断与立场上认真对待权力。"国际政治从来就是一项残酷而危险的交易，而且可能永远如此。虽然大国竞争的强烈度时有消长，但它们总是提防对立，彼此争夺权力"。"在险恶的世界里，权力是生存的最好手段"①。在国际法与国际的政治领域，由于有效执行国际法的最高国际机构的缺失，对于小国和发展中国家来说，权利不一定能得到有效保障，但一些强国、国际组织或强硬态度的国家权力却大行其道，这是当今世界不容否认的事实。

可是，过于鼓吹法学理论的学术价值，忽视其社会价值，就容易如同一味鼓吹权利一样，使国家与人民的利益受到影响，不利于为人的全面发展与彻底解放创造条件。

如果学术理论受到肆无忌惮的国家权力的改造、利用与扭曲，其学术价值与含金量也不可避免地受到剥夺。因此，有些经典学术著作为了避免与当局者发生正面冲突而影响出版发行，有时难免在一些细枝末节上进行了迎合政治势力的修改，有些学术理论甚至为了便于流传还使用了一些政治语言与口号，这似乎是牺牲了一定的学术性，但由于获得了政治上的支持而流传更加广泛，历史意义与学术影响更为深远。《利维坦》与《论法的精神》就曾借用过这样的形式，但又有谁会否认其学术价值呢？真正应该被谴责的是某学者一味出于政治目的而主动放弃学术性或放任政治力量对学术的操纵与控制。例如，为了迎合某种新的提法或口号而改变自身的学术立场与根本性观点，或者盲目强调政治正确而丧失了学术批判与创新能力，或者干脆与政治权力结盟，借助国家力量强行推广该理论或打击其他理论。不应该混淆的是，有时候由于某理论的倡导者占据了特定的政治地位，其理论就自然而然受到追捧，而其他理论就

① 〔美〕约翰·米尔斯海默：《大国政治的悲剧》，王义桅等译，上海人民出版社2003年版，第49、2页。

难免被冷遇，这并不是学术理论失去了独立性，而是理论间的相互竞争造成的，这几乎是人类社会难以避免的现象。像黑格尔、汉密尔顿、杰菲逊、海德格尔、施米特、庞德等人，其社会政治地位对其理论的普及无疑起到了推动作用，但他们的理论并不因此就牺牲了独立性，其他因此被冷落的理论并未因此被彻底剥夺了生存空间。

因此，在当代中国法学创新问题上，应该正确地对待理论的学术价值与社会价值，应该具体问题具体分析，既不要"唯政治是从"，又不能"谈政治变色"，既不要直接把政治话语搬到法学研究中来，更不要不分青红皂白将一些难免有一定政治倾向的法学研究成果视为无稽之谈或政治宣传。以人为本对于中国法学基础理论创新的重大价值的意义在于，它是学术价值与社会价值的契合点，既具有深刻的学术性，又不失鲜明的政治性，容易得到官方和民间一致的认可。

事实上，法律与政治、法学与政治学历来就有密切的关系，无论是奥古斯丁的《上帝之城》还是洛克的《政府论》，也不管是汉密尔顿等人的《联邦党人文集》还是德沃金的《法律帝国》，都有其明确的政治性。因为法律总是与政治有不解之缘，因为法律从制定到实施都具有明确的价值追求，其政治倾向是不争的事实。那么，作为以法律现象为研究对象的法学，特别是法理学，就必然带有鲜明的政治性。何况"以人为本"本来就是对人类政治文明的科学总结，既有中国古代思想的精华，也有西方观念的荟萃，既是这些观念合理的借鉴，又被赋予了社会主义的崭新内容，当然是一件好事。这体现了民心所向，又符合人民的根本利益，无疑是当代中国法学基础理论创新所努力的方向。

我们坚信，在中国特色社会主义理论体系这个大花园中，只要坚持以人为本，只要从中国实际出发，只要以回应与解决当代中国的重大现实问题为主线，法学基础理论这束鲜花将会更加绚丽夺目。

参考书目

1. 《马克思恩格斯全集》第 1、3、17、23、30、40、42、46 卷。

2. 《马克思恩格斯选集》第 1—4 卷，人民出版社 1995 年版。

3. 《毛泽东文集》第 3 卷。

4. 《毛泽东选集》第 3、11 卷。

5. 《邓小平文选》第 1—3 卷。

6. 《管子·霸言》。

7. 《管子·权修》。

8. 《晋书·卷十九》。

9. 《旧唐书·卷九十八》。

10. 《老子·二十五章》。

11. 《论语·颜渊》。

12. 《孟子·告子上》。

13. 《孟子·尽心下》。

14. 《孟子·梁惠王下》。

15. 《宋书·卷十四》。

16. 《唐太宗集·晋宣帝总论》。

17. 《荀子·非相》。

18. 《荀子·王制》。

19. ［德］哈贝马斯：《对话伦理学于真理问题》，沈清楷译，中国人民大学出版社 2005 年版。

20. ［德］恩斯特·卡西尔：《人论》，甘阳译，上海译文出版社 2004 年版。

21. ［德］费尔巴哈：《费尔巴哈哲学著作选集》，荣震华等译，商务印书馆 1984 年版。

22. ［德］哈贝马斯：《后形而上学思想》，曹卫东、付德根译，译林出版社 2001 年版。

23. ［德］哈贝马斯：《交往行为理论》，曹卫东译，上海人民出版社 2004 年版。

24. ［德］哈贝马斯：《在事实与规范之间：关于法律与民主法治国的商谈理论》，童世骏译，生活·读书·新知三联书店 2003 年版。

25. ［德］黑格尔：《法哲学原理》，杨范等译，商务印书馆 1961 年版。

26. ［德］加达默尔：《真理与方法——哲学诠释学原理》，洪汉鼎译，上海译文出版社 1999 年版。

27. ［德］卡尔·拉伦茨：《法学方法论》，陈爱娥译，商务印书馆 2003 年版。

28. ［德］考夫曼：《法律哲学》，刘幸义等译，法律出版社 2005 年版。

29. ［德］考夫曼：《后现代法哲学》，米健译，法律出版社 2000 年版。

30. ［德］拉德布鲁赫：《法哲学》，王朴译，法律出版社 2005 年版。

31. ［德］鲁道夫·奥伊肯：《生活的意义与价值》，万以译，上海译文出版社 2005 年版。

32. ［德］马丁·海德格尔：《存在与时间》（修订译本），陈嘉映等译，三联书店 2006 年版。

33. ［德］马克斯·韦伯：《经济与社会》上卷，林荣远译，商务印书馆 1997 年版。

34. ［德］马克斯·韦伯：《经济与社会》下卷，林荣远译，商务印书馆 1997 年版。

35. ［德］魏德士：《法理学》，丁晓春、吴越译，法律出版社
2005 年版。

36. ［法］迪尔凯姆：《社会学方法的准则》，狄玉明译，商务
印书馆 1995 年版。

37. ［法］托克维尔：《论美国的民主》上卷，董果良译，商
务印书馆 1988 年版。

38. ［法］西蒙娜·薇依：《扎根：人类责任宣言绪论》，徐卫
翔译，三联书店 2003 年版。

39. ［芬］冯·赖特：《知识之树》，陈波等译，生活·读书·
新知三联书店 2003 年版。

40. ［古希腊］亚里士多德：《尼各马可伦理学》，廖申白译，
商务印书馆 2003 年版。

41. ［加拿大］查尔斯·泰勒：《自我的根源：现代认同的形
成》，韩震等译，译林出版社 2001 年版。

42. ［美］蒯因：《从逻辑的观点看》，陈启伟等译，中国人民
大学出版社 2007 年版。

43. ［美］赖特·米尔斯：《社会学的想像力》，陈强等译，生
活·读书·新知三联书店 2001 年版。

44. ［美］帕森斯：《社会行动的结构》，张明德等译，译林出
版社 2003 年版。

45. ［美］约翰·罗尔斯：《正义论》，何怀宏等译，中国社会
科学出版社 1988 年版。

46. ［美］阿兰·S. 罗森鲍姆：《宪政的哲学之维》，郑戈、
刘茂林译，三联书店 2001 年版。

47. ［美］安·塞德曼等：《评深圳移植香港法律的建议》，
《比较法研究》1989 年第 3—4 辑。

48. ［美］昂格尔：《现代社会中的法律》，吴玉章、周汉华
译，译林出版社 2001 年版。

49. ［美］伯尔曼：《法律与革命》，梁治平译，中国政法大学

出版社 2004 年版。

50.〔美〕布坎南、塔克洛:《同意的计算:立宪民主的逻辑基础》,陈光显译,中国社会科学出版社 2000 年版。

51.〔美〕达尔:《民主理论的前沿》,顾昕、朱丹译,生活·读书·新知三联书店、牛津大学出版社 1999 年版。

52.〔美〕富勒:《法律的道德性》,郑戈译,商务印书馆 2005 年版。

53.〔美〕郭颖颐:《中国现代思想中的唯科学主义》,雷颐译,江苏人民出版社 1998 年版。

54.〔美〕汉娜·阿伦特:《人的条件》,竺乾威等译,上海人民出版社 1999 年版。

55.〔美〕霍姆斯:《法律的生命在于经验:霍姆斯法学文集》,明辉译,清华大学出版社 2007 年版。

56.〔美〕杰斐逊:《杰斐逊文集》,朱曾汶译,商务印书馆 1999 年版。

57.〔美〕罗伯特·达尔:《论民主》,李柏光、林猛译,商务印书馆 1999 年版。

58.〔美〕罗纳德·德沃金:《认真对待权利》,信春鹰、吴玉章译,中国大百科全书出版社 1998 年版。

59.〔美〕罗斯科·庞德:《普通法的精神》,唐前宏等译,法律出版社 2001 年版。

60.〔美〕麦金太尔:《追寻美德:伦理理论研究》,宋继杰译,译林出版社 2003 年版。

61.〔美〕曼瑟尔·奥尔森:《集体行动的逻辑》,陈郁、郭宇峰、李崇新译,上海三联书店、上海人民出版社 1995 年版。

62.〔美〕诺内特等:《转变中的法律与社会:迈向回应型法》,张志铭译,中国政法大学出版社 2004 年修订版。

63.〔美〕乔治·萨顿:《科学史与人文主义》,华夏出版社 1989 年版。

64. ［美］史蒂文·伯顿：《法律和法律推理导论》，张志铭等译，中国政法大学出版社 1998 年版。

65. ［美］列奥·施特劳斯：《自然权利与历史》，彭刚译，生活·读书·新知三联书店 2003 年版。

66. ［美］托马斯·库恩：《科学革命的结构》，金吾伦、胡新和译，北京大学出版社 2003 年版。

67. ［美］希拉里·普特南：《事实与价值二分法的崩溃》，应奇译，东方出版社 2006 年版。

68. ［美］约翰·罗尔斯：《政治自由主义》，万俊人译，译林出版社 2000 年版。

69. ［美］约翰·米尔斯海默：《大国政治的悲剧》，王义桅等译，上海人民出版社 2003 年版。

70. ［日］谷口安平：《程序正义与诉讼》，王亚新等译，中国政法大学出版社 1996 年版。

71. ［日］小岛武宜：《现代化与法》，王志安等译，中国政法大学出版社 1994 年版。

72. ［印］阿马蒂亚·森：《生活水平》，徐大建译，上海财经大学出版社 2007 年版。

73. ［英］贝尔纳：《科学的社会功能》，陈体芳译，商务印书馆 1982 年版。

74. ［英］彼得·斯坦等：《西方社会的法律价值》，王献平译，中国法制出版社 2004 年版。

75. ［英］边沁：《道德与立法原理导论》，时殷弘译，商务印书馆 2000 年版。

76. ［英］丹尼尔·罗伊德：《法律的理念》，张茂柏译，新星出版社 2005 年版。

77. ［英］德里克·帕菲特：《理与人》，王新生译，上海译文出版社 2005 年版。

78. ［英］亨利·西季威克：《伦理学方法》，廖申白译，中国社会科学出版社 1993 年版。

79. ［英］怀特海:《观念的冒险》,周邦宪译,贵州人民出版社 2000 年版。

80. ［英］吉登斯:《超越左与右:激进政治的未来》,社会科学文献出版社 2000 年版。

81. ［英］卡尔·波普尔:《开放社会及其敌人》,郑一明等译,中国社会科学出版社 1999 年版。

82. ［英］卡尔·波普尔:《历史主义贫困论》何林等译,中国社会科学出版社 1998 年版。

83. ［英］伦纳德·霍布豪斯:《社会正义论》,孔兆政译,吉林人民出版社 2006 年版。

84. ［英］罗素:《西方哲学史》,何兆武等译,商务印书馆 1963 年版。

85. ［英］马林诺夫斯基:《原始社会的犯罪与习俗》,原江译,法律出版社 2007 年版。

86. ［英］麦考密克等:《制度法论》,周叶谦译,中国政治大学出版社 2004 年修订版。

87. ［英］乔治·摩尔:《伦理学原理》,长河译,上海人民出版社 2005 年版。

88. ［英］斯金纳:《现代政治思想的基础》,求实出版社 1980 年版。

89. ［英］休谟:《人性论》,关文运译,商务印书馆 1980 年版。

90. ［英］伊姆雷·拉卡托斯:《科学研究纲领方法论》,兰征译,上海译文出版社 2005 年版。

91. ［英］约瑟夫·拉兹:《法律的权威》,朱峰译,法律出版社 2005 年版。

92. Christine Korsgaard, With G. A. Cohen Raymond Geuss, Tomas Nagel, and Bernard Williams. *The Sources of Normativity* Cambrdg

University press，1996.

93. 布克哈特：《意大利文艺复兴时期的文化》，商务印书馆 1981 年版。

94. 蔡元培：《中国伦理学史》，上海古籍出版社 2005 年版。

95. 陈独秀：《陈独秀文章选编》上册，生活·读书·新知三 联书店 1984 年版。

96. 陈瑞洪：《法律程序价值观》，《中外法学》1997 年第 6 期。

97. 陈瑞华：《程序正义的理论基础——评马修的"尊严价值 理论"》，《中国法学》2002 年第 3 期。

98. 陈瑞华：《程序正义论——从刑事审判角度的分析》，《中 外法学》1997 年第 2 期。

99. 陈守一等主编：《法学基础理论》，北京大学出版社 1981 年版。

100. 陈修斋主编：《欧洲哲学史上的经验主义和理性主义》， 人民出版社 1986 年版。

101. 邓正来：《中国法学向何处去——重构"中国法律理想图 景"时代的论纲》，商务印书馆 2006 年版。

102. 董必武：《董必武法学文选》，法律出版社 2001 年版。

103. 董必武：《董必武选集》，人民出版社 1985 年版。

104. 冯友兰：《论中国传统文化》，三联书店 1988 年版。

105. 葛洪义：《法理学导论》，法律出版社 1996 年版。

106. 葛洪义：《法律与理性——法的现代性问题解读》，法律 出版社 2001 年版。

107. 公丕祥：《法制现代化的理论逻辑》，中国政法大学出版 社 1999 年版。

108. 关今华：《权利冲突的制约、均衡和言论自由优先配置质 疑》，《法学研究》2000 年第 3 期。

109. 郭道晖等主编：《中国当代法学争鸣实录》，湖南人民出版社 1998 年版。

110. 何勤华：《西方法学史》，中国政治大学出版社 1996 年版。

111. 黄茂荣：《法学方法与现代民法》，中国政法大学出版社 2001 年版。

112. 季卫东：《法律程序的形式性与实质性——以对程序理论的批判和批判理论的程序化为线索》，《北京大学学报》2006 年第 1 期。

113. 季卫东：《法律程序的意义》，中国政法大学出版社 1999 年版。

114. 季卫东：《法律程序的意义：对中国法制建设的另一种思考》，中国法制出版社 2004 年版。

115. 贾谊：《新书·大政上》。

116. 孔庆明主编：《马克思主义法理学》，山东大学出版社 1990 年版。

117. 李步云：《走向法治》，湖南人民出版社 1998 年版。

118. 《李大钊文集》下册，人民出版社 1984 年版。

119. 李连柯：《价值哲学引论》，商务印书馆 1999 年版。

120. 李猛：《除魔的世界与禁欲者的守护神：韦伯社会理论中的"英国法"问题》，《韦伯：法律与价值》，上海人民出版社 2001 年版。

121. 李泽厚：《历史本体论》，三联书店 2002 年版。

122. 李中华主编：《中国人学思想史》，北京出版社 2004 年版。

123. 梁治平：《中国法的过去、现在与未来：一个文化的检讨》，《比较法研究》1987 年第 2 期。

124. 梁治平主编：《法律的文化解释》，生活·读书·新知三联书店 1994 年版。

125. 梁治平：《法辨：中国法的过去、现在与未来》，中国政法大学出版社 2002 年版。

126. 林来梵等:《论权利冲突中的权利位阶——规范法学视角下的透析》,《浙江大学学报》(人文社会科学版) 2003 年第 6 期。

127. 林立:《法学方法论与德沃金》,中国政法大学出版社 2002 年版。

128. 林毓生:《热烈与冷静》,上海文艺出版社 1998 年版。

129. 刘作翔:《权利冲突的几个理论问题》,《中国法学》2002 年第 2 期。

130. 龙晟:《宪法下的人性尊严》,武汉大学法学院 2007 年博士论文。

131. 路淑芙:《神话的启示——人本主义问题研究》,西南交通大学出版社 2004 年版。

132. 欧阳康:《哲学研究方法论》,武汉大学出版社 1998 年版。

133. 欧阳谦:《20 世纪西方人学思想导论》,中国人民大学出版社 2002 年版。

134. 潘念之、齐乃宽:《关于"法律面前人人平等"的问题》,《社会科学》1980 年第 1 期。

135. 强世功:《迈向立法者的法理学——法律移植背景下对当代法理学的反思》,《中国社会科学》2005 年第 1 期。

136. 秋风:《立宪政治时代的观念之争》,http：//column. bo-kee. com/77585. html。

137. 莎士比亚:《哈姆雷特》,人民文学出版社 1957 年版。

138. 沈宗灵主编:《法理学研究》,上海人民出版社 1990 年版。

139. 史尚宽:《法律之理念与实验主义法学之综合》,刁荣华主编《中西法律思想论集》,台湾汉林出版社 1984 年版。

140. 苏力:《也许正在发生:转型中国的法学》,法律出版社 2004 年版。

141. 苏力:《法治及其本土资源》,中国政法大学出版社 1996 年版。

142. 孙笑侠:《法律程序剖析》,《法律科学》1993 年第 6 期。

143. 童之伟:《论法理学的更新》,《法学研究》1998 年第 5 期。

144. 万斌编:《法理学》,浙江大学出版社 1988 年版。

145. 汪习根:《法治社会的基本人权——发展权法律制度研究》,中国人民公安大学出版社 2002 年版。

146. 吴世宦主编:《法理学教程》,中山大学出版社 1988 年版。

147. 谢晖:《法理学:从宏大叙事到微观论证》,《文史哲》2003 年第 4 期。

148. 谢晖:《法律方法:法律认知之根本》,《法学论坛》2003 年第 1 期。

149. 徐显明主编:《人权研究》第七卷,山东人民出版社 2008 年版。

150. 徐亚文:《程序正义论》,山东人民出版社 2004 年版。

151. 许传玺:《美国的司法独立及其给我们提供的借鉴》,载香港《二十一世纪》1998 年第 6 期;宋冰编:《读本:美国与德国的司法制度及司法程序》,中国政法大学出版社 1998 年版。

152. 杨仁寿:《法学方法论》,中国政法大学出版社 1999 年版。

153. 于文杰:《现代化进程中的人文主义》,重庆出版社 2006 年版。

154. 余丽嫦:《培根及其哲学》,人民出版社 1987 年版。

155. 於兴中:《法治与文明秩序》,中国政法大学出版社 2006 年版。

156. 张光博、张文显:《以权利和义务为基本范畴重构法学理论》,《求是》1989 年第 10 期。

157. 张光芒：《启蒙论》，上海三联书店 2002 年版。

158. 张恒山：《义务先定论》，山东人民出版社 1999 年版。

159. 张晋藩：《中国法律的传统与近代转型》，中国政法大学出版社 2005 年版。

160. 张晋藩：《中国法制史》，中国政法大学出版社 1999年版。

161. 张文木：《世界地缘政治中的国家安全利益分析》，山东人民出版社 2004 年版。

162. 张文显：《法哲学范畴研究》，中国政法大学出版社 2001年版。

163. 张文显：《马克思主义法理学——理论、方法和前沿》，高等教育出版社 2003 年版。

164. 张文显主编：《法理学》第 3 版，高等教育出版社、北京大学出版社 2007 年版。

165. 张宗厚：《对法的三个基本概念的质疑》，《法学》1986年第 1 期。

166. 赵汀阳：《论可能生活》（修订版），中国人民大学出版社 2004 年版。

167. 郑成良：《权利本位说》，《中国法学》1991 年第 1 期。

168. 周凤举：《法单纯是阶级斗争工具吗？——兼论法的社会性》，《法学研究》1980 年第 1 期。

169. 周永坤：《市场经济呼唤立法平等》，《中国法学》1993年第 4 期。

170. 朱景文：《比较法社会的框架和方法——法制化、本土化和全球化》，中国人民大学出版社 2001 年版。

后　记

　　"以人为本"这一马克思主义法学中国化的最新成果的形成与广泛传播，实为当代中国法理学发展的一大机遇。如果理论界与实务界充分地把握住这个机遇，结合中国法治发展的实际情况，不断地丰富其内涵，则中国特色社会主义法学理论体系有望形成。如果浅尝辄止忽视这一理论可能具有的深远影响，则容易错失这一时机，进而陷入西方法学的话语霸权之下，难以在理论价值与实践价值之间找到平衡点，甚至还会导致法学家的学术观点与马克思正统理论以及国情与社会民众的心理承受能力相脱节，其后果是极其严重的。

　　究其原因，近代西方法学话语体系的形成与发展，其理论根基于近代资产阶级大革命时期产生的形式上自由平等的"理性人"观念。大凡"三权分立"、"国家与社会的分离"、"天赋人权"等一系列原则与制度设计，无不与这虚拟的"理性人"有千丝万缕的联系。但这个"理性人"的观念，受到了马克思的批判，与马克思主义经典理论相背离，也不符合中国的法律文化传统与当代中国的民风民情，并可能对坚持中国共产党的领导、推进社会主义事业存在一定的负面作用。因此，盲目地学习与引进西方的法学理论及其价值观念，是难以真正全面地回应中国的现实问题的。这不是说西方法学一无是处。不容否认，西方法学中有部分内容是整个人类发展经验的总结，一些产生于西方法学中的概念与规则已经成为全人类共同的规则，但是，我们决不能过分高估西方法学在当代中国的作用，忽视在当代中国进行法学基础理论创新的必要性。特别是那些不符合中国国情、仅为西方国家所独有的理论，如三权分立等，我们是不应该采纳的，更不能作为法学基础理论创新的资源。

本书对我国法学基础理论发展中的一些观点进行了回顾与反思。这是以今天的视角来分析这些曾经出现过的观点对当前中国法学发展的可能价值与意义，而不是否认某些观点在其产生的特定时期可能具有的理论价值。本书作者的目的在于提升我们已经在两本相关著作与一系列前期论文中初步阐述的思路与观点，进一步将以人为本渗透到法学基础理论的各个领域，将相关问题研究透彻。本书由李龙、占红沣与程关松分工合作完成，欢迎学界同仁与读者对本书批评指正，并提出建设性的意见，请邮件至 ff1981@ gmail. com。

作　者

2009 年 7 月修改于珞珈山下